中国社会科学院习近平新时代中国特色社会主义思想研究中心研究书系

新时代这十年

2022年主题出版重点出版物

新时代的经济建设

当代中国研究所◎编著

郑有贵◎主编

当代中国出版社 Contemporary China Publishing House
重庆出版集团 重庆出版社

图书在版编目(CIP)数据

新时代的经济建设 / 当代中国研究所编著 ; 郑有贵主编 . -- 北京 : 当代中国出版社 ; 重庆 : 重庆出版社 , 2022.8（2022.10 重印）

（新时代这十年 / 姜辉主编）

ISBN 978-7-5154-1205-4

Ⅰ . ①新… Ⅱ . ①当… ②郑… Ⅲ . ①中国经济—经济建设—成就—中国— 2012-2022 Ⅳ . ① F124

中国版本图书馆 CIP 数据核字（2022）第 135491 号

出 版 人　冀祥德
责任编辑　姜楷杰　徐宪江
责任校对　贾云华
印刷监制　刘艳平
封面设计　马　帅　鲁　娟
出版发行　当代中国出版社　重庆出版社
地　　址　北京市地安门西大街旌勇里 8 号
网　　址　http://www.ddzg.net
邮政编码　100009
编 辑 部　（010）66572264
市 场 部　（010）66572281　66572157
印　　刷　北京润田金辉印刷有限公司
开　　本　710 毫米 ×1000 毫米　1/16
印　　张　15 印张　3 插页　212 千字
版　　次　2022 年 8 月第 1 版
印　　次　2022 年 10 月第 2 次印刷
定　　价　62.00 元

《新时代这十年》丛书编委会

主　任　姜　辉

副主任　李正华　宋月红

编　委　（按姓氏笔画排列）

王巧荣　王爱云　李　文　李海潮
别必亮　张金才　陈兴芜　欧阳雪梅
郑有贵　高　山　谭扬芳

本卷编写组

主　编　郑有贵

成　员　（按姓氏笔画排列）

王　璐　王丹莉　段　娟　钟　瑛
贾子尧　龚　浩　常　旭

总　序

姜　辉

党的十八大以来，以习近平同志为核心的党中央高举中国特色社会主义伟大旗帜，自信自强、守正创新，以伟大的历史主动精神、巨大的政治勇气、强烈的责任担当，统筹把握中华民族伟大复兴战略全局和世界百年未有之大变局，统揽伟大斗争、伟大工程、伟大事业、伟大梦想，统筹推进“五位一体”总体布局，协调推进“四个全面”战略布局，采取一系列战略举措，推进一系列变革性实践，实现一系列突破性进展，取得一系列标志性成果，攻克了许多长期没有解决的难题，办成了许多事关长远的大事要事，推动党和国家事业取得历史性成就、发生历史性变革，创造了新时代中国特色社会主义的伟大成就，开创了中国特色社会主义新时代。

中国特色社会主义新时代是极不寻常、极不平凡的辉煌时代。新时代这十年的发展奇迹和巨大贡献，是中国历史进程中的精彩篇章，也是人类社会发展史上的伟大创造。新时代科学理论的创立，形成当代中国马克思主义、21 世纪马克思主义；新时代中国特色社会主义，是世界社会主义的引领旗帜和中流砥柱；新时代中国式现代化道路的开辟，为广大发展中国家走向现代化提供了典范样本和全新选择；新时代中国成为全球发展贡献者和时代引领者，为解决世界难题贡献了中国智慧，为人类对更好社会制度的探索贡献了中国方案；新时代中国推动中华文明创造性转化和创新性发展，使中华文明焕发出蓬勃生机，创造了人类文明新形态，为人类文明进步作出巨大贡献。新时代这十年波澜壮阔、非凡壮丽，在实现中华民族伟大复兴历史进程中如期全面建成小康社会、实现第一个百年奋斗目标，乘势开启全面建设社会主义现代化国家新征程。新时代十年的伟大变革，在党史、新中国史、改革开放史、社会主义发展史、中华民族发展史上具有里程碑意义。

新时代中国特色社会主义的伟大成就，是党和人民一道奋斗出来的。同时，新时代党和国家事业取得的一切历史性成就、发生的历史性变革，根本原因在于有习近平总书记作为党中央的核心、全党的核心的掌舵领航，在于有习近平新时代中国特色社会主义思想的科学指引。在新时代伟大实践中，党确立习近平同志党中央的核心、全党的核心地位，确立习近平新时代中国特色社会主义思想的指导地位，反映了全党全军全国各族人民共同心愿，对新时代党和国家事业发展、对推进中华民族伟大复兴历史进程具有决定性意义。党的十九届六中全会把“两个确立”写入党的第三个历史决议，既是对党百年历史经验的深刻总结，也是对新时代伟大实践经验的高度概括，是时代呼唤、历史选择、民心所向。

新时代孕育新思想，新思想引领新时代。习近平总书记指出：“拥有马克思主义科学理论指导是我们党鲜明的政治品格和强大的政治优势。实践告诉我们，中国共产党为什么能，中国特色社会主义为什么好，归根到底是马克思主义行。”马克思主义是我们立党立国、兴党强国的根本指导思想。党的十八大以来，以习近平同志为核心的党中央坚持把马克思主义基本原理同中国具体实际相结合、同中华优秀传统文化相结合，深刻总结并充分运用党成立以来的历史经验，从新的实际出发，就新时代坚持和发展什么样的中国特色社会主义、怎样坚持和发展中国特色社会主义，建设什么样的社会主义现代化强国、怎样建设社会主义现代化强国，建设什么样的长期执政的马克思主义政党、怎样建设长期执政的马克思主义政党等重大时代课题，提出一系列原创性的治国理政新理念新思想新战略，创立习近平新时代中国特色社会主义思想。这一科学理论体系是当代中国马克思主义、21 世纪马克思主义，是中华文化和中国精神的时代精华，实现了马克思主义中国化新的飞跃，开辟了马克思主义中国化时代化新境界。

新时代十年的伟大变革，迎来了中华民族从站起来、富起来到强起来的伟大飞跃，实现中华民族伟大复兴进入了不可逆转的历史进程。实现中华民族伟大复兴是近代以来中华民族最伟大的梦想，是党一百年来一切奋斗、一切牺牲、一切创造的主题。以习近平同志为核心的党中央坚持和加强党的全面领导，坚持和完善中国特色社会主义制度、推进国家治理体系和治理能力现代化，经受住了来自政治、经济、意识形态、自然界等方面的风险挑战考验，党的面貌、国家的面貌、人民的面貌、军队的面貌、中华民族的面貌发生了前所未有的变化。新时代十年的伟大变革，以中国式现代化推进中华民族伟大复兴，彰显了中国特色社会主义的强大生机活力，为实现中华民族伟大复兴提供了更为完善的制度保证、更为坚实的物质基础、更为主动的精神力量，推进实现中华民族伟大复兴的正确道路越走越宽广。

新时代十年的伟大变革，如期打赢脱贫攻坚战，如期全面建成小康社会，历史性地解决绝对贫困问题，创造了人类减贫史上以至人类发展史上前所未有的奇迹。贫困是人类社会的顽疾，反贫困始终是古今中外治国安邦的一件大事。为决胜全面建成小康社会，以习近平同志为核心的党中央把脱贫攻坚作为全面建成小康社会的底线任务，摆在治国理政的突出位置，组织开展了声势浩大的脱贫攻坚人民战争。党和人民披荆斩棘、栉风沐雨，发扬钉钉子精神，敢于啃硬骨头，攻克了一个又一个贫中之贫、坚中之坚，脱贫攻坚取得了重大历史性成就。现行标准下 9899 万农村贫困人口全部脱贫，832 个贫困县全部摘帽，12.8 万个贫困村全部出列。脱贫地区经济社会发展大踏步赶上来，整体面貌发生历史性巨变。脱贫群众精神风貌焕然一新，增添了自立自强的信心勇气。党领导人民打赢脱贫攻坚战，走出了一条中国特色减贫道路，形成了中国特色反贫困理论，创造了减贫治理的中国样本，为全球减贫事业作出了重大贡献。

新时代十年的伟大变革，创造了中国式现代化道路，创造了人类文明新形态。中国实现现代化，是人类历史上前所未有的大变革。在新中国成立特别是改革开放以来的长期探索和实践基础上，经过党的十八大以来在理论和实践上的创新突破，以习近平同志为核心的党中央团结带领人民成功推进和拓展了中国式现代化，推动物质文明、政治文明、精神文明、社会文明、生态文明协调发展，着力推动高质量发展，蹄疾步稳推进改革，扎实推进全过程人民民主，积极发展社会主义先进文化，突出保障和改善民生，统筹经济社会发展和疫情防控，大力推进生态文明建设，坚决维护国家安全，保持社会大局稳定，大力度推进国防和军队现代化建设，坚持“一国两制”和推进祖国统一，坚决维护台海和平稳定，全方位开展中国特色大国外交。中国式现代化，是中国共产党领导的社会主义现代化，是人口规模巨大的现代化，是全体人民共同富裕的现代化，是物质文明和精神文明相协调的现代化，是人与自然和谐共生的现代化，是走和平发展道路的现代化。中国式现代化，书写了中华民族几千年历史上最恢宏的史诗，绘就了人类发展史上最壮美的画卷。

新时代十年的伟大变革，关键在于不断加强党的全面领导。在领导新时代伟大社会革命进程中，拥有 9600 多万党员的中国共产党成为领导着 14 亿多人口大国、具有重大全球影响力并长期执政的马克思主义政党，从世界大党变为世界强党。办好中国的事情，关键在党。党的领导是党和国家的根本所在、命脉所在，是全国各族人民的利益所系、命运所系。历史和现实都证明，没有中国共产党，就没有新中国，就没有中华民族伟大复兴。在新时代新征程上，充分发挥党总揽全局、协调各方的领导核心作用，以伟大自我革命引领伟大社会革命。以习近平同志为核心的党中央坚持和加强党的全面领导，坚持一切为了人民、一切依靠人民，持之以恒推进全面从严治党，深入推进新时代党的建设新的伟大工程，不断提高党的建设质量。党中央权威和集中统一领导得到有力保证，党的领导制度体系不断完善，党的领导方式更加科学，全党思想上更加统一、政治上更加团结、行动上更加一致，党的政治领导力、思想引领力、群众组织力、社会号召力显著增强。永葆“赶考”的清醒和坚定，党的自我净化、自我完善、自我革新、自我提高能力显著提高，管党治党宽松软状况得到根本扭转，反腐败斗争取得压倒性胜利并全面巩固。党在革命性锻造中更加坚强，找到了跳出治乱兴衰历史周期率的第二个答案，开辟了自我革命新境界。全面从严治党永远在路上，党的自我革命永远在路上。

九州激荡四海升腾，壮志伟业长留天地。新时代十年的伟大变革，空前凝聚振奋党心军心民心。中国人民更加自信、自立、自强，极大增强了志气、骨气、底气，在历史进程中积累的强大能量充分爆发出来，焕发出前所未有的历史主动精神、历史创造精神。中华民族伟大复兴展现出前所未有的光明前景。

征途漫漫从头越，奋楫扬帆向未来。当代中国正在经历人类历史上最为宏大而独特的实践创新，中华民族伟大复兴进入关键时期，改革发展稳定任务之重、矛盾风险挑战之多、治国理政考验之大都前所未有，世界百年未有之大变局深刻变化前所未有。当前，世界百年大变局加速演进，世纪疫情还在蔓延。中国发展崛起遭到外部反对势力打压遏制，中华民族伟大复兴面临许多可以预料和难以预料的风险挑战。各种风险挑战接踵而至，风高浪急有时甚至是惊涛骇浪，其复杂性严峻性前所未有。中华民族伟大复兴不是轻轻松松、敲锣打鼓就能实现的，必须勇于进行具有许多新的历史特点的伟大斗争，准备付出更为艰巨、更为艰苦的努力。在全面建设社会主义现代化国家、向第二个百年奋斗目标进军的新征程上，党团结带领人民高举中国特色社会主义伟大旗帜，以习近平新时代中国特色社会主义思想为指导，自信自强、守正创新，埋头苦干、勇毅前行，以顽强奋斗不断开辟新天地。弘扬伟大建党精神，敢于斗争、善于斗争，坚持把国家和民族发展放在自己力量的基点上、把中国发展进步的命运牢牢掌握在自己手中，保持战略定力，增强忧患意识，坚持底线思维，坚定斗争意志，增强斗争本领，以正确的战略策略应变局、育新机、开新局，坚定不移推进中华民族伟大复兴历史进程，以奋发有为的精神把新时代中国特色社会主义推向前进，信心百倍地书写着新时代中国发展的伟大历史，到本世纪中叶全面建成社会主义现代化强国，创造新的时代辉煌，铸就新的历史伟业，并继续创造更多令人刮目相看的人间奇迹，使具有 5000 多年文明历史的中华民族以更加昂扬的姿态屹立于世界民族之林。

目　录

第二章　坚持和完善社会主义基本经济制度

第三章　全面实施供给侧结构性改革

第六章 推进区域协调发展和新型城镇化

第七章 推动乡村振兴

第八章 新时代经济建设成就和经验

第一章　习近平经济思想引领新时代经济建设

党的十八大以来，以习近平同志为核心的党中央系统回答了新时代中国实现什么样的发展、怎样发展的问题，创立习近平经济思想。习近平经济思想是习近平新时代中国特色社会主义思想的重要组成部分，是中国共产党不懈探索社会主义经济发展道路形成的宝贵思想结晶，是马克思主义政治经济学在当代中国、21 世纪世界的最新成果，是我国经济高质量发展、全面建设社会主义现代化国家的科学指南。

第一节　习近平经济思想的形成和意义

马克思指出，“理论在一个国家实现的程度，总是取决于理论满足这个国家的需要的程度。”[1]新时代需要新思想指导，新时代孕育新思想。新时代中国特色社会主义经济建设必然产生新思想。

〔1〕《马克思恩格斯文集》第 1 卷，人民出版社 2009 年版，第 12 页。

一、习近平经济思想的创立

时代是思想之母。中国特色社会主义进入新时代，这是中国发展新的历史方位，也对经济建设提出新的要求。

习近平经济思想是从解决新的社会主要矛盾出发创立的。中国进入新时代，社会主要矛盾转化为人民日益增长的美好生活需要和不平衡不充分的发展之间的矛盾。“我国社会主要矛盾的变化是关系全局的历史性变化，对党和国家工作提出了许多新要求。”[1]新时代要谈的“发展”同以往所谈的“发展”有所不同。习近平总书记指出，“以前我们要解决‘有没有’的问题，现在则要解决‘好不好’的问题。我们要着力提升发展质量和效益，更好满足人民多方面日益增长的需要”[2]。

习近平经济思想是在回答新时代围绕“实现什么样的发展、怎样实现发展”这一时代主题中创立的。习近平总书记指出，“一切国家机关工作人员，无论身居多高的职位，都必须牢记我们的共和国是中华人民共和国，始终要把人民放在心中最高的位置，始终全心全意为人民服务，始终为人民利益和幸福而努力工作。”[3]坚持以人民为中心的发展思想，是中国经济发展的根本立场。新时代经济建设要坚持以人民为中心的发展思想，遵循发展为了人民、发展依靠人民、发展成果由人民共享的价值取向，把增进人民福祉、促进人的全面发展、朝着共同富裕方向稳步前进作为经济发展的出发点和落脚点；要尊重人民群众的首创精神，最大限度地激发人们的创造精神，将人民群众作为发展的实践主体，凝聚共识、激发动力，让广大人民群众成为推动经济社会发展的强大力量。

习近平经济思想是从应对世界百年未有之大变局出发创立的。世界

---

〔1〕 习近平：《决胜全面建成小康社会 夺取新时代中国特色社会主义伟大胜利》，人民出版社 2017 年版，第 11 页。

〔2〕《习近平谈治国理政》第 3 卷，外文出版社 2020 年版，第 133 页。

〔3〕 习近平：《在十三届全国人民代表大会第一次会议上的讲话》，人民出版社 2018 年版，第 2 页。

百年未有之大变局对中国发展而言既是机遇也是挑战。习近平总书记指出，“放眼世界，我们面对的是百年未有之大变局。”〔1〕世界多极化、经济全球化、社会信息化、文化多样化深入发展，全球治理体系和国际秩序变革加速推进。新冠肺炎疫情全球大流行使这个大变局加速变化，经济全球化遭遇逆流，保护主义、单边主义上升，世界经济低迷，国际贸易和投资大幅萎缩，给人类生产生活带来前所未有的挑战和考验。正处于实现中华民族伟大复兴关键时期的中国，要准确认识和把握世界发展的趋势，转变发展思路。习近平总书记强调，“我们要具备战略眼光，树立全球视野，既要有风险忧患意识，又要有历史机遇意识，努力在这场百年未有之大变局中把握航向。”〔2〕

习近平经济思想是从构建中国特色社会主义政治经济学出发创立的。新时代需要马克思主义经济理论创新指导解决新问题，习近平总书记指出，要“把坚持马克思主义和发展马克思主义统一起来，结合新的实践不断作出新的理论创造，这是马克思主义永葆生机活力的奥妙所在。”〔3〕新时代的新情况新问题要求我们深入学习马克思主义政治经济学基本原理和方法论，掌握科学的经济分析方法，认识经济运动过程，把握社会经济发展规律，提高驾驭社会主义市场经济能力，准确回答中国经济发展的理论和实践问题，并把实践经验上升为系统化的马克思主义经济学说，不断开拓当代中国马克思主义政治经济学新境界，推进马克思主义政治经济学创新发展。

二、习近平经济思想的形成与丰富

伟大时代催生伟大思想。2012 年 11 月，习近平总书记在十八届中央政治局常委同中外记者见面时指出，“人民对美好生活的向往，就是

〔1〕《习近平谈治国理政》第 3 卷，外文出版社 2020 年版，第 421 页。

〔2〕《习近平谈治国理政》第 3 卷，外文出版社 2020 年版，第 487 页。

〔3〕 习近平：《在哲学社会科学工作座谈会上的讲话》，人民出版社 2016 年版，第 13 页。

我们的奋斗目标。”[1]在这年底召开的中央经济工作会议上，习近平总书记强调：“发展是党执政兴国的第一要务，作为执政党，我们必须切实加强党对经济工作的领导，扎扎实实做好经济工作。”[2]

党的十八届三中全会开启全面深化改革，“经济体制改革仍然是全面深化改革的重点，经济体制改革的核心问题仍然是处理好政府和市场关系。”[3]习近平总书记指出，“理论和实践都证明，市场配置资源是最有效率的形式。市场决定资源配置是市场经济的一般规律，市场经济本质上就是市场决定资源配置的经济。”[4]明确市场在资源配置中发挥决定性作用，是对党的十四大所提“市场在社会主义国家宏观调控下对资源配置起基础性作用”、十五大所提“使市场在国家宏观调控下对资源配置起基础性作用”、十六大所提“在更大程度上发挥市场在资源配置中的基础性作用”、十七大所提“从制度上更好发挥市场在资源配置中的基础性作用”以及十八大所提“更大程度更广范围发挥市场在资源配置中的基础性作用”等重要论述的深化和发展，是对中国特色社会主义建设规律认识的一个新突破，是马克思主义中国化的一个新的成果，标志着社会主义市场经济发展进入了一个新阶段。

2013 年，习近平总书记指出中国经济处于增长速度换挡期、结构调整阵痛期、前期刺激政策消化期的“三期叠加”位置。2014 年 12 月，习近平总书记用“新常态”全面阐述中国经济的新特征——正在向形态更高级、分工更复杂、结构更合理的阶段演化，经济发展速度正从高速增长转向中高速增长，经济发展方式正从规模速度型粗放增长转向质量效率型集约增长，经济结构正从增量扩能为主转向调整存量、做优增量并存的深度调整，经济发展动力正从传统增长点转向新的增长点。“我国经济发展进入新常态，是我国经济发展阶段性特征的必然反映，是不

---

〔1〕《习近平谈治国理政》第 1 卷，外文出版社 2018 年版，第 4 页。

〔2〕《习近平关于社会主义经济建设论述摘编》，中央文献出版社 2017 年版，第 315 页。

〔3〕《习近平谈治国理政》第 1 卷，外文出版社 2018 年版，第 75 页。

〔4〕《习近平谈治国理政》第 1 卷，外文出版社 2018 年版，第 77 页。

以人的意志为转移的。认识新常态，适应新常态，引领新常态，是当前和今后一个时期我国经济发展的大逻辑。”[1]认识和把握新常态，是在综合国内外经济发展形势、准确把握中国基本国情的基础上，针对中国经济发展的阶段性特征所提出的重大战略判断。

2015 年 10 月，习近平总书记在党的十八届五中全会上阐述了新发展理念，并强调“坚持创新发展、协调发展、绿色发展、开放发展、共享发展，是关系我国发展全局的一场深刻变革。”[2]新发展理念的提出，是发展思路的重要创新。

2015 年 11 月，习近平总书记在中央财经领导小组第十一次会议上指出，“在适度扩大总需求的同时，着力加强供给侧结构性改革，着力提高供给体系质量和效率，增强经济持续增长动力，推动我国社会生产力水平实现整体跃升。”[3]供给侧结构性改革，重点是解放和发展社会生产力，用改革的办法推进结构调整，减少无效和低端供给，扩大有效和中高端供给，增强供给结构对需求变化的适应性和灵活性，提高全要素生产率。供给侧结构性改革的提出，是对中国经济发展思路和工作着力点的重大调整，是化解中国经济发展面临的困难和矛盾的重大举措，也是培养增长新动力、形成先发新优势、实现创新引领发展的必然要求和选择。

同月，习近平总书记在主持十八届中央政治局第二十八次集体学习时指出，“我们要立足我国国情和我们的发展实践，深入研究世界经济和我国经济面临的新情况新问题，揭示新特点新规律，提炼和总结我国经济发展实践的规律性成果，把实践经验上升为系统化的经济学说，不断开拓当代中国马克思主义政治经济学新境界，为马克思主义政治经济

〔1〕《习近平谈治国理政》第 2 卷，外文出版社 2017 年版，第 233 页。

〔2〕 习近平：《论把握新发展阶段、贯彻新发展理念、构建新发展格局》，中央文献出版社 2021 年版，第 42 页。

〔3〕 习近平：《论把握新发展阶段、贯彻新发展理念、构建新发展格局》，中央文献出版社 2021 年版，第 55 页。

学创新发展贡献中国智慧。”〔1〕2016 年 7 月，习近平总书记在经济形势专家座谈会上指出，坚持和发展中国特色社会主义政治经济学，要以马克思主义政治经济学为指导，总结和提炼我国改革开放和社会主义现代化建设的伟大实践经验，同时借鉴西方经济学的有益成分。习近平总书记强调，“中国特色社会主义政治经济学只能在实践中丰富和发展，又要经受实践的检验，进而指导实践。要加强研究和探索，加强对规律性认识的总结，不断完善中国特色社会主义政治经济学理论体系，推进充分体现中国特色、中国风格、中国气派的经济学科建设。”〔2〕

2017 年 2 月，习近平总书记主持召开国家安全工作座谈会，并指出“要切实加强国家安全工作，为维护重要战略机遇期提供保障。不论国际形势如何变幻，我们要保持战略定力、战略自信、战略耐心，坚持以全球思维谋篇布局，坚持统筹发展和安全”〔3〕。习近平总书记强调，“安全是发展的前提，发展是安全的保障。”〔4〕坚持统筹发展和安全两件大事，既要善于运用发展成果夯实国家安全的实力基础，又要善于塑造有利于经济社会发展的安全环境。

2017 年 10 月，习近平总书记在十九大报告中指出，中国经济已由高速增长阶段转向高质量发展阶段，正处在转变发展方式、优化经济结构、转换增长动力的攻关期，强调要“贯彻新发展理念，建设现代化经济体系”〔5〕。实现高质量发展是保持经济社会持续健康发展的必然要求，也是适应中国社会主要矛盾变化和全面建设社会主义现代化国家的必然要求。同年 12 月，在中共中央召开的党外人士座谈会上，习近平总书记强调：“高质量发展是我们当前和今后一个时期确定发展思路、制定

---

〔1〕习近平：《不断开拓当代中国马克思主义政治经济学新境界》，《求是》2020 年第 16 期。

〔2〕《坚定信心增强定力 坚定不移推进供给侧结构性改革》，《人民日报》2016 年 7 月 9 日。

〔3〕《习近平谈治国理政》第 2 卷，外文出版社 2017 年版，第 382 页。

〔4〕习近平：《论把握新发展阶段、贯彻新发展理念、构建新发展格局》，中央文献出版社 2021 年版，第 424 页。

〔5〕习近平：《决胜全面建成小康社会 夺取新时代中国特色社会主义伟大胜利》，人民出版社 2017 年版，第 29 页。

经济政策、实施宏观调控的根本要求，必须深刻认识、全面领会、真正落实。”〔1〕

2017年底召开的中央经济工作会议首次总结并阐释了习近平经济思想。会议指出，“5年来，我们坚持观大势、谋全局、干实事，成功驾驭了我国经济发展大局，在实践中形成了以新发展理念为主要内容的习近平新时代中国特色社会主义经济思想。我们坚持加强党对经济工作的集中统一领导，保证我国经济沿着正确方向发展；坚持以人民为中心的发展思想，贯穿到统筹推进‘五位一体’总体布局和协调推进‘四个全面’战略布局之中；坚持适应把握引领经济发展新常态，立足大局，把握规律；坚持使市场在资源配置中起决定性作用，更好发挥政府作用，坚决扫除经济发展的体制机制障碍；坚持适应我国经济发展主要矛盾变化完善宏观调控，相机抉择，开准药方，把推进供给侧结构性改革作为经济工作的主线；坚持问题导向部署经济发展新战略，对我国经济社会发展变革产生深远影响；坚持正确工作策略和方法，稳中求进，保持战略定力、坚持底线思维，一步一个脚印向前迈进。习近平新时代中国特色社会主义经济思想，是5年来推动我国经济发展实践的理论结晶，是中国特色社会主义政治经济学的最新成果，是党和国家十分宝贵的精神财富，必须长期坚持、不断丰富发展。”〔2〕

随着第一个百年奋斗目标的完成，中国进入新发展阶段。2020年10月，习近平总书记在党的十九届五中全会第二次会议上指出，“新发展阶段就是全面建设社会主义现代化国家、向第二个百年奋斗目标进军的阶段。”〔3〕进入新发展阶段，是中华民族伟大复兴历史进程的大跨越，要加快构建以国内大循环为主体、国内国际双循环相互促进的新发展格局。

2021年1月，习近平总书记在省部级主要领导干部学习贯彻党的

---

〔1〕《中共中央召开党外人士座谈会》，《人民日报》2017年12月9日。

〔2〕《中央经济工作会议在北京举行》，《人民日报》2017年12月21日。

〔3〕习近平：《论把握新发展阶段、贯彻新发展理念、构建新发展格局》，中央文献出版社2021年版，第5页。

十九届五中全会精神专题研讨班上强调，“准确把握新发展阶段，深入贯彻新发展理念，加快构建新发展格局，推动‘十四五’时期高质量发展，确保全面建设社会主义现代化国家开好局、起好步。”〔1〕把握新发展阶段，贯彻新发展理念，构建新发展格局，推动经济高质量发展，成为中国经济建设的重要指导思想和实践要求。

2021 年 11 月，党的十九届六中全会审议通过的《中共中央关于党的百年奋斗重大成就和历史经验的决议》，用“十个明确”概括习近平新时代中国特色社会主义思想核心内容，其中在经济建设方面“明确必须坚持和完善社会主义基本经济制度，使市场在资源配置中起决定性作用，更好发挥政府作用，把握新发展阶段，贯彻创新、协调、绿色、开放、共享的新发展理念，加快构建以国内大循环为主体、国内国际双循环相互促进的新发展格局，推动高质量发展，统筹发展和安全”〔2〕。

2021 年底，中央经济工作会议指出，“在应对风险挑战的实践中，我们进一步积累了对做好经济工作的规律性认识。”〔3〕会议围绕做好对经济工作的规律性认识提出“四个必须坚持”，稳定当头、稳中求进的经济工作基调提出“七个方面政策取向”，针对中国发展内外环境发生深刻变化提出正确认识和把握“五个重大理论问题”，丰富了习近平经济思想内涵。〔4〕

习近平经济思想为马克思主义政治经济学不断注入新的时代内涵，为中国经济持续健康发展提供强大思想指引。

三、习近平经济思想的重大意义

习近平经济思想是马克思主义政治经济学的发展和丰富，为推动实

〔1〕 习近平：《论把握新发展阶段、贯彻新发展理念、构建新发展格局》，中央文献出版社 2021 年版，第 469 页。

〔2〕《中共中央关于党的百年奋斗重大成就和历史经验的决议》，人民出版社 2021 年版，第 25 页。

〔3〕《中央经济工作会议在北京举行》，《人民日报》2021 年 12 月 11 日。

〔4〕 习近平：《正确认识和把握我国发展重大理论和实践问题》，《求是》2022 年第 10 期。

现中国从富起来到强起来提供了根本指导，为世界的和平稳定发展贡献了中国智慧、中国方案，是习近平新时代中国特色社会主义思想的重要组成部分，是党和国家必须长期坚持的指导思想。

习近平经济思想发展和丰富了马克思主义政治经济学。习近平经济思想是科学运用马克思主义政治经济学来看待和解决新时代中国经济社会发展面临新问题的最新理论成果，创造性地对中国经济社会发展中的许多重大问题作出新论断、提出新思路、推出新举措并形成一系列原创性理论成果，明确新时代做好经济工作的根本保证是坚持党对经济工作的集中统一领导、根本立场是坚持以人民为中心的发展思想，指明中国经济发展处于从经济发展新常态到新发展阶段的历史方位，提出新时代经济建设要坚持新发展理念的指导原则，科学回答了“怎么看”“怎么干”等重大理论和实践问题。习近平经济思想开拓了马克思主义政治经济学新境界，丰富和系统发展了马克思主义政治经济学的研究体系与研究内容，是马克思主义政治经济学中国化的最新成果，是当代马克思主义政治经济学的重大创新。

习近平经济思想为新时代推动实现中国从富起来到强起来提供了根本指导，为做好新时代经济工作指明了正确方向、提供了根本遵循。党的十八大以来，以习近平同志为核心的党中央作出坚持以高质量发展为主题、以供给侧结构性改革为主线、建设现代化经济体系、把握扩大内需战略基点，打好防范化解重大风险、精准脱贫、污染防治三大攻坚战等重大决策。中国经济发展平衡性、协调性、可持续性明显增强，国内生产总值突破百万亿元大关，人均国内生产总值超过一万美元，国家经济实力、科技实力、综合国力跃上新台阶，中国经济迈上更高质量、更有效率、更加公平、更可持续、更为安全的发展之路。

习近平经济思想为世界的和平稳定发展贡献了中国智慧、中国方案。为解决人类重大问题，建设持久和平、普遍安全、共同繁荣、开放包容、清洁美丽的世界，中国坚持走和平发展的现代化道路，紧扣服务民族复兴、促进人类进步这条主线，高举和平、发展、合作、共赢的旗帜，提出构建人类命运共同体理念，推动共建“一带一路”高质量发展，坚持对话协商，建设一个持久和平的世界；坚持共建共享，建设一个普遍安全的世界；坚持合作共赢，建设一个共同繁荣的世界；坚持交流互鉴，建设一个开放包容的世界；坚持绿色低碳，建设一个清洁美丽的世界。这些举措成为稳定和带动全球经济增长的重要引擎，为全球经济治理贡献了中国智慧、中国方案。

第二节　新发展理念指引高质量发展

伟大思想引领伟大实践。把握新发展阶段，贯彻新发展理念，构建新发展格局，是以习近平同志为核心的党中央统筹中华民族伟大复兴战略全局和世界百年未有之大变局，深刻认识中国社会主要矛盾变化带来的新特征、高质量发展阶段的新要求以及错综复杂的国际环境带来的新矛盾新挑战，提出的重大战略任务，是对新时代经济发展的实践要求。把握新发展阶段，贯彻新发展理念，构建新发展格局，推动经济高质量发展，对于实现全面建成社会主义现代化强国的目标和中华民族伟大复兴的中国梦，具有十分重要的意义。

一、准确把握新发展阶段

习近平总书记指出："正确认识党和人民事业所处的历史方位和发展阶段，是我们党明确阶段性中心任务、制定路线方针政策的根本依据，也是我们党领导革命、建设、改革不断取得胜利的重要经验。"〔1〕

中国全面建成小康社会、实现第一个百年奋斗目标，开启全面建设社会主义现代化国家、向第二个百年奋斗目标进军的新征程，这标志着中国进入了一个新发展阶段。新发展阶段是社会主义初级阶段中的一个阶段，决定了中国必须继续坚持党的社会主义初级阶段基本路线和继续

〔1〕 习近平：《论把握新发展阶段、贯彻新发展理念、构建新发展格局》，中央文献出版社2021年版，第470页。

坚持社会主义初级阶段的经济纲领。同时，新发展阶段也是经过几十年积累、站到了新的起点上的一个阶段，这意味着中国全面建成小康社会，中国的经济实力、科技实力、综合国力和人民生活水平跃上了新的大台阶，“党和国家事业取得历史性成就、发生历史性变革”。〔1〕

进入新发展阶段，中国的内部环境和外部环境都发生了重大变化。“发展基础更加坚实，发展条件深刻变化，进一步发展面临新的机遇和挑战。”〔2〕进入新发展阶段明确了中国发展的历史方位，中国要以辩证思维看待新发展阶段的新机遇新挑战，以畅通国民经济循环为主构建新发展格局，以科技创新催生新发展动能，以深化改革激发新发展活力，以高水平对外开放打造国际合作和竞争新优势，以共建共治共享拓展社会发展新局面。

二、深入贯彻新发展理念

习近平总书记指出：“党的十八大以来我们对经济社会发展提出了许多重大理论和理念，其中新发展理念是最重要、最主要的。”〔3〕2015年10月，习近平总书记在党的十八届五中全会上系统阐释了新发展理念：

创新注重解决发展动力问题。创新是引领发展的第一动力，发展动力决定发展速度、效能、可持续性。习近平总书记强调，“抓住了创新，就抓住了牵动经济社会发展全局的‘牛鼻子’。”〔4〕推动创新发展，必须把创新作为引领发展的第一动力，把人才作为支撑发展的第一资源，把创新摆在国家发展全局的核心位置，不断推进理论创新、制度创新、科技创新、文化创新等各方面创新，让创新贯穿党和国家一切工作，让创

〔1〕 习近平：《在庆祝中国共产党100周年大会上的讲话》，人民出版社2021年版，第7页。

〔2〕《中华人民共和国国民经济和社会发展第十四个五年规划和2035年远景目标纲要》，人民出版社2021年版，第2页。

〔3〕 习近平：《论把握新发展阶段、贯彻新发展理念、构建新发展格局》，中央文献出版社2021年版，第479页。

〔4〕 习近平：《论把握新发展阶段、贯彻新发展理念、构建新发展格局》，中央文献出版社2021年版，第80—81页。

新在全社会蔚然成风。〔1〕

协调注重解决发展的不平衡问题。习近平总书记指出，“唯物辩证法认为，事物是普遍联系的，事物及事物各要素相互影响、相互制约，整个世界是相互联系的整体，也是相互作用的系统。坚持唯物辩证法，就要从客观事物的内在联系去把握事物，去认识问题、处理问题。”〔2〕中国发展不协调是一个长期存在的问题，突出表现在区域、城乡、经济和社会、物质文明和精神文明、经济建设和国防建设等关系上。推动协调发展，必须牢牢把握中国特色社会主义事业总体布局，正确处理发展中的重大关系，不断增强发展整体性。

绿色注重解决人与自然和谐问题。习近平总书记强调，“保护环境就是保护生产力，改善环境就是发展生产力。”〔3〕推动绿色发展就要坚持绿水青山就是金山银山的理念，坚持节约资源和保护环境的基本国策，坚定走生产发展、生活富裕、生态良好的文明发展道路，形成节约资源和保护环境的空间格局、产业结构、生产方式、生活方式，推进美丽中国建设，为全球生态安全作出新贡献。

开放注重解决发展内外联动问题。习近平总书记指出，“实践告诉我们，要发展壮大，必须主动顺应经济全球化潮流，坚持对外开放，充分运用人类社会创造的先进科学技术成果和有益管理经验。”〔4〕中国对外开放水平总体上还不够高，用好国际国内两个市场、两种资源的能力还不够强，应对国际经贸摩擦、争取国际经济话语权的能力还比较弱，运用国际经贸规则的本领也不够强，需要加快弥补。推动开放发展，就必须坚持对外开放的基本国策，奉行互利共赢的开放战略，深化人文交

〔1〕习近平：《论把握新发展阶段、贯彻新发展理念、构建新发展格局》，中央文献出版社2021年版，第40页。

〔2〕《习近平谈治国理政》第2卷，外文出版社2017年版，第204页。

〔3〕习近平：《论把握新发展阶段、贯彻新发展理念、构建新发展格局》，中央文献出版社2021年版，第90页。

〔4〕习近平：《论把握新发展阶段、贯彻新发展理念、构建新发展格局》，中央文献出版社2021年版，第92页。

流，完善对外开放区域布局、对外贸易布局、投资布局，形成对外开放新体制，发展更高层次的开放型经济，以扩大开放带动创新、推动改革、促进发展。[1]

共享发展注重解决社会公平正义问题。习近平总书记强调，“共享理念实质就是坚持以人民为中心的发展思想，体现的是逐步实现共同富裕的要求”。[2]推动共享发展，就是要让全民共享经济发展带来的成果，并在过程中缩小区域之间、城乡之间、行业之间等领域的收入差距、公共服务水平差距，做到发展为了人民、发展依靠人民、发展成果由人民共享，推动实现全民共享、全面共享、共建共享、渐进共享，使全体人民朝着共同富裕方向稳步前进。

坚持创新发展、协调发展、绿色发展、开放发展、共享发展，是关系我国发展全局的一场深刻变革。创新是引领发展的第一动力，协调是健康发展的内在要求，绿色是永续发展的重要基础，开放是繁荣发展的必由之路，共享是推动发展的根本目的，五大发展理念间相互贯通、相互促进，是具有内在联系的集合体，最终目的是推动经济转向高质量发展。

贯彻新发展理念明确了中国现代化建设的指导原则。2017 年 10 月，习近平总书记在十九大报告中强调要“坚持新发展理念”，强调“发展是解决我国一切问题的基础和关键，发展必须是科学发展，必须坚定不移贯彻创新、协调、绿色、开放、共享的发展理念”[3]，并将新发展理念作为新时代坚持和发展中国特色社会主义的基本方略之一加以强调。

2021 年 1 月，习近平总书记在省部级主要领导干部学习贯彻党的十九届五中全会精神专题研讨班上强调，“新发展理念是一个系统的理

---

〔1〕 习近平：《论把握新发展阶段、贯彻新发展理念、构建新发展格局》，中央文献出版社 2021 年版，第 41 页。

〔2〕 习近平：《论把握新发展阶段、贯彻新发展理念、构建新发展格局》，中央文献出版社 2021 年版，第 95 页。

〔3〕 习近平：《决胜全面建成小康社会 夺取新时代中国特色社会主义伟大胜利》，人民出版社 2017 年版，第 21 页。

论体系，回答了关于发展的目的、动力、方式、路径等一系列理论和实践问题，阐明了我们党关于发展的政治立场、价值导向、发展模式、发展道路等重大政治问题”〔1〕。习近平总书记强调全党必须完整、准确、全面贯彻新发展理念，要从根本宗旨把握新发展理念，始终坚持以人民为中心的发展思想，让发展成果更多更公平惠及全体人民，让人民群众真真切切感受到共同富裕；要从问题导向把握新发展理念，精准地贯彻新发展理念，切实解决好发展不平衡不充分的问题，推动高质量发展；从忧患意识把握新发展理念，增强忧患意识、坚持底线思维，随时准备应对更加复杂困难的局面。〔2〕

新发展理念是在深刻总结国内外发展经验教训的基础上形成的，也是在深刻分析国内外发展大势的基础上形成的，集中反映了中国共产党对经济社会发展规律认识的深化，也是针对中国发展中的突出矛盾和问题提出来的，旨在推动经济发展方式转型、经济结构转型以及经济发展动力转型，具有战略性、纲领性、引领性，是发展思路、发展方向和发展着力点的集中体现。2022 年 3 月，习近平总书记在参加十三届全国人大五次会议内蒙古代表团审议时，回顾新时代中国共产党和人民奋进历程，高度概括了这一历程中形成的“五个必由之路”，强调“贯彻新发展理念是新时代我国发展壮大的必由之路”〔3〕，揭示了新时代中国的“成功密码”。

三、加快构建新发展格局

习近平总书记指出，强调加快构建新发展格局“是根据我国发展阶段、环境、条件变化作出的战略决策，是事关全局的系统性深层次

---

〔1〕 习近平:《论把握新发展阶段、贯彻新发展理念、构建新发展格局》，中央文献出版社 2021 年版，第 500 页。

〔2〕 习近平:《论把握新发展阶段、贯彻新发展理念、构建新发展格局》，中央文献出版社 2021 年版，第 479—482 页。

〔3〕《不断巩固中华民族共同体思想基础 共同建设伟大祖国 共同创造美好生活》，《人民日报》2022 年 3 月 6 日。

变革。”〔1〕

2020年4月，习近平总书记在中央财经委员会第七次会议上强调构建以国内大循环为主体、国内国际双循环相互促进的新发展格局。习近平总书记指出，改革开放后中国加入国际大循环，广泛引进外部投资，积极扩大对外贸易，形成了市场和资源“两头在外”、形成了“世界工厂”的发展模式。近几年，经济全球化遭遇逆风，这次新冠肺炎疫情可能加剧逆全球化趋势，各国内顾倾向明显上升，中国发展面临的外部环境可能出现重大变化。“扩大内需和扩大开放并不矛盾。国内循环越顺畅，越能形成对全球资源要素的引力场，越有利于构建以国内大循环为主体、国内国际双循环相互促进的新发展格局，越有利于形成参与国际竞争和合作新优势。”〔2〕

构建新发展格局明确了我国经济现代化的路径选择。习近平总书记在《关于〈中共中央关于制定国民经济和社会发展第十四个五年规划和二〇三五年远景目标的建议〉的说明》中指出，构建新发展格局，要坚持扩大内需这个战略基点，使生产、分配、流通、消费更多依托国内市场，形成国民经济良性循环。要坚持供给侧结构性改革的战略方向，提升供给体系对国内需求的适配性，打通经济循环堵点，提升产业链、供应链的完整性，使国内市场成为最终需求的主要来源，形成需求牵引供给、供给创造需求的更高水平动态平衡。新发展格局决不是封闭的国内循环，而是开放的国内国际双循环。推动形成宏大顺畅的国内经济循环，就能更好吸引全球资源要素，既满足国内需求，又提升我国产业技术发展水平，形成参与国际经济合作和竞争新优势。

2021年1月，习近平总书记在省部级主要领导干部学习贯彻党的十九届五中全会精神专题研讨班上指出，构建新发展格局的关键在于经济循环的畅通无阻，在中国发展现阶段，畅通经济循环最主要的任务是

〔1〕习近平：《论把握新发展阶段、贯彻新发展理念、构建新发展格局》，中央文献出版社2021年版，第379页。

〔2〕习近平：《论把握新发展阶段、贯彻新发展理念、构建新发展格局》，中央文献出版社2021年版，第343页。

供给侧有效畅通，有效供给能力强可以穿透循环堵点、消除瓶颈制约，可以创造就业和提供收入，从而形成需求能力。习近平总书记强调，必须坚持深化供给侧结构性改革这条主线，继续完成“三去一降一补”的重要任务，全面优化升级产业结构，提升创新能力、竞争力和综合实力，增强供给体系的韧性，形成更高效率和更高质量的投入产出关系，实现经济在高水平上的动态平衡。〔1〕

加快构建新发展格局是一项关系中国发展全局的重大战略任务，其最本质的特征是实现高水平的自立自强，关键在于经济循环的畅通无阻，“是把握未来发展主动权的战略性布局和先手棋，是新发展阶段要着力推动完成的重大历史任务，也是贯彻新发展理念的重大举措。”〔2〕

四、推动经济高质量发展

“高质量发展是‘十四五’乃至更长时期我国经济社会发展的主题，关系我国社会主义现代化建设全局。”〔3〕在2017年底召开的经济工作会议上，习近平总书记指出，推动高质量发展，是保持经济持续健康发展的必然要求，是适应我国社会主要矛盾变化和全面建成小康社会、全面建设社会主义现代化国家的必然要求，是遵循经济规律发展的必然要求。推动高质量发展是当前和今后一个时期确定发展思路、制定经济政策、实施宏观调控的根本要求，必须加快形成推动高质量发展的指标体系、政策体系、标准体系、统计体系、绩效评价、政绩考核，创建和完善制度环境，推动我国经济在实现高质量发展上不断取得新进展。“推动高质量发展，就要建设现代化经济体系，这是我国发展的战略目标。实现这一战略目标，必须牢牢把握高质量发展的要求，坚持质量第一、效益

〔1〕习近平：《论把握新发展阶段、贯彻新发展理念、构建新发展格局》，中央文献出版社2021年版，第484页。

〔2〕习近平：《论把握新发展阶段、贯彻新发展理念、构建新发展格局》，中央文献出版社2021年版，第483页。

〔3〕习近平：《论把握新发展阶段、贯彻新发展理念、构建新发展格局》，中央文献出版社2021年版，第533页。

优先；牢牢把握工作主线，坚定推进供给侧结构性改革；牢牢把握基本路径，推动质量变革、效率变革、动力变革；牢牢把握着力点，加快建设实体经济、科技创新、现代金融、人力资源协同发展的产业体系；牢牢把握制度保障，构建市场机制有效、微观主体有活力、宏观调控有度的经济体制。”[1]

2020年10月，党的十九届五中全会指出，开启全面建设社会主义现代化国家的新发展阶段，推动经济高质量发展是新发展阶段的现实选择。进入新发展阶段、贯彻新发展理念、构建新发展格局，是由中国经济社会发展的理论逻辑、历史逻辑、现实逻辑决定的，三者紧密关联。习近平总书记指出，“进入新发展阶段明确了我国发展的历史方位，贯彻新发展理念明确了我国现代化建设的指导原则，构建新发展格局明确了我国经济现代化的路径选择。把握新发展阶段是贯彻新发展理念、构建新发展格局的现实依据，贯彻新发展理念为把握新发展阶段、构建新发展格局提供了行动指南，构建新发展格局则是应对新发展阶段机遇和挑战、贯彻新发展理念的战略选择。”[2]

第三节　把握经济规律和政策取向

在中国实现第一个百年奋斗目标，开启向第二个百年奋斗目标进军的新征程之际，以习近平同志为核心的党中央明确新发展阶段中国经济发展的战略导向和政策取向，不断丰富和发展了习近平经济思想。

一、进一步积累了对做好经济工作的规律性认识

2017年中央经济工作会议将“坚持适应把握引领经济发展新常态，

---

〔1〕习近平：《论把握新发展阶段、贯彻新发展理念、构建新发展格局》，中央文献出版社2021年版，第216页。

〔2〕习近平：《论把握新发展阶段、贯彻新发展理念、构建新发展格局》，中央文献出版社2021年版，第487页。

立足大局，把握规律”明确为习近平经济思想的重要内容。2021年底召开的中央经济工作会议指出，在应对风险挑战的实践中，我们进一步积累了对做好经济工作的规律性认识。

必须坚持党中央集中统一领导，沉着应对重大挑战，步调一致向前进。2017年，中央经济工作会议将“坚持加强党对经济工作的集中统一领导，保证我国经济沿着正确方向发展”明确为习近平经济思想的重要内容。“坚持党的领导”是中国共产党百年奋斗的宝贵历史经验，〔1〕在经济工作中坚持党中央集中统一领导，是中国特色社会主义市场经济体制的重要特征。加强党对经济工作的全面领导，是中国经济发展的根本保证。习近平总书记指出，“党是总揽全局、协调各方的，经济工作是中心工作，党的领导当然要在中心工作中得到充分体现，抓住了中心工作这个牛鼻子，其他工作就可以更好展开。”〔2〕进入新发展阶段，机遇和挑战并存，中国经济既要转向高质量发展，解决结构性、体制性、周期性问题，同时还要应对各种不稳定性不确定性风险。在推动经济高质量发展和应对风险挑战的实践中，“必须坚持党中央集中统一领导，沉着应对重大挑战，步调一致向前进。”〔3〕

必须坚持高质量发展，坚持以经济建设为中心是中国共产党的基本路线的要求，全党都要聚精会神贯彻执行，推动经济实现质的稳步提升和量的合理增长。习近平总书记强调，“以经济建设为中心是兴国之要，发展是党执政兴国的第一要务”〔4〕。社会主要矛盾的变化并未改变我国仍处于并将长期处于社会主义初级阶段的基本国情，同时不平衡不充分归根到底还是发展的问题。“发展是基础，经济不发展，一切都无从谈

---

〔1〕《中共中央关于党的百年奋斗重大成就和历史经验的决议》，人民出版社2021年版，第65页。

〔2〕《习近平关于社会主义经济建设论述摘编》，中央文献出版社2017年版，第318页。

〔3〕《中央经济工作会议在北京举行》，《人民日报》2021年12月11日。

〔4〕 习近平：《论把握新发展阶段、贯彻新发展理念、构建新发展格局》，中央文献出版社2021年版，第33—34页。

起。”[1]新时代新阶段的发展必须贯彻新发展理念，必须是高质量发展。推动高质量发展是中国经济发展的鲜明主题。习近平总书记指出，“以推动高质量发展为主题，必须坚定不移贯彻新发展理念，以深化供给侧结构性改革为主线，坚持质量第一、效益优先，切实转变发展方式，推动质量变革、效率变革、动力变革，使发展成果更好惠及全体人民，不断实现人民对美好生活的向往。”[2]

必须坚持稳中求进，调整政策和推动改革要把握好时度效，坚持先立后破、稳扎稳打。习近平总书记强调，“稳中求进工作总基调是我们治国理政的重要原则，也是做好经济工作的方法论。”[3]习近平总书记指出，“‘稳’的重点要放在稳住经济运行上，确保增长、就业、物价不出现大的波动，确保金融不出现区域性系统性风险。‘进’的重点要放在调整经济结构和深化改革开放上，确保转变经济发展方式和创新驱动发展取得新成效。‘稳’和‘进’要相互促进，经济社会平稳，才能为调整经济结构和深化改革开放创造稳定宏观环境；调整经济结构和深化改革开放取得实质性进展，才能为经济社会平稳运行创造良好预期。”[4]

必须加强统筹协调，坚持系统观念。2017 年中央经济工作会议将“坚持以人民为中心的发展思想，贯穿到统筹推进‘五位一体’总体布局和协调推进‘四个全面’战略布局之中”明确为习近平经济思想的重要内容。习近平总书记强调，“党的十八大以来，党中央坚持系统谋划、统筹推进党和国家各项事业，根据新的实践需要，形成一系列新布局和新方略，带领全党全国各族人民取得了历史性成就。在这个过程中，系统观念是具有基础性的思想和工作方法。”[5]习近平总书记指出，进入新

---

〔1〕 习近平：《论把握新发展阶段、贯彻新发展理念、构建新发展格局》，中央文献出版社 2021 年版，第 43 页。

〔2〕 习近平：《论把握新发展阶段、贯彻新发展理念、构建新发展格局》，中央文献出版社 2021 年版，第 421 页。

〔3〕《习近平关于社会主义经济建设论述摘编》，中央文献出版社 2017 年版，第 332 页。

〔4〕《习近平关于社会主义经济建设论述摘编》，中央文献出版社 2017 年版，第 321 页。

〔5〕 本书编写组编著：《〈中共中央关于制定国民经济和社会发展第十四个五年规划和二〇三五年远景目标的建议的说明〉辅导读本》，人民出版社 2020 年版，第 74 页。

发展阶段，中国发展环境面临十分复杂的变化，发展不平衡不充分问题仍然突出，经济社会发展中矛盾错综复杂，必须从系统观念出发加以谋划和解决，全面协调推动各领域工作和社会主义现代化建设。[1]

二、把握好经济社会政策取向

2017 年中央经济工作会议将“坚持正确工作策略和方法，稳中求进，保持战略定力、坚持底线思维，一步一个脚印向前迈进”明确为习近平经济思想的重要内容。2021 年底召开的中央经济工作会议强调，各地区各部门要担负起稳定宏观经济的责任，各方面要积极推出有利于经济稳定的政策，政策发力适当靠前。会议明确了宏观政策、微观政策、结构政策、科技政策、改革开放政策、区域政策、社会政策的取向。

宏观政策要稳健有效。习近平总书记多次强调要“保持宏观经济政策连续性和稳定性”，体现在财政政策和货币政策方面，“就是要坚持积极的财政政策和稳健的货币政策，为经济结构性改革营造稳定的宏观经济环境。”[2]面对新冠肺炎疫情的冲击，习近平总书记指出，“宏观政策重在逆周期调节，节奏和力度要能够对冲疫情影响，防止经济运行滑出合理区间，防止短期冲击演变成趋势性变化。积极的财政政策要更加积极有为，已经出台的财政贴息、大规模降费、缓缴税款等政策要尽快落实到企业。要继续研究出台阶段性、有针对性的减税降费政策，加大对一些行业复工复产的支持力度，帮助中小微企业渡过难关。要集中使用部分中央部门存量资金，统筹用于疫情防控、保障重点支出。一些地方财政受疫情影响较大，要加大转移支付力度，确保基层保工资、保运转、保基本民生。要扩大地方政府专项债券发行规模，优化预算内投资结构。稳健的货币政策要更加注重灵活适度，把支持实体经济恢复发展放到更加突出的位置，用好已有金融支持政策，适时出台新的政策措

〔1〕 本书编写组编著:《〈中共中央关于制定国民经济和社会发展第十四个五年规划和二〇三五年远景目标的建议的说明〉辅导读本》，人民出版社 2020 年版，第 74 页。

〔2〕 习近平:《论把握新发展阶段、贯彻新发展理念、构建新发展格局》，中央文献出版社 2021 年版，第 55 页。

施。”[1]

微观政策要持续激发市场主体活力。习近平总书记高度重视市场主体培育，强调“这些市场主体是我国经济活动的主要参与者、就业机会的主要提供者、技术进步的主要推动者，在国家发展中发挥着十分重要的作用。”[2]习近平总书记指出，要加大政策支持力度，激发市场主体活力，使广大市场主体不仅能够正常生存，而且能够实现更大发展，包括：通过落实好纾困惠企政策，打造市场化、法治化、国际化营商环境，构建亲清政商关系，高度重视支持个体工商户发展。[3]

结构政策要着力畅通国民经济循环。2017 年中央经济工作会议将“坚持适应我国经济发展主要矛盾变化完善宏观调控，相机抉择，开准药方，把推进供给侧结构性改革作为经济工作的主线”明确为习近平经济思想的重要内容。习近平总书记强调，供给侧结构性改革是一场关系全局、关系长远的攻坚战，“深入推进供给侧结构性改革是当前我国经济发展必须抓紧抓好的一件大事。”[4]深化供给侧结构性改革，重在畅通国内大循环，重在突破供给约束堵点，重在打通生产、分配、流通、消费各环节，涉及制造业发展、物流网络建设、产业机构升级、房地产业良性循环和健康发展等各个方面。[5]习近平总书记强调，供给和需求是市场经济内在关系的两个基本方面，供给侧和需求侧是管理和调控宏观经济的两个基本手段，经济政策是以供给侧为重点还是以需求侧为重点，要依据宏观经济形势作出抉择，二者不是非此即彼、一去一存的替代关系，而是要相互配合、协调推进。[6]

---

〔1〕 习近平：《在统筹推进新冠肺炎疫情防控和经济社会发展工作部署会议上的讲话》，人民出版社 2020 年版，第 18—19 页。

〔2〕 习近平：《在企业家座谈会上的讲话》，人民出版社 2020 年版，第 2 页。

〔3〕 习近平：《在企业家座谈会上的讲话》，人民出版社 2020 年版，第 2—5 页。

〔4〕 习近平：《论把握新发展阶段、贯彻新发展理念、构建新发展格局》，中央文献出版社 2021 年版，第 160 页。

〔5〕《中央经济工作会议在北京举行》，《人民日报》2021 年 12 月 11 日。

〔6〕 习近平：《论把握新发展阶段、贯彻新发展理念、构建新发展格局》，中央文献出版社 2021 年版，第 99—100 页。

科技政策要扎实落地。习近平总书记强调，“社会生产力发展和综合国力提高，最终取决于科技创新。”[1]从全球范围来看，科学技术越来越成为推进经济社会发展的主要力量，新一轮科技革命和产业变革正在孕育兴起，习近平总书记强调要通过“加强原创性、引领性科技攻关，坚决打赢关键核心技术攻坚战”，“强化国家战略科技力量，提升国家创新体系整体效能”，“推进科技体制改革，形成支持全面创新的基础制度”，“构建开放创新生态，参与全球科技治理”，“激发各类人才创新活力，建设全球人才高地”等方式，深入实施科教兴国战略、人才强国战略、创新驱动发展战略，完善国家创新体系，加快建设科技强国，实现高水平科技自立自强。[2]

改革开放政策要激活发展动力。习近平总书记强调，“没有改革开放就没有当代中国的发展进步，改革开放是发展中国、发展社会主义、发展马克思主义的强大动力。现在，解决我国进一步发展面临的一系列突出矛盾和挑战，必须深化改革开放。改革开放是决定当代中国命运的关键一招，也是决定实现‘两个一百年’奋斗目标、实现中华民族伟大复兴的关键一招。”[3]习近平总书记指出，改革是解放和发展社会生产力的关键，开放是国家进步的前提。随着中国进入新发展阶段，改革也面临新任务，我们将拿出更大勇气、更多举措破除深层次体制机制障碍，推进国家治理体系和治理能力现代化。中国开放的大门将进一步敞开，同世界各国共享发展机遇。中国的对外合作将不断深化，同世界各国实现互利共赢。[4]

区域政策要增强发展的平衡性、协调性。习近平总书记高度重视区域协调发展，指出“东中西部地区都有很好的发展机遇，特别是西部一

〔1〕《习近平关于社会主义经济建设论述摘编》，中央文献出版社 2017 年版，第 125—126 页。

〔2〕 习近平：《在中国科学院第二十次院士大会、中国工程院第十五次院士大会、中国科协第十次全国代表大会上的讲话》，人民出版社 2021 年版，第 9—15 页。

〔3〕《习近平关于全面深化改革论述摘编》，中央文献出版社 2014 年版，第 3 页。

〔4〕 习近平：《论把握新发展阶段、贯彻新发展理念、构建新发展格局》，中央文献出版社 2021 年版，第 447—449 页。

些地区，过去是边缘地区，而一旦同周边国家实现了互联互通，就会成为辐射中心，发展机遇很大。”[1]习近平总书记强调，新形势下促进区域协调发展，要按照客观经济规律调整完善区域政策体系，发挥各地区比较优势，促进各类要素合理流动和高效集聚，增强创新发展动力，加快构建高质量发展的动力系统，增强中心城市和城市群等经济发展优势区域的经济和人口承载能力，增强其他地区在保障粮食安全、生态安全、边疆安全等方面的功能，形成优势互补、高质量发展的区域经济布局。[2]针对城乡区域发展差距，习近平总书记指出，“缩小城乡区域发展差距，不能仅仅看作是缩小国内生产总值总量和增长速度的差距，而应该是缩小居民收入水平、基础设施通达水平、基本公共服务均等化水平、人民生活水平等方面的差距。”[3]习近平总书记指出，“要推进城乡区域协调发展，全面实施乡村振兴战略，实现巩固拓展脱贫攻坚成果同乡村振兴有效衔接，改善城乡居民生产生活条件，加强农村人居环境整治，培育文明乡风，建设美丽宜人、业兴人和的社会主义新乡村。”[4]

社会政策要兜住兜牢民生底线。习近平总书记强调，“保障和改善民生没有终点，只有连续不断的新起点”[5]。民生的持续改善，有赖于经济的稳定发展，经济发展的根本目的也是保障和改善民生，要“坚持在发展中保障和改善民生。”[6]习近平总书记指出，“要着力补齐民生短板，破解民生难题，兜牢民生底线，办好就业、教育、社保、医疗、养老、

---

〔1〕《习近平谈治国理政》第2卷，外文出版社2017年版，第236页。

〔2〕习近平：《论把握新发展阶段、贯彻新发展理念、构建新发展格局》，中央文献出版社2021年版，第325页。

〔3〕习近平：《论把握新发展阶段、贯彻新发展理念、构建新发展格局》，中央文献出版社2021年版，第49—50页。

〔4〕习近平：《论把握新发展阶段、贯彻新发展理念、构建新发展格局》，中央文献出版社2021年版，第535页。

〔5〕《习近平谈治国理政》第2卷，外文出版社2017年版，第362页。

〔6〕习近平：《决胜全面建成小康社会 夺取新时代中国特色社会主义伟大胜利》，人民出版社2017年版，第23页。

托幼、住房等民生实事，提高公共服务可及性和均等化水平。”[1]

三、正确认识和把握新的重大理论和实践问题

2017年中央经济工作会议将“坚持问题导向部署经济发展新战略，对我国经济社会发展变革产生深远影响”明确为习近平经济思想的重要内容。进入新发展阶段，我国发展内外环境发生深刻变化，面临许多新的重大问题，需要正确认识和把握。[2]

正确认识和把握实现共同富裕的战略目标和实践途径。共同富裕是社会主义的本质要求，是中国式现代化的重要特征。习近平总书记强调，“我们的责任，就是要团结带领全党全国各族人民，继续解放思想，坚持改革开放，不断解放和发展社会生产力，努力解决群众的生产生活困难，坚定不移走共同富裕的道路。”[3]党的十八大以来，以习近平同志为核心的党中央把握发展阶段新变化，把实现全体人民共同富裕摆在更加重要的位置上，推动区域协调发展，采取有力措施保障和改善民生，打赢脱贫攻坚战，全面建成小康社会，为促进共同富裕创造良好条件。《中共中央关于党的百年奋斗重大成就和历史经验的决议》中全面回顾中国共产党带领全体人民朝实现共同富裕不断迈进的光辉历程，指出中国特色社会主义新时代是“逐步实现全体人民共同富裕的时代”[4]。进入新发展阶段，习近平总书记强调，“现在，已经到了扎实推动共同富裕的历史阶段。”[5]促进共同富裕要遵循鼓励勤劳创新致富、坚持基本经济制度、尽力而为量力而行、坚持循序渐进的原则，提高发展的平衡性、协调性、包容性，着力扩大中等收入群体规模，促进基本公

---

〔1〕习近平：《论把握新发展阶段、贯彻新发展理念、构建新发展格局》，中央文献出版社2021年版，第535页。

〔2〕习近平：《正确认识和把握我国发展重大理论和实践问题》，《求是》2022年第10期。

〔3〕《习近平谈治国理政》第1卷，外文出版社2018年版，第4页。

〔4〕《中共中央关于党的百年奋斗重大成就和历史经验的决议》，人民出版社2021年版，第23页。

〔5〕习近平：《扎实推动共同富裕》，《求是》2021年第20期。

共服务均等化，加强对高收入的规范和调节，促进人民精神生活共同富裕以及促进农民农村共同富裕，使全体人民朝着共同富裕目标扎实迈进。[1]

正确认识和把握资本的特性和行为规律。习近平总书记指出，“资本是社会主义市场经济的重要生产要素”[2]。必须深化对新的时代条件下我国各类资本及其作用的认识，注重激发包括非公有资本在内的各类资本活力，加强新时代条件下的资本理论研究，历史地、发展地、辩证地认识和把握我国社会存在的各类资本及其作用。“我们要探索如何在社会主义市场经济条件下发挥资本的积极作用，同时有效控制资本的消极作用。”[3]坚持和完善社会主义基本经济制度，毫不动摇巩固和发展公有制经济，毫不动摇鼓励、支持、引导非公有制经济发展，促进非公有制经济健康发展和非公有制经济人士健康成长。

正确认识和把握初级产品供给保障。习近平总书记强调，“对我们这样一个大国来说，保障好初级产品供给是一个重大的战略性问题。必须加强战略谋划，及早作出调整，确保供给安全。”[4]习近平总书记指出，做好初级产品供给保障，要坚持节约优先，“贯彻节约资源和保护环境的基本国策”，在生产方面要推进资源全面节约、集约、循环利用，提升资源利用效率，在消费方面要提高全民节约意识，倡导简约适度、绿色低碳的生活方式。做好初级产品供给保障，一方面要增强国内资源生产保障能力，确保国内能源能自产自给的战略底线；另一方面要优化海外资源保障能力，以互利共赢的方式充分利用国际国内两个市场、两种资源。[5]习近平总书记强调粮食安全是“国之大者”，要求严防死守18亿亩耕地红线，落实最严格的耕地保护制度，“各省区市现有用于粮食

---

〔1〕 习近平:《扎实推动共同富裕》,《求是》2021年第20期。

〔2〕《依法规范和引导我国资本健康发展 发挥资本作为重要生产要素的积极作用》,《人民日报》2022年5月1日。

〔3〕 习近平:《正确认识和把握我国发展重大理论和实践问题》,《求是》2022年第10期。

〔4〕 习近平:《正确认识和把握我国发展重大理论和实践问题》,《求是》2022年第10期。

〔5〕 习近平:《正确认识和把握我国发展重大理论和实践问题》,《求是》2022年第10期。

生产的耕地必须保住，不能再往下降了！”[1]习近平总书记强调要通过坚持农业科技自立自强、稳定和加强种粮农民补贴、创新经营方式、加强农民农业生产技术和管理能力培训等方式推进农业发展，地方各级党委和政府要扛起粮食安全的政治责任，“粮食安全要实行党政同责，‘米袋子’省长要负责，书记也要负责。”[2]

正确认识和把握防范化解重大风险。党的十八大以来，面对波谲云诡的国际形势、复杂敏感的周边环境、艰巨繁重的改革发展稳定任务，中国始终坚持底线思维，增强忧患意识，提高防控能力，着力防范化解重大风险，保持经济持续健康发展和社会大局稳定。习近平总书记在《关于〈中共中央关于制定国民经济和社会发展第十四个五年规划和二〇三五年远景目标的建议〉的说明》中指出，当前经济形势仍然复杂严峻，不稳定性不确定性较大，我们遇到的很多问题是中长期的，必须从持久战的角度加以认识，加快形成以国内大循环为主体、国内国际双循环相互促进的新发展格局，强调统筹发展和安全，实现更高质量、更有效率、更加公平、更可持续、更为安全的发展，实现发展规模、速度、质量、结构、效益、安全相统一。当前和今后一个时期是我国各类矛盾和风险易发期，各种可以预见和难以预见的风险因素明显增多，必须坚持统筹发展和安全，增强机遇意识和风险意识，树立底线思维，把困难估计得更充分一些，把风险思考得更深入一些。[3]进入新发展阶段，由于风险的长期累积、监管能力和制度缺陷、借债人野蛮行为、官商勾结和腐败行为以及经济周期变化，“新的风险仍在发生，‘黑天鹅’、‘灰犀牛’事件不断”[4]，要继续按照稳定大局、统筹协调、分类施策、精准

---

〔1〕 习近平：《坚持把解决好“三农”问题作为全党工作重中之重 举全党全社会之力推动乡村振兴》，《求是》2022 年第 7 期。

〔2〕 习近平：《坚持把解决好“三农”问题作为全党工作重中之重 举全党全社会之力推动乡村振兴》，《求是》2022 年第 7 期。

〔3〕 本书编写组编著：《〈中共中央关于制定国民经济和社会发展第十四个五年规划和二〇三五年远景目标的建议的说明〉辅导读本》，人民出版社 2020 年版，第 73 页。

〔4〕 习近平：《正确认识和把握我国发展重大理论和实践问题》，《求是》2022 年第 10 期。

拆弹的基本方针，抓好风险处置工作。

正确认识和把握碳达峰、碳中和。习近平总书记强调，“实现碳达峰、碳中和是我国向世界作出的庄严承诺，也是一场广泛而深刻的经济社会变革，绝不是轻轻松松就能实现的。”[1]习近平总书记指出，实现碳达峰、碳中和是贯彻新发展理念、构建新发展格局、推动高质量发展的内在要求，是党中央统筹国内国际两个大局作出的重大战略决策。实现“双碳”目标，要提高战略思维能力，把系统观念贯穿“双碳”工作全过程，注重处理好发展和减排、整体和局部、长远目标和短期目标以及政府和市场等四对关系，必须坚持全国统筹、节约优先、双轮驱动、内外畅通、防范风险的原则，发挥我国制度优势、资源条件、技术潜力、市场活力，加快形成节约资源和保护环境的产业结构、生产方式、生活方式、空间格局，加强统筹协调，推动能源革命，推进产业优化升级，加快绿色低碳科技革命，完善绿色低碳政策体系，积极参与和引领全球气候治理。

---

〔1〕 习近平：《论把握新发展阶段、贯彻新发展理念、构建新发展格局》，中央文献出版社2021年版，第540页。

第二章　坚持和完善社会主义基本经济制度

党的十八大以来，制度建设被摆到更加突出的位置，中国特色社会主义基本经济制度进一步完善，在一些重点领域和关键环节取得重大突破，有力地推动了经济社会的全面发展。2019 年 10 月，党的十九届四中全会提出要坚持和完善社会主义基本经济制度，不断解放和发展生产力，推动经济高质量发展。这次全会创造性地将社会主义市场经济体制纳入社会主义基本经济制度，对社会主义基本经济制度作出了符合时代发展的新概括，是习近平经济思想的创新发展。

第一节　坚持“两个毫不动摇”

改革开放以来，中国所有制结构逐步调整，公有制经济和非公有制经济在发展经济、促进就业等方面的比重不断变化，增强了经济社会发展活力。在这种情况下，如何更好体现和坚持公有制主体地位，进一步探索基本经济制度有效实现形式，是一个摆在党和国家面前的重大课题。党的十八届三中全会强调公有制经济和非公有制经济都是社会主义市场经济的重要组成部分。党的十九大把"两个毫不动摇"写入14个基本方略，[1]作为党和国家一项方针政策进一步确定下来。党的十九届四中全会将基本经济制度与党的领导体制体系等13个方面确定为中国制度体系的基础性制度，标志着中国的基本经济制度更加成熟定型。

一、巩固和发展公有制经济

党的十八届三中全会审议通过了《中共中央关于全面深化改革若干重大问题的决定》。《决定》指出，公有制为主体、多种所有制经济共同发展的基本经济制度，是中国特色社会主义制度的重要支柱，也是社会主义市场经济体制的根基。公有制经济和非公有制经济都是社会主义市场经济的重要组成部分，都是我国经济社会发展的重要基础。必须毫不动摇巩固和发展公有制经济，坚持公有制主体地位，发挥国有经济主导作用，不断增强国有经济活力、控制力、影响力。必须毫不动摇鼓励、支持、引导非公有制经济发展，激发非公有制经济活力和创造力。全会提出产权是所有制的核心，要完善产权保护制度，健全归属清晰、权责明确、保护严格、流转顺畅的现代产权制度。《决定》强调，"公有制经济财产权不可侵犯"[2]；"国家保护各种所有制经济产权和合法利益，保证各种所有制经济依法平等使用生产要素、公开公平公正参与市场竞争、同等受到法律保护，依法监管各种所有制经济。"[3]

这次全会坚持和发展了党的十五大以来有关论述，提出要积极发展混合所有制经济，强调国有资本、集体资本、非公有资本等交叉持股、相互融合的混合所有制经济，是基本经济制度的重要实现形式，有利于国有资本放大功能、保值增值、提高竞争力。这是新形势下坚持公有制主体地位，增强国有经济活力、控制力、影响力的一个有效途径和必然选择。《决定》还提出，"完善国有资产管理体制，以管资本为主

---

〔1〕《十九大以来重要文献选编》（上），中央文献出版社2019年版，第15页。

〔2〕《十八大以来重要文献选编》（上），中央文献出版社2014年版，第515页。

〔3〕《十八大以来重要文献选编》（上），中央文献出版社2014年版，第515页。

加强国有资产监管，改革国有资本授权经营体制；国有资本投资运营要服务于国家战略目标，更多投向关系国家安全、国民经济命脉的重要行业和关键领域，重点提供公共服务、发展重要前瞻性战略性产业、保护生态环境、支持科技进步、保障国家安全；划转部分国有资本充实社会保障基金；提高国有资本收益上缴公共财政比例，更多用于保障和改善民生。”〔1〕

党的十八届五中全会强调，“十三五”时期要实现“各方面制度更加成熟更加定型，国家治理体系和治理能力现代化取得重大进展，各领域基础性制度体系基本形成”。党的十九大作出到本世纪中叶把我国建成为富强民主文明和谐美丽的社会主义现代化强国的战略安排，明确到2035年“各方面制度更加完善”。党的十九届三中全会指出：“努力形成更加成熟更加定型的中国特色社会主义制度。这是摆在我们党面前的一项重大任务。”在此基础上，党的十九届四中全会审议通过了《中共中央关于坚持和完善中国特色社会主义制度 推进国家治理体系和治理能力现代化若干重大问题的决定》。这次全会强调要坚持公有制为主体、多种所有制经济共同发展和按劳分配为主体、多种分配方式并存，把社会主义制度和市场经济有机结合起来，不断解放和发展社会生产力的显著优势。《决定》指出，探索公有制多种实现形式，推进国有经济布局优化和结构调整，发展混合所有制经济，增强国有经济竞争力、创新力、控制力、影响力、抗风险能力，做强做优做大国有资本。深化国有企业改革，完善中国特色现代企业制度。形成以管资本为主的国有资产监管体制，有效发挥国有资本投资、运营公司功能作用。

2022年2月28日，中央全面深化改革委员会第二十四次会议审议通过了《关于加快建设世界一流企业的指导意见》。《意见》指出，要坚持壮大实体经济，推进产业基础高级化、产业链现代化，打造具有全球竞争力的产品服务。要支持企业充分利用国际国内两个市场、两种资源，增强面向全球的资源配置和整合能力，将我国超大规模市场优势转

---

〔1〕《十八大以来重要文献选编》(上)，中央文献出版社2014年版，第501页。

化为国际竞争优势。

二、支持国有资本和国有企业做强做优做大

习近平总书记指出："我国国有企业为我国经济社会发展、科技进步、国防建设、民生改善作出了历史性贡献，功勋卓著，功不可没。"〔1〕国有企业是中国特色社会主义的重要物质基础和政治基础，是中国共产党执政兴国的重要支柱和依靠力量，是中国共产党领导的国家治理体系的重要组成部分。改革开放以来，经过多年改革，国有企业总体上已经同社会主义市场经济相融合。同时，国有企业也累积了一些问题、存在一些弊端，需要进一步推进改革。"在中国共产党领导和我国社会主义制度下，国有企业和国有经济必须不断发展壮大，国有企业不仅要，而且一定要办好。"〔2〕党的十八届三中全会"提出一系列有针对性的改革举措，包括国有资本加大对公益性企业的投入；国有资本继续控股经营的自然垄断行业，实行以政企分开、政资分开、特许经营、政府监管为主要内容的改革，根据不同行业特点实行网运分开、放开竞争性业务；健全协调运转、有效制衡的公司法人治理结构；建立职业经理人制度，更好发挥企业家作用；建立长效激励约束机制，强化国有企业经营投资责任追究；探索推进国有企业财务预算等重大信息公开；国有企业要合理增加市场化选聘比例，合理确定并严格规范国有企业管理人员薪酬水平、职务待遇、职务消费、业务消费。这些举措将推动国有企业完善现代企业制度、提高经营效率、合理承担社会责任、更好发挥作用。"〔3〕

党的十八届三中全会提出积极发展混合所有制经济，打开了深化国有企业改革的重要突破口：允许更多国有经济和其他所有制经济发展成为混合所有制经济，国有资本投资项目允许非国有资本参股，允许混合所有制经济实行企业员工持股，形成资本所有者和劳动者利益共同体。

---

〔1〕《坚持党对国有企业的领导不动摇 开创国有企业党的建设新局面》，《人民日报》2016年10月12日。

〔2〕《习近平经济思想学习纲要》，人民出版社、学习出版社2022年版，第74页。

〔3〕《十八大以来重要文献选编》（上），中央文献出版社2014年版，第501页。

党的十八届三中全会提出准确界定不同国有企业功能的要求，2015年12月7日，中共中央、国务院印发《关于国有企业功能界定与分类的指导意见》，为分类推进国有企业改革确立了基本原则和总体要求，成为新时代深化国有企业改革的重要前提。党的十八届三中全会之后，国有企业改革的顶层设计逐步完成。2015年8月，中共中央、国务院印发《关于深化国有企业改革的指导意见》，之后到2017年9月陆续出台了22个配套文件，形成了“1+N”政策体系，中央各部门又陆续出台了100多个政策文件，结合各地实际情况出台的文件更超过800个，总体形成了国有企业改革的顶层设计，增强了国有企业改革的系统性、整体性、协同性。党的十九大对深化国有企业改革提出了明确任务和更高要求：要完善各类国有资产管理体制，改革国有资本授权经营体制，加快国有经济布局优化、结构调整、战略性重组，促进国有资产保值增值，推动国有资本做强做优做大，有效防止国有资产流失。深化国有企业改革，发展混合所有制经济，培育具有全球竞争力的世界一流企业。[1]

2017年12月，中共中央印发《关于建立国务院向全国人大常委会报告国有资产管理情况制度的意见》，首次明确国务院向全国人大常委会报告国资“家底”，提高了国有资产管理的透明度和公信力。2018年5月11日，中央全面深化改革委员会第二次会议审议通过了《关于加强国有企业资产负债约束的指导意见》，提出加强国有企业资产负债约束，推动国有企业降杠杆、防范化解国有企业债务风险，要坚持全覆盖与分类管理相结合，完善内部治理与强化外部约束相结合，通过建立和完善国有企业资产负债约束机制，强化监督管理，做到标本兼治，促使高负债国有企业资产负债率尽快回归合理水平。

面向全面建设社会主义现代化国家的新发展阶段，党中央作出国企改革三年行动的重大决策。2020年5月22日，十三届全国人大三次会议审议通过实施国有企业改革三年行动方案；同年6月30日，中央全面深化改革委员会第十四次会议审议通过了《国企改革三年行动方案

〔1〕《十九大以来重要文献选编》（上），中央文献出版社2019年版，第24页。

（2020—2022年）》。《方案》指出，在这次应对新冠肺炎疫情过程中，国有企业勇挑重担，在应急保供、医疗支援、复工复产、稳定产业链供应链等方面发挥了重要作用。今后三年是国企改革关键阶段，要坚持和加强党对国有企业的全面领导，坚持和完善基本经济制度，坚持社会主义市场经济改革方向，推进国有经济布局优化和结构调整，增强国有经济竞争力、创新力、控制力、影响力、抗风险能力。通过实施国有企业改革三年行动方案，加快国有经济布局优化和结构调整，国有经济进一步聚焦战略安全、产业引领、国计民生、公共服务等功能。国有企业混合所有制改革积极稳妥推进，近100户试点企业完成主体改革任务。持续为民营企业改革发展营造良好环境，20多部涉产权法律法规立改废，5847件涉产权规章规范性文件被清理。[1]

2020年11月2日，中央深化改革领导委员会第十六次会议审议通过了《关于新时代推进国有经济布局优化和结构调整的意见》《全国人民代表大会常务委员会关于加强国有资产管理情况监督的决定》。这次会议指出，推进国有经济布局优化和结构调整，对更好服务国家战略目标、更好适应高质量发展、构建新发展格局具有重要意义。要聚焦战略安全、产业引领、国计民生、公共服务等功能，调整存量结构，优化增量投向，更好把国有企业做强做优做大。会议还指出，国有资产是全体人民共同的宝贵财富，是保障党和国家事业发展、保障人民利益的重要物质基础，一定要管好用好，健全国有资产管理情况报告工作机制，完善监督机制，加强整改问责，依法履行国有资产监督职责。

2022年2月28日，中央全面深化改革委员会第二十四次会议审议通过了《关于推进国有企业打造原创技术策源地的指导意见》。这一意见要求进一步推动国有企业完善创新体系、增强创新能力、激发创新活力，促进产业链创新链深度融合，提升国有企业原创技术需求牵引、源头供给、资源配置、转化应用能力，打造原创技术策源地。

---

〔1〕 国家发展和改革委员会：《关于2021年国民经济和社会发展计划执行情况与2022年国民经济和社会发展计划草案的报告》，《人民日报》2022年3月14日。

在以习近平同志为核心的党中央坚强领导下，中央企业经济效益不断增长，重大科技创新和重大工程成果丰硕。据国务院国有资产监督管理委员会的统计资料，2021 年中央企业实现营业收入 36.3 万亿元，同比增长 19.5%；实现利润总额 2.4 万亿元，同比增长 30.3%；其中净利润 1.8 万亿元，同比增长 29.8%，这三项指标均创历史最好水平。此外，中央企业运行效率大幅提升，发展质量进一步提高；研发投入和投资稳步增长，为今后发展打下了坚实基础；自觉履行央企政治责任和社会责任，为经济社会发展作出了积极贡献，尤其是在 2021 年下半年不计代价坚决打好能源保供攻坚战。国企改革三年行动也在 2022 年 6 月基本完成主体任务。中国特色现代企业制度和国资监管体制向更加成熟定型迈出实质性步伐，企业市场化经营机制改革在更大范围、更深层次破冰破局，战略性重组、专业化整合、新兴产业布局，有力推动国有资本结构优化提升，为企业高质量发展提供了强劲动力。[1]

三、鼓励、支持、引导非公有制经济发展

习近平总书记殷切嘱托广大民营企业家心无旁骛创新创造，踏踏实实办好企业，合力开创民营经济更加美好的明天。党的十八大以来，党和政府着力优化民营企业发展环境，推动民营企业改革创新、转型升级、健康发展。

民营经济等中国非公有制经济，是改革开放以来在中国共产党的方针政策指引下发展起来的。党的十五大把“公有制为主体、多种所有制经济共同发展”确立为中国的基本经济制度，明确提出“非公有制经济是我国社会主义市场经济的重要组成部分”。党的十六大提出“毫不动摇地巩固和发展公有制经济”，“毫不动摇地鼓励、支持和引导非公有制经济发展”。党的十八大进一步提出“毫不动摇鼓励、支持、引导非公有制经济发展，保证各种所有制经济依法平等使用生产要素、公平参与市场竞争、同等受到法律保护”。党的十八届三中全会提出，公有制经济和非

〔1〕《一图看懂 2021 年中央企业经济运行情况》，国资委网站，2022 年 1 月 20 日。

公有制经济都是社会主义市场经济的重要组成部分，都是我国经济社会发展的重要基础；公有制经济财产权不可侵犯，非公有制经济财产权同样不可侵犯；国家保护各种所有制经济产权和合法利益，坚持权利平等、机会平等、规则平等，废除对非公有制经济各种形式的不合理规定，消除各种隐性壁垒，激发非公有制经济活力和创造力。党的十八届四中全会提出要“健全以公平为核心原则的产权保护制度，加强对各种所有制经济组织和自然人财产权的保护，清理有违公平的法律法规条款”。党的十八届五中全会强调要“鼓励民营企业依法进入更多领域，引入非国有资本参与国有企业改革，更好激发非公有制经济活力和创造力”。

2016 年 3 月，习近平总书记在参加全国政协十二届四次会议民建、工商联界委员联组会时，深刻阐明了构建新型政商关系的原则和方向，为非公有制经济健康发展和民营企业家健康成长指明了道路。他强调“三个没有变”：非公有制经济在我国经济社会发展中的地位和作用没有变，我们毫不动摇鼓励、支持、引导非公有制经济发展的方针政策没有变，我们致力于为非公有制经济发展营造良好环境和提供更多机会的方针政策没有变。公有制经济、非公有制经济应该相辅相成、相得益彰，而不是相互排斥、相互抵消。〔1〕

2018 年 11 月，习近平总书记在主持召开民营企业座谈会时，充分肯定了民营经济的重要地位，指出民营经济是我国经济制度的内在要素，民营企业和民营企业家是我们自己人；在全面建成小康社会、进而全面建设社会主义现代化国家的新征程中，民营经济只能壮大、不能弱化，而且要走向更加广阔的舞台。任何否定、怀疑、动摇我国基本经济制度的言行都不符合党和国家方针政策，都不要听、不要信！所有民营企业和民营企业家完全可以吃下定心丸、安心谋发展！习近平总书记指出要正确认识当前民营经济发展遇到的困难和问题，强调要重点做好减轻企业税费负担、解决民营企业融资难融资贵问题、营造公平竞争环

---

〔1〕 习近平:《毫不动摇坚持我国基本经济制度 推动各种所有制经济健康发展》,《人民日报》2016 年 3 月 9 日。

境、完善政策执行方式、构建亲清新型政商关系、保护企业家人身和财产安全六项工作。[1]

2019 年 9 月 9 日，中央全面深化改革委员会第十次会议召开，会议审议通过了《关于营造更好发展环境支持民营企业改革发展的意见》。习近平总书记在这次会议上强调，支持民营企业发展，要坚持和完善中国特色社会主义基本经济制度，坚持“两个毫不动摇”，营造市场化、法治化、制度化的长期稳定发展环境，保证各种所有制经济依法平等使用生产要素、公开公平公正参与市场竞争、同等受到法律保护，推动民营企业改革创新、转型升级、健康发展。党的十九届四中全会强调，健全支持民营经济、外商投资企业发展的法治环境，完善构建亲清政商关系的政策体系，健全支持中小企业发展制度，促进非公有制经济健康发展和非公有制经济人士健康成长。营造各种所有制主体依法平等使用资源要素、公开公平公正参与竞争、同等受到法律保护的市场环境。

2019 年 12 月 4 日，中共中央、国务院印发了《关于营造更好发展环境支持民营企业改革发展的意见》。这一意见指出，要坚持新发展理念，坚持以供给侧结构性改革为主线，营造市场化法治化、国际化营商环境；保障民营企业依法平等使用资源要素，公开公平公正参与竞争，平等受到法律保护；推动民营企业改革创新、转型升级、健康发展。

2020 年 9 月 16 日，全国民营经济统战工作会议召开，会上传达了习近平总书记对做好新时代民营经济统战工作作出的重要指示。指示强调，要坚持“两个毫不动摇”，把团结好、引导好民营经济人士作为一项重要任务。各级党委要加强对民营经济统战工作的领导，全面贯彻党的方针政策，抓好党中央各项决策部署贯彻落实。各级统一战线工作领导小组和党委统战部要发挥牵头协调作用，工商联要发挥群团组织作用，把民营经济人士团结在党的周围，更好推动民营经济健康发展”。[2]

---

〔1〕习近平:《在民营企业座谈会上的讲话》,《人民日报》2018 年 11 月 2 日。

〔2〕《更好推动民营经济健康发展》,《人民日报》2020 年 9 月 17 日。

2021 年底召开的中央经济工作会议明确指出："促进多种所有制经济共同发展，优化民营经济发展环境，依法保护各类市场主体产权和合法权益，政策要一视同仁、平等对待。"当前，在世纪疫情冲击下，百年变局加速演进，外部环境更趋复杂严峻和不确定。只有着眼于解决民营企业遇到的实际困难，破解民营经济突出矛盾，才能为民营企业稳预期、增定力、添信心，让民营经济创新源泉充分涌流，让民营企业创造活力充分迸发。

实践中，进一步放开民营企业市场准入，实施公平统一的市场监管制度，强化公平竞争审查制度刚性约束，破除招投标隐性壁垒，不断优化公平竞争的市场环境；进一步减轻企业税费负担，健全银行业金融机构服务民营企业体系，完善民营企业直接融资支持制度等，不断完善精准有效的政策环境；健全执法司法对民营企业的平等保护机制，保护民营企业和企业家合法财产，不断健全平等保护的法治环境，等等。持续的努力、务实的举措，为民营经济营造更好发展环境，让民营企业的舞台更宽广。对广大民营企业来说，将政策机遇转化为发展动力、把优良环境转化为发展契机，还需要练好"内功"，包括持续提高经营能力、管理水平，勇于推动生产组织创新、技术创新、市场创新，不断增强市场竞争力，实现高质量发展。

在党的政策指导下，中国非公有制经济发展取得了重大成就，在稳定增长、促进创新、增加就业、改善民生、促进国有企业混合所有制改革等各方面都发挥了十分重要的作用。新时代民营经济已经成为推动我国经济发展不可或缺的力量，它们贡献了 50% 以上的税收，60% 以上的国内生产总值，70% 以上的技术创新成果，80% 以上的城镇劳动就业，90% 以上的企业数量。

四、构建亲清政商关系

2017 年 12 月 18 日，习近平总书记在中央经济工作会议上指出：自党的十八大以来，党中央坚持观大势、谋全局、干实事，提出一系列新理念新思想新战略。他指出："激发非公有制经济活力和创造力，构建亲清新型政商关系，激发企业家精神，为经济发展注入了强大动力。”[1]

2018 年 11 月，习近平总书记在主持召开民营企业座谈会时，强调各级党委和政府要把构建亲清新型政商关系的要求落到实处，把支持民营企业发展作为一项重要任务，花更多时间和精力关心民营企业发展、民营企业家成长，不能成为挂在嘴边的口号。我们要求领导干部同民营企业家打交道要守住底线、把好分寸，并不意味着领导干部可以对民营企业家的正当要求置若罔闻，对他们的合法权益不予保护，而是要积极主动为民营企业服务。各相关部门和地方的主要负责同志要经常听取民营企业反映和诉求，特别是在民营企业遇到困难和问题情况下更要积极作为、靠前服务，帮助解决实际困难。对支持和引导国有企业、民营企业特别是中小企业克服困难、创新发展方面的工作情况，要纳入干部考核考察范围。人民团体、工商联等组织要深入民营企业了解情况，积极反映企业生产经营遇到的困难和问题，支持企业改革创新。要加强舆论引导，正确宣传党和国家大政方针，对一些错误说法要及时澄清。[2]

《关于营造更好发展环境支持民营企业改革发展的意见》第七部分对构建亲清政商关系进一步明确具体的举措：一是建立规范化机制化政企沟通渠道。地方各级党政主要负责同志要采取多种方式经常听取民营企业意见和诉求。鼓励行业协会商会、人民团体发挥建设性作用，支持优秀民营企业家在群团组织中兼职。二是完善涉企政策制定和执行机制。制定实施涉企政策时，要充分听取相关企业意见建议。保持政策连续性稳定性，健全涉企政策全流程评估制度，完善涉企政策调整程序，根据实际设置合理过渡期，给企业留出必要的适应调整时间。政策执行要坚持实事求是，不搞“一刀切”。三是创新民营企业服务模式。进一步提升政府服务意识和能力，鼓励各级政府编制政务服务事项清单并向社会公布。维护市场公平竞争秩序，完善陷入困境优质企业的救助机制。建立政务服务“好差评”制度。完善对民营企业全生命周期的服务

〔1〕《习近平谈治国理政》第 3 卷，外文出版社 2020 年版，第 235 页。

〔2〕 习近平：《在民营企业座谈会上的讲话》，《人民日报》2018 年 11 月 2 日。

模式和服务链条。四是建立政府诚信履约机制。各级政府要认真履行在招商引资、政府与社会资本合作等活动中与民营企业依法签订的各类合同。建立政府失信责任追溯和承担机制，对民营企业因国家利益、公共利益或其他法定事由需要改变政府承诺和合同约定而受到的损失，要依法予以补偿。

第二节　坚持和完善社会主义分配制度

收入分配制度是经济社会发展中一项根本性、基础性的制度，是社会主义市场经济体制的重要基石。党的十八大以来，中国在坚持和完善社会主义分配制度方面取得重大进展，首次提出“两个同步”和“两个提高”，将收入分配制度改革上升到“实现发展成果由人民共享”的高度。党的十九大指出“完善按要素分配的体制机制，促进收入分配更合理、更有序。”经过几十年的实践和理论探索，中国的收入分配制度日趋成熟定型。党的十九届四中全会将按劳分配为主体、多种分配方式并存的社会主义分配制度纳入社会主义基本经济制度，标志着中国特色社会主义市场经济条件下分配制度的“四梁八柱”已经成熟定型。

一、坚持按劳分配为主体、多种分配方式并存

马克思主义政治经济学认为，分配决定于生产，又反作用于生产，在不断做大“蛋糕”的同时把“蛋糕”分好，是促进社会公平正义、使人民群众共享改革发展成果的必然要求。改革开放以来，伴随着中国所有制的发展，分配制度也在不断进行调整。党的十三大提出以按劳分配为主体、多种分配方式并存的经济模式，鼓励一部分人先富，再带动全社会实现共同富裕。党的十四大提出按劳分配为主体的分配制度，辅以其他分配方式，实现生产的高效率和分配公平。党的十五大继续强调按劳分配为主体的多种分配方式，允许一部分地区先富起来带动后富，实现共同富裕。党的十六大确立劳动、资本、技术和管理等生产要素按贡

献参与分配的原则。与此同时，分配制度也增加了新的内容，如坚持效率优先、兼顾公平，初次分配注重效率，再分配注重公平等。党的十七大强调初次分配和再分配都要处理好效率和公平的关系，再分配要更加注重公平。这是对“初次分配注重效率，再分配注重公平”的深入解读，也是对社会主义分配制度的再次调整和完善。

党的十八大提出，实现发展成果由人民共享，必须深化收入分配制度改革，努力实现居民收入增长和经济发展同步、劳动报酬增长和劳动生产率提高同步，提高居民收入在国民收入分配中的比重，提高劳动报酬在初次分配中的比重。初次分配和再分配都要兼顾效率和公平，再分配更加注重公平。完善劳动、资本、技术、管理等要素按贡献参与分配的初次分配机制，加快健全以税收、社会保障、转移支付为主要手段的再分配调节机制。深化企业和机关事业单位工资制度改革，推行企业工资集体协商制度，保护劳动所得。多渠道增加居民财产性收入。规范收入分配秩序，保护合法收入，增加低收入者收入，调节过高收入，取缔非法收入。

为贯彻落实党的十八大的部署，2013 年 2 月，国务院同意并批转了国家发展和改革委员会、财政部、人力资源和社会保障部《关于深化收入分配制度改革的若干意见》。《意见》就继续完善初次分配机制，加快健全再分配调节机制，建立健全促进农民收入较快增长的长效机制，推动形成公开透明、公正合理的收入分配秩序，加强深化收入分配制度改革的组织领导等提出具体措施。

2013 年 11 月，党的十八届三中全会就形成合理有序的收入分配格局从三个方面作出新的全面部署：一是着重保护劳动所得，努力实现劳动报酬增长和劳动生产率提高同步，提高劳动报酬在初次分配中的比重；二是完善以税收、社会保障、转移支付为主要手段的再分配调节机制，加大税收调节力度；三是扩大中等收入者比重，努力缩小城乡、区域、行业收入分配差距，逐步形成橄榄型分配格局。

关于坚持和完善社会主义分配制度，党的十九届四中全会提出，坚持多劳多得，着重保护劳动所得，增加劳动者特别是一线劳动者劳动报酬，提高劳动报酬在初次分配中的比重。健全劳动、资本、土地、知识、技术、管理、数据等生产要素由市场评价贡献、按贡献决定报酬的机制。健全以税收、社会保障、转移支付等为主要手段的再分配调节机制，强化税收调节，完善直接税制度并逐步提高其比重。完善相关制度和政策，合理调节城乡、区域、不同群体间分配关系。重视发挥第三次分配作用，发展慈善等社会公益事业。鼓励勤劳致富，保护合法收入，增加低收入者收入，扩大中等收入群体，调节过高收入，清理规范隐性收入，取缔非法收入。党的十九届五中全会提出，坚持按劳分配为主体、多种分配方式并存，提高劳动报酬在初次分配中的比重，完善工资制度，健全工资合理增长机制，着力提高低收入群体收入，扩大中等收入群体。完善按要素分配政策制度，健全各类生产要素由市场决定报酬的机制，探索通过土地、资本等要素使用权、收益权增加中低收入群体要素收入。多渠道增加城乡居民财产性收入。完善再分配机制，加大税收、社保、转移支付等的调节力度和精准性，合理调节过高收入，取缔非法收入。发挥第三次分配作用，发展慈善事业，改善收入和财富分配格局。到 2035 年，全体人民共同富裕取得更为明显的实质性进展。

按劳分配为主体、多种分配方式并存体现了生产资料所有制结构的内在要求。按劳分配为主体，有利于巩固发展公有制经济，保障劳动者利益；多种分配方式并存能够调动各个方面的积极性，增强经济活力。

二、扩大中等收入群体

习近平总书记强调，要着力扩大中等收入群体规模。要抓住重点、精准施策，推动更多低收入人群迈入中等收入行列。[1]党的十九大报告明确提出“扩大中等收入群体”。《中共中央关于制定国民经济和社会发展第十四个五年规划和二〇三五年远景目标的建议》把“中等收入群体显著扩大”作为目标。《中华人民共和国国民经济和社会发展第十四个

---

〔1〕 习近平：《扎实推动共同富裕》，《求是》2021 年第 20 期。

五年规划和2035年远景目标纲要》和《关于支持浙江高质量发展建设共同富裕示范区的意见》提出“实施扩大中等收入群体行动计划”。

习近平总书记指出，在具体举措上，实施扩大中等收入群体行动计划，以高校和职业院校毕业生、技能型劳动者、农民工等为重点，不断提高中等收入群体比重。高校毕业生是有望进入中等收入群体的重要方面，要提高高等教育质量，做到学有专长、学有所用，帮助他们尽快适应社会发展需要。技术工人也是中等收入群体的重要组成部分，要加大技能人才培养力度，提高技术工人工资待遇，吸引更多高素质人才加入技术工人队伍。中小企业主和个体工商户是创业致富的重要群体，要改善营商环境，减轻税费负担，提供更多市场化的金融服务，帮助他们稳定经营、持续增收。进城农民工是中等收入群体的重要来源，要深化户籍制度改革，解决好农业转移人口随迁子女教育等问题，让他们安心进城，稳定就业。要适当提高公务员特别是基层一线公务员及国有企事业单位基层职工工资待遇。要增加城乡居民住房、农村土地、金融资产等各类财产性收入。[1]

《关于支持浙江高质量发展建设共同富裕示范区的意见》着重从激发技能人才、科研人员、小微创业者、高素质农民等重点群体活力出发提出了一些具体措施：加大人力资本投入力度，健全面向劳动者的终身职业技能培训制度，实施新时代浙江工匠培育工程，加快构建产教训融合、政企社协同、育选用贯通的技术技能人才培养培训体系，完善技能人才薪酬分配政策，拓宽技术工人上升通道。对有劳动能力的低收入群体，坚持开发式帮扶，提高内生发展能力，着力发展产业使其积极参与就业。拓展基层发展空间，保障不同群体发展机会公平，推动更多低收入群体迈入中等收入群体行列。规范招考选拔聘用制度，完善评价激励机制。完善党政机关、企事业单位和社会各方面人才顺畅流动的制度体系。实行更加开放的人才政策，激发人才创新活力。

分配制度是基本经济制度的重要组成部分，同时自身也是一个完整

---

〔1〕 习近平：《扎实推动共同富裕》，《求是》2021年第20期。

的制度体系。这种立体化的分配制度体系为中国特色社会主义的发展和实现共同富裕提供了坚实的制度保障。

第三节 加快完善社会主义市场经济体制

社会主义与市场经济的关系，是社会主义经济理论和实践发展中的一个重大问题。经济体制改革的核心问题是处理好政府和市场关系，实际上就是要处理好在资源配置中市场起决定性作用还是政府起决定性作用这个问题。经过反复讨论和研究，党的十八届三中全会《决定》提出一个关于使市场在资源配置中起决定性作用和更好发挥政府作用的重大理论观点，把市场在资源配置中的“基础性作用”修改为“决定性作用”，这是中国共产党对中国特色社会主义建设规律认识的一个新突破，标志着社会主义市场经济发展进入一个新阶段。

一、完善要素市场化配置体制机制

改革开放以来，社会主义市场经济体制经历了实践、认识、再实践、再认识的渐进式演进过程。党的十一届三中全会提出“坚决实行按经济规律办事，重视价值规律的作用。”党的十二大提出“计划经济为主，市场调节为辅”的方针，把市场机制正式引入我国经济体制改革的目标模式。党的十二届三中全会首次提到“有计划的商品经济”概念，将计划经济与商品经济进行结合。党的十三大指出“社会主义有计划商品经济的体制，是计划与市场内在统一的体制。”党的十四大提出，我国经济体制改革的目标是建立社会主义市场经济体制，要使市场在国家宏观调控下对资源配置起基础性作用。这一重大理论突破，对中国改革开放和经济社会发展发挥了极为重要的作用。从党的十四大以来的二十多年间，对政府和市场关系，中国共产党一直在根据实践拓展和认识深化寻找新的科学定位。党的十五大提出“使市场在国家宏观调控下对资源配置起基础性作用”。党的十六大提出“社会主义市场经济体制初步建立”，“在更大程度上发挥市场在资源配置中的基础性作用”。党的十七大提出要形成可持续发展的宏观调控体系，必须以市场经济规律为认识基础，“从制度上更好发挥市场在资源配置中的基础性作用”。党的十八大提出“更大程度更广范围发挥市场在资源配置中的基础性作用”。可以看出，中国共产党对政府和市场关系的认识也在不断深化。

习近平总书记指出：“经过二十多年实践，我国社会主义市场经济体制已经初步建立，但仍存在不少问题，主要是市场秩序不规范，以不正当手段谋取经济利益的现象广泛存在；生产要素市场发展滞后，要素闲置和大量有效需求得不到满足并存；市场规则不统一，部门保护主义和地方保护主义大量存在；市场竞争不充分，阻碍优胜劣汰和结构调整，等等。这些问题不解决好，完善的社会主义市场经济体制是难以形成的。”“进一步处理好政府和市场关系，实际上就是要处理好在资源配置中市场起决定性作用还是政府起决定性作用这个问题。……理论和实践都证明，市场配置资源是最有效率的形式。市场决定资源配置是市场经济的一般规律，市场经济本质上就是市场决定资源配置的经济。”〔1〕

党的十八届三中全会对健全宏观调控体系、全面正确履行政府职能、优化政府组织结构进行了部署，强调政府的职责和作用主要是保持宏观经济稳定，加强和优化公共服务，保障公平竞争，加强市场监管，维护市场秩序，推动可持续发展，促进共同富裕，弥补市场失灵。

在总结党的十八届三中全会之后经济体制改革新实践的基础上，党的十九大就加快完善社会主义市场经济体制进一步作出部署，明确经济体制改革必须以完善产权制度和要素市场化配置为重点，实现产权有效激励、要素自由流动、价格反应灵活、竞争公平有序、企业优胜劣汰。2020 年 5 月，中共中央、国务院印发《关于新时代加快完善社会主义市场经济体制的意见》。《意见》针对推动高质量发展存在不少体制机制障碍问题，提出在更高起点、更高层次、更高目标上推进经济体制

---

〔1〕《十八大以来重要文献选编》（上），中央文献出版社 2014 年版，第 498、499 页。

改革及其他各方面体制改革，构建更加系统完备、更加成熟定型的高水平社会主义市场经济体制。党的十九届五中全会提出，全面深化改革，构建高水平社会主义市场经济体制，建立统一开放、竞争有序的市场体系。

表 2-1　2021 年要素市场化配置改革主要进展

土地要素	（1）制度建设：修订施行土地管理法实施条例，细化土地征收程序，强化村民宅基地权益保障。 （2）土地计划管理方式改革：落实“增减挂钩”“增存挂钩”“增违挂钩”机制，精准投放增量，加大盘活存量。全国 10 个城市建设用地节约集约利用状况详细评价试点工作基本完成，全尺度城市建设用地节约集约利用评价体系逐步健全。 （3）农村土地制度改革：《关于保障和规范农村一二三产业融合发展用地的通知》等政策文件体系逐步完善，有效保障农村产业融合发展用地需要，稳步推进建立城乡统一的建设用地市场。
劳动力要素	（1）户籍制度改革：稳步推进全国范围内的户口迁移、开具户籍类证明“跨省通办”，长三角、珠三角等城市群深入推进户籍准入年限同城化累计互认。 （2）人才评价机制改革：职称制度改革重点任务总体完成，27 个职称系列改革指导意见全部出台，引入市场评价和社会评价方式，上线全国职称评审信息查询平台，实现职称评审信息跨地区在线核验。 （3）人力资源市场：《关于推进新时代人力资源服务业高质量发展的意见》印发实施，颁布人工智能、物联网、云计算、工业互联网等新职业的国家职业技术技能标准。 （4）职业教育发展：《关于推动现代职业教育高质量发展的意见》印发实施，着力破除职业教育改革发展的深层次体制机制障碍，推动职业教育现代化水平和服务能力提升。
资本要素	（1）制度建设：深化以信息披露为核心的注册制改革，推动投资者保护机构参加的证券纠纷特别代表人诉讼制度落地实施。 （2）资本市场改革：深化新三板改革，北京证券交易所开市，打造服务创新型中小企业主阵地，有效完善多层次资本市场互联互通机制。 （3）金融业对外开放：持续稳步推进银行业保险业对外开放，取消外资保险经纪公司准入限制，降低外资保险中介机构准入门槛。

续表

技术要素	（1）强化企业创新主体地位：科技创新与金融资本的对接渠道更加畅通，科创板上市企业数量和市值进一步提高。 （2）科技体制改革：《深化科技体制改革实施方案》部署的143项任务全面完成，实行以增加知识价值为导向的分配政策。 （3）深化科研人员职务科技成果转化改革，事业单位科研人员职务科技成果转化现金奖励纳入绩效工资管理。
数据要素	制度建设：数据安全法、个人信息保护法颁布实施。

二、建设高标准市场体系

党的十八届三中全会提出推进工商注册制度便利化、实行负面清单准入管理方式、完善市场监管体系等改革举措。此后，各项改革措施逐步落实。2014年2月，国务院印发《注册资本登记制度改革方案》，深化上市制度改革，推进工商注册制度便利化。2014年6月，国务院印发《关于促进市场公平竞争维护市场正常秩序的若干意见》，就完善市场监管体系、促进市场公平竞争、维护市场正常秩序作出重要部署。2015年10月，国务院印发《关于实行市场准入负面清单制度的意见》，提出按照先行先试、逐步推开的原则，在全国建立市场准入负面清单制度。

党的十九届四中全会明确提出建设高标准市场体系，并从制度上作出重要安排，为加快完善社会主义市场经济体制指明了方向和重点。高标准市场体系是对统一开放、竞争有序的市场体系的凝练和升华，是市场经济新时代建设现代经济体系的新要求。高标准市场体系在内容上是包括产品市场、产权市场和要素市场的统一体系；在空间上是包括城乡、国内、国际市场的统一、开放的体系；在构造上是包括市场硬件（市场交易场所）和软件（市场经济规则）的完整体系；在目标上要求统一开放、竞争有序、制度完备和治理完善。建设高标准市场体系的重点包括完善产权制度、完善要素市场配置、健全和完善市场规则等，重中之重是市场经济的基础制度框架、市场环境和条件、制度和政策的堵点和短板等。

党的十九届五中全会进一步强调实施高标准市场体系建设行动。2020 年 11 月 2 日，中央深化改革领导委员会第十六次会议审议通过了《建设高标准市场体系行动方案》。《方案》强调，建设高标准市场体系，要贯彻新发展理念，坚持社会主义市场经济改革方向，紧扣构建新发展格局，牢牢把握扩大内需这一战略支点，围绕夯实市场体系基础制度、推进要素资源高效配置、改善提升市场环境和质量、实施高水平市场开放、完善现代化市场监管机制等重点任务，畅通市场循环，疏通堵点，努力实现市场准入畅通、开放有序、竞争充分、秩序规范，为构建新发展格局提供有力的制度支撑。之后，中共中央办公厅、国务院办公厅印发了这一方案，从夯实市场体系基础制度、推进要素资源高效配置、改善提升市场环境和质量、实施高水平市场开放、完善现代化市场监管机制等方面提出 51 项具体措施，明确了高标准市场体系建设的五年行动方案。这是党中央、国务院推动经济高质量发展、加快构建新发展格局、推进国家治理体系和治理能力现代化的重要举措。

2021 年 12 月 17 日，中央全面深化改革委员会第二十三次会议审议通过了《关于加快建设全国统一大市场的意见》。《意见》指出，党的十八大以来，党中央坚持社会主义市场经济改革方向，从广度和深度上推进市场化改革，减少政府对资源的直接配置，减少政府对微观经济活动的直接干预，不断完善产权保护、市场准入、公平竞争等制度，推进价格改革和土地、资本、劳动力、技术、知识、数据等重要生产要素市场化改革，加强反垄断、反不正当竞争，着力清除市场壁垒，提高资源配置效率和公平性，加快形成企业自主经营、公平竞争，消费者自由选择、自主消费，商品和要素自由流动、平等交换的现代市场体系。同时，我国市场体系仍然存在制度规则不够统一、要素资源流动不畅、地方保护和市场分割等突出问题。《意见》强调，要从制度建设着眼，坚持立破并举，在完善市场基础制度规则、推进市场设施高标准联通、加快要素和资源市场建设、推进商品和服务市场高水平统一、提升监管治理水平等方面出台有效的政策举措，不断提高政策的统一性、规则的一致性、执行的协同性，以统一大市场集聚资源、推动增长、激励创新、优化分工、促进竞争。要加快清理废除妨碍统一市场和公平竞争的各种规定和做法。要结合区域重大战略、区域协调发展战略实施，优先开展统一大市场建设工作，发挥示范引领作用。

实现高质量发展需要高标准市场体系的匹配和赋能。高质量发展需要有充满活力和创造力的市场主体、公平竞争的市场环境和高水平的宏观调控能力。高标准市场体系建设是适应经济高质量发展要求的必然选择和重要抓手，是市场主体竞争、创新等活力迸发的基本前提，是政府深化放管服改革、营造良好政商环境的市场基础，是政府搞好宏观调控的中间桥梁。高标准市场体系建设有利于更好激发创新活力、培育发展新动能，有利于不断提高全要素生产率、促进经济结构持续优化，有利于切实推动经济发展的质量变革、效率变革、动力变革。

高标准市场体系建设行动是构建双循环发展新格局的必然选择。尽管目前存在单边主义、保护主义和逆全球化问题，但经济全球化仍是历史潮流。我们既要坚持以国内大循环为主体，也要积极融入国际循环，更好利用国内国际两个市场、两种资源。为此，必须畅通制约循环的堵点、影响因素和诸多薄弱环节，努力实现市场准入畅通、开放有序、竞争充分、秩序规范。

高标准市场体系建设行动的重点内容包括以下几个方面：一是加快市场经济基础制度建设。市场经济归根结底是交易经济、契约经济，产权、契约及其交易制度的体系规则是市场经济的制度基础。二是加快要素市场化改革。这是高标准市场体系建设的重点和难点。三是加快完善现代市场监管机制。现代市场监管是更好发挥政府作用、维护市场秩序、激发市场活力的重要保障。

习近平总书记强调，“基础设施是经济社会发展的重要支撑，要统筹发展和安全，优化基础设施布局、结构、功能和发展模式，构建现代化基础设施体系，为全面建设社会主义现代化国家打下坚实基础”[1]。党

---

〔1〕《全面加强基础设施建设构建现代化基础设施体系 为全面建设社会主义现代化国家打下坚实基础》,《人民日报》2022 年 4 月 27 日。

的十八大以来，我国在重大科技设施、水利工程、交通枢纽、信息基础设施、国家战略储备等方面取得了一批世界领先的成果，基础设施整体水平实现跨越式提升。2022 年 4 月 26 日，中央财经委员会第十一次会议研究了全面加强基础设施建设问题。会议强调，我国基础设施同国家发展和安全保障需要相比还不适应，全面加强基础设施建设，对保障国家安全，畅通国内大循环、促进国内国际双循环，扩大内需，推动高质量发展，都具有重大意义。这次会议提出的相关举措是对建设高标准市场体系的进一步完善。

三、强化市场监管和反垄断规制

党的十八届三中全会提出完善市场监管体系等改革举措。2018 年 3 月，十三届全国人大一次会议审议批准《国务院机构改革方案》，决定将原工商总局、质检总局、食药监总局合并，组建国家市场监督管理总局，作为国务院直属机构，将政府对流通领域的工商监管、生产领域的质量监管、生产和流通领域的食品和药品监管、价格监管、知识产权保护、反垄断六大市场监管职能归一，实行统一的市场监管。同年 4 月 10 日，国家市场监督管理总局正式挂牌。

2021 年 8 月 30 日，中央全面深化改革委员会第二十一次会议审议通过了《关于强化反垄断深入推进公平竞争政策实施的意见》。习近平强调，强化反垄断、深入推进公平竞争政策实施，是完善社会主义市场经济体制的内在要求。要从构建新发展格局、推动高质量发展、促进共同富裕的战略高度出发，促进形成公平竞争的市场环境，为各类市场主体特别是中小企业创造广阔的发展空间，更好保护消费者权益。会议指出，党的十八大以来，我们围绕反垄断、反不正当竞争，作出一系列重大决策部署，完善公平竞争制度，改革市场监管体制，加强反垄断监管，推进高标准市场体系建设，推动形成统一开放、竞争有序的市场体系。针对一些平台企业存在野蛮生长、无序扩张等突出问题，我们加大反垄断监管力度，依法查处有关平台企业垄断和不正当竞争行为，防止资本无序扩张初见成效，市场公平竞争秩序稳步向好。会议强调，要统筹发展和安全、效率和公平、活力和秩序、国内和国际，坚持监管规范和促进发展两手并重、两手都要硬，明确规则，划出底线，设置好“红绿灯”，引导督促企业服从党的领导，服从和服务于经济社会发展大局，鼓励支持企业在促进科技进步、繁荣市场经济、便利人民生活、参与国际竞争中发挥积极作用。要加快健全市场准入制度、公平竞争审查机制、数字经济公平竞争监管制度、预防和制止滥用行政权力排除限制竞争制度等。要坚持“两个毫不动摇”，推动形成大中小企业良性互动、协同发展良好格局。要坚定不移推进高水平对外开放，保护产权和知识产权，增强政策透明度和可预期性。要加强竞争法律制度和政策宣传培训，强化企业公平竞争意识，引导全社会形成崇尚、保护和促进公平竞争的市场环境。要加快建立全方位、多层次、立体化监管体系，实现事前事中事后全链条全领域监管，堵塞监管漏洞，提高监管效能。要加大监管执法力度，加强平台经济、科技创新、信息安全、民生保障等重点领域执法司法。要完善反垄断体制机制，充实反垄断监管力量。

2021 年 12 月 17 日，中央全面深化改革委员会第二十三次会议审议通过了《关于进一步提高政府监管效能推动高质量发展的指导意见》。会议指出，提高政府监管效能，要着力解决好“谁来管、管什么、怎么管”的问题。按照“谁审批、谁监管，谁主管、谁监管”的原则，理清责任链条，提高履责效能，严肃问责追责。行业主管部门要严格落实行业监管职责，相关部门要切实履行各自职责范围内监管责任，地方政府要全面落实属地监管责任，企业要加强自我管理、自我约束。对涉及多个部门、管理难度大、风险隐患突出的监管事项，要建立健全跨部门综合监管制度，完善各司其职、各负其责、相互配合、齐抓共管的协同监管机制。要统筹推进市场监管、质量监管、安全监管、金融监管，加快建立全方位、多层次、立体化监管体系，实现事前事中事后全链条全领域监管，堵塞监管漏洞。对直接关系人民群众生命财产安全、公共安全，以及潜在风险大、社会风险高的重点领域，要实施重点监管，防范化解重大风险。要坚持依法监管，抓紧制定重点领域、新兴领域、涉外领域监管亟须的法律法规，建立任职限制、终身禁入和终身追责制度。

要创新监管方法，提升监管的精准性和有效性。要严格规范政府监管行为，建立贯穿监管工作全过程的监督机制，提高监管规范性和透明度。

党的十八大以来，中国共产党立足中国实际，不断完善和健全社会主义基本经济制度。党的十九届四中全会将公有制为主体、多种所有制经济共同发展，按劳分配为主体、多种分配方式并存，社会主义市场经济体制等确立为社会主义基本经济制度，凸显出中国共产党在社会主义经济建设发展规律中的领导力和决判力。与此同时，社会主义基本经济制度是中国共产党在市场经济发展过程中集体智慧的体现，促进了市场经济的飞速发展及现代化经济体系的建设进程。随着坚持和完善社会主义基本经济制度，建设高标准市场体系，完善公平竞争制度，激发市场主体发展活力，必将使一切有利于社会生产力发展的力量源泉充分涌流。

第三章　全面实施供给侧结构性改革

“供给侧结构性改革”一词自2015年以来被中央高层频繁提及和强调，成为“十三五”时期和“十四五”时期中国经济社会发展语境中最热门的词汇。推进供给侧结构性改革，是以习近平同志为核心的党中央在综合分析世界经济长周期和中国经济发展新常态的基础上，对中国经济发展思路和工作着力点的重大调整，是适应和引领经济发展新常态的重大创新，是化解中国经济发展面临困难和矛盾的重大举措，也是培育增长新动力、形成先发新优势、实现创新引领发展的必然要求和选择，对解决中国结构性、体制性问题产生着重要影响。

第一节　供给侧结构性改革的时代背景与特定内涵

2008年国际金融危机后，世界经济陷入长期低增长态势，全球贸易和资本流动不断走弱。西方国家强化贸易保护主义，引发的贸易摩擦频发，对中国经济特别是出口贸易产生了不利影响。中国经济发展进入新常态，不仅要扩大总需求，更要在供给端发力，深入贯彻落实供给侧结构性改革。

一、供给侧结构性改革的国际背景

2008年国际金融危机爆发后，西方国家结束黄金增长期，贸易保护主义抬头，经济进入深度调整期。近年来，世界经济逐渐走出国际金融危机阴影，但仍然没有找到全面复苏的新引擎。与此同时，全球范围内新一轮科技革命与产业变革蓄势待发，其主要特点是重大颠覆性技术不断涌现，科技成果转化速度加快，产业组织形式和产业链条更具垄断性。为占据下一轮全球产业革命的制高点，发达国家纷纷出台应对举措：美国实施再工业战略，德国实行工业4.0战略等，新技术革命正在推动全球供应体系调整。新一轮科技革命和产业变革与中国加快转变经济发展方式形成了历史性交汇，中国必须把握住这个历史性机遇。习近平总书记在2016年12月中央财经领导小组第十四次会议上讲话指出："我们要紧紧抓住经济调整的窗口期，扎扎实实推进供给侧结构性改革，推动经济结构不断优化、经济发展方式不断转变、经济增长动力加快转换。如果我们在这个问题上不着力、不紧抓，一旦其他大国结构调过来了，我们就会在下一轮国际竞争中陷于被动。"〔1〕

当前和未来一个时期，世界经济仍将面临诸多不稳定、不确定性因素，复苏道路依然曲折，大幅回暖的概率较小，使得中国的外部经济环境更加复杂。国际金融危机深层次影响在相当长时期依然存在，全球经济贸易增长乏力，地缘政治关系复杂多变，传统安全威胁和非传统安全威胁交织，外部环境不稳定、不确定性因素增多。全球经济分化严重。发达国家多陷入"日本式困境"，主要表现为：一是进入流动性陷阱，二是深陷债务危机，三是人口老龄化。新兴经济体集体进入调整期。一些国家出现了资金外流、通货膨胀、经济增速回落的现象。俄罗斯、巴西等过度依赖资源能源价格的国家，经济增速出现明显下降。印度尽管受国际贸易影响程度较小，但其脆弱的金融体系在国际资金外逃情况下

〔1〕《习近平关于社会主义经济建设论述摘编》，中央文献出版社2017年版，第117页。

受到严重冲击。从整体上看，这可能会使全球竞争更加激烈，引发贸易保护主义蔓延，使得对中国贸易增长形成新的巨大压力。而从全球治理体系看，围绕全球治理体系的竞争日趋激烈，各国都在加快调整发展模式，重塑和发展具有比较优势的产业，纷纷试图抢占经济制高点和全球话语权。以跨太平洋伙伴关系协定（TPP）、跨大西洋贸易与投资协定（TTIP）为代表的“两洋战略”区域合作谈判，对中国提出高标准，对中国经济发展构成制约。在此背景下，中国需要从供给侧发力，找准在世界供给市场的定位。推进供给侧结构性改革，是适应国际金融危机发生后综合国力竞争新形势的主动选择，是适应中国经济发展新常态的必然要求。

二、供给侧结构性改革的国内背景

2013 年，对于国内经济形势，中央作出了一个重要判断，即中国经济发展正处于增长速度换挡器、结构调整阵痛期、前期刺激政策消化期“三期叠加”阶段。2014 年 5 月，习近平总书记在河南兰考县考察时第一次谈到“新常态”。他指出：“我国发展仍处于重要战略机遇期，我们要增强信心，从当前我国经济发展的阶段性特征出发，适应新常态，保持战略上的平常心态。”[1]同年 11 月，国家主席习近平在出席亚太经合组织（APEC）工商领导人峰会的主旨演讲中，首次系统阐述了中国经济新常态下速度变化、结构优化、动力转换三大特点及其给中国带来的新机遇。

2014 年 12 月召开的中央经济工作会议提及经济发展的九个趋势性变化：一是从消费需求看，中国以往的模仿型排浪式消费阶段基本结束，消费拉开档次，个性化、多样化消费渐成主流，提升产品质量安全要求迫切。二是从投资需求看，在经历了三十多年的高强度大规模开发建设后，传统产业、房地产投资相对饱和，基础设施互联互通和一些新技术、新产品、新业态、新商业模式的投资机会大量涌现，对创新投融

〔1〕《习近平关于社会主义经济建设论述摘编》，中央文献出版社 2017 年版，第 73 页。

资方式提出了新要求。三是从出口和国际收支看，随着全球总需求不振，中国低成本比较优势也发生了转化，必须加紧培育新的比较优势。四是从生产能力和产业组织方式看，传统产业供给能力已大幅超出需求，钢铁、水泥、玻璃等产业的产能已近峰值，房地产出现结构性、区域性过剩。随着互联网技术加快发展，生产小型化、智能化、专业化将成为产业组织新特征。五是从生产要素相对优势看，中国人口老龄化日趋发展，劳动年龄人口总量下降，农业富余劳动力减少，这使得要素的规模驱动力减弱。经济增长将更多依靠人力资本质量和技术进步，必须让创新成为驱动发展的新引擎。六是从市场竞争特点看，竞争正逐步转向质量型、差异化为主的竞争，消费者更加注重品质和个性化，必须通过供给创新满足市场潜在需求。七是从资源环境约束看，环境承载能力已经达到或接近上限，难以承载高消耗、粗放型的发展，必须推动形成绿色低碳循环发展新方式，并从中创造新的增长点。八是从经济风险积累和化解看，伴随经济增速下调，各类隐性风险逐步显性化，地方政府性债务、影子银行、房地产等领域风险正在显露，就业也存在结构性风险，必须建立健全化解各类风险的体制机制。九是从资源配置模式和宏观调控方式看，需求方面，全面刺激政策的边际效果明显递减；供给方面，既要全面化解产能过剩，也要通过发挥市场机制作用探索未来产业发展方向。必须全面把握总供求关系新变化，科学进行宏观调控，适度干预但不盲目，真正形成市场和政府合理分工、推动发展新模式。以上这些趋势性变化说明，中国经济正在向形态更高级、分工更复杂、结构更合理的阶段演化，经济发展进入新常态。推进供给侧结构性改革，是适应和引领经济发展新常态的重大创新。

2015 年 11 月 10 日，习近平总书记在中央财经领导小组第十一次会议上，首次提出“供给侧结构性改革”。他指出：“在适度扩大总需求的同时，着力加强供给侧结构性改革，着力提高供给体系质量和效率，增强经济持续增长动力，推动我国社会生产力水平实现整体跃升。”〔1〕11

〔1〕《习近平关于社会主义经济建设论述摘编》，中央文献出版社 2017 年版，第 87 页。

月 11 日，国务院总理李克强主持召开国务院常务会议，部署以消费升级促进产业升级，培育形成新供给新动力扩大内需。11 月 17 日，国务院总理李克强在“十三五”规划纲要编制工作会议上强调，要在供给侧和需求侧两端发力促进产业迈向中高端。11 月 18 日，国家主席习近平在亚太经合组织会议上再次提及“供给侧改革”。12 月，中央经济工作会议进一步明确了“供给侧结构性改革”的内涵和具体任务，强调要抓好去产能、去库存、去杠杆、降成本、补短板五大任务（即“三去一降一补”）。2017 年 10 月，党的十九大报告再次强调深化供给侧结构性改革，必须以供给侧结构性改革为主线，推动经济发展质量变革、效率变革、动力变革。[1]由此，“供给侧结构性改革”成为事关中国经济社会长远发展大局的一项战略部署，成为当前和今后一个时期经济发展和经济工作的主线。

三、供给侧结构性改革的特定内涵

供给侧结构性改革是中国经济进入新时代、面对新常态解决经济发展新问题的必然选择，有其特定的思想内涵，即从提高供给质量出发，用改革的办法推进结构调整，矫正要素配置扭曲，扩大有效供给，提高供给结构对需求变化的适应性和灵活性，提高全要素生产率，更好满足广大人民群众的需要，为经济持续健康发展打造新引擎、构建新支撑。

（一）供给侧结构性改革的实质

“供给侧”是指经济运行的矛盾主要出现在供给侧，“结构性”是指供给侧的矛盾主要是“结构”而非“总量”问题。近些年来，随着中国宏观经济运行中的供求矛盾发生变化，矛盾的主要方面出现在供给侧的结构性问题。概括起来，主要表现为“三大失衡”，即实体经济结构性供需失衡、金融和实体经济失衡、房地产和实体经济失衡。我国的需求变了，供给的产品却没有变，质量、服务跟不上。有效供给能力不足带

〔1〕 习近平：《决胜全面建成小康社会 夺取新时代中国特色社会主义伟大胜利》，人民出版社 2017 年版，第 30 页。

来大量“需求外溢”，消费能力严重外流。比如，我国一些行业和产业产能严重过剩，同时大量关键装备、核心技术、高端产品还依赖进口，而供给体系总体上呈现中低端产品过剩、高端产品供给不足的状况，国内庞大的市场没有掌握在我们自己手中。为了应对我国经济新常态，使供给体系更好适应需求结构变化，党中央根据经济走势作出判断：如果继续仅从投资、消费、外需这三个领域来考虑应对之策，经济下行的趋势很难遏制。通过深入分析供需矛盾，党中央得出了必须从供给侧着手的结论。习近平总书记指出：“供给侧结构性改革，说到底最终目的是满足需求，主攻方向是提高供给质量，根本途径是深化改革。”〔1〕

与通过刺激消费或扩大投资、出口的需求侧管理不同，供给侧结构性改革的特点为：一是需求侧管理注重政府在经济发展中的调控功能；而供给侧结构性改革更加强调发挥市场主体，如企业、创业者的能动作用和积极性，注重激发市场本身的发展活力。二是需求侧管理政策针对的是经济发展中的短期和即时性问题，重在解决总量性问题；而供给侧结构性改革更加注重从供给端增强经济的中长期发展和竞争能力，重在解决结构性问题。三是需求侧管理主要通过调节税收、财政支出、货币信贷等来刺激或抑制需求来推动经济增长；而供给侧结构性改革主要通过优化要素配置和调整生产结构来提高供给体系质量和效率来推动经济增长。总之，针对中国经济发展的具体情况进行供给侧结构性改革，实质就是要形成新主体、培育新动力、发展新产业。

（二）供给侧结构性改革是一场势在必行的变革

首先，需求侧管理政策的边际效应在递减。2008 年国际金融危机爆发后，中国在进行宏观调控、推动经济复苏时，主要是基于需求侧管理的思路进行的。例如，推行积极的财政政策和稳健的货币政策，进行大规模的政府投资以扩大总需求。虽然这些需求侧管理政策在短期内取得了一定成果，中央政府的 4 万亿元投资以及由此带动的地方政府的投资，使中国经济增速由 2009 年第一季度的 6.5%，上升到了 2010 年第

〔1〕《习近平经济思想学习纲要》，人民出版社、学习出版社 2022 年版，第 65 页。

一季度的 12.1%，但从中长期看，这种一味刺激总需求的调控思路，并没有真正找到中国经济发展面临的根本性问题，即结构性矛盾而非周期性发展波动问题。因此，2010 年国内生产总值增速达到峰值后需求侧管理政策的边际效用不断减弱，中国经济面临着严峻的持续下行压力。例如，到 2015 年第三季度，中国经济增速已经降至 6.9%，且仍在持续下滑。需求侧管理政策的失灵，以及经济发展的下行压力，要求政府必须改变以往的宏观调控思路，进行供给侧结构性改革，以化解经济发展的结构性难题，打造经济增长的新引擎。

其次，需求侧管理政策的副作用和后遗症越来越大。通过大规模投资等刺激政策推动经济增长的需求侧管理模式，虽然实现了短时间内的经济复苏，却也给经济的长远发展造成了较大隐患，副作用愈加凸显，如产能过剩更加严重、大量资金空转、地方债务增加、企业效益下降、房价虚高、银行坏账增多等。具体而言，钢铁、电解铝、水泥、建材、造船等行业的产能过剩问题十分严重，资源闲置率高，产业效率下降了 30% 左右；许多城市的房地产泡沫严重，房价虚高；有些银行的不良贷款率超过 2% 的安全保障线，等等。这些因为长期实施总需求刺激政策而产生的发展问题，要求政府必须转变调控思路，从更为根本的结构性矛盾入手，进行供给侧结构性改革，以便为经济增长培育新的驱动力。

再者，推进供给侧结构性改革与推进全面改革是相吻合的，是实现可持续发展的需要。党的十八届三中全会提出了全面深化改革的总目标。而供给侧结构性改革包含了多个范围和层面的改革：人口政策改革、行政管理制度改革、产权制度改革、土地制度改革、国有企业改革、财税制度改革、金融制度改革、价格制度改革、社会福利制度改革、生态制度改革等。从这个意义而言，进行供给侧结构性改革是对全面深化改革这一社会发展总目标的具体落实，表明了政府宏观调控思路的转向：从注重短期增长的需求侧管理，转向以提升经济可持续发展能力为目标的“供给侧结构性改革”；从注重政府主导作用的总需求刺激，转向以激发市场活力、完善社会主义市场经济体制为目标的“全面改革”。为实现可持续发展，就必须进行结构优化和转型升级，以提高全要素生产率，实现低投入、高产出的转变。全要素生产率的提升，主要包括三个基本途径：制度变革、结构优化和要素升级。这也是推动中国经济持续增长、提升整体竞争力的“三大发动机”。而这三个经济发展新动力的培育塑造，只能从供给侧管理的思路出发，通过供给侧结构性改革来实现。因此，供给侧结构性改革也是打造可持续经济发展模式的必然要求和基本路径。

第二节　实施供给侧结构性改革的路径重点

2015 年中央经济工作会议强调指出，推进供给侧结构性改革，是适应和引领经济发展新常态的重大创新，是适应国际金融危机发生后综合国力竞争新形势的主动选择，是适应我国经济发展新常态的必然要求。[1] 供给侧结构性改革的主旨是释放新需求，创造新供给，实现供给要素的最优配置。一方面是让市场及时出清，化解过剩产能，培育新的经济增长点；另一方面是以创新形成更高质量的有效供给带动新需求。在党的十九大之前，供给侧结构性改革的主要任务为“三去一降一补”。十九大之后，在继续推进“三去一降一补”的同时，党中央又紧扣“提高供给体系质量”这个主攻方向，使深化供给侧结构性改革有了更为丰富的内涵。

一、供给侧结构性改革的重点方向

影响总供给的五大要素，包括劳动力、土地及附着在土地上的资源、资本、技术创新以及制度创新。供给侧结构性改革的主战场是要素市场改革，改革的重点方向是实现这些供给要素的最优配置，从而提高经济增长效率和激发经济增长动力。

---

〔1〕《中央经济工作会议在北京举行》,《人民日报》2015 年 12 月 22 日。

（一）调整人口政策

随着中国人口红利的消失，老龄化社会的阴影正在逼近，中国政府果断地调整人口政策，从控制人口数量转向实施人口资本战略。党的十八届五中全会以来，中国全面放开二孩、三孩政策的实施，对中国经济社会长远发展带来积极影响，给经济发展注入人口红利，缓解劳动力供给抑制。同时，中国政府加快完善与人口流动密切相关的户籍制度改革、社会保障制度改革等，促进形成全国统一的劳动力市场，并进一步使人口政策适应于人口结构化中长期发展需要的人口资本战略。

（二）积极审慎地推动土地制度改革

土地方面，中国政府重视不断释放农村土地的资本属性和流转属性，使土地成为资本市场上可交易的生产要素，提高土地使用效率和效益，逐步建立城乡统一的土地流转制度。一方面重视稳固农村土地承包关系，完成土地所有权、承包权、经营权三权分置，推进土地经营权有序流转；另一方面重视维护进城落户农民土地承包权、宅基地使用权和集体收益分配权，支持引导其依法自愿有偿转让上述权益。在将土地作为一个关键的生产要素的确权和流转的基础上，有效对接到符合中国特色社会主义市场经济长久运行的状态中。

（三）全面深化金融改革

针对中国金融市场长期存在的结构失衡、功能不全和金融抑制明显等突出问题，中国政府重视全面深化金融改革，积极解除金融抑制。一方面，大力发展和完善多层次资本市场体系，积极探索覆盖全国的各类产权交易市场、大资产管理公司等，以期更好地发挥金融体系深度动员社会资本、提高储蓄率的作用，从根本上增强对实体经济的有效支持。另一方面，进一步推进利率市场化、人民币国际化，以期全面解除金融抑制，逐步把金融多样化的改革进程对接到支持中国实体经济的升级换代上，这种实体经济的升级换代直接关系到中国“跨越中等收入陷阱”的实现。

（四）激发微观经济的活力

中国政府实施的从以自贸区为标杆、进一步简政放权、降低门槛、实施负面清单、打造高标准法制化的营商环境，以及社保按照党的十八届五中全会明确的“把基本养老保障统筹提到全社会层次”，到调整整个税费体系、降低企业实际负担等，都是以改革为企业经营创业活动松绑、减负，激发微观经济的活力。近年来，中国政府不断深化结构性减税改革，全面推进营业税改增值税试点，在进口、中小微企业、创新活动、养老产业化等环节和领域的减税与税收优惠举措，已成为近年来结构性减税改革的重点。同时，通过进一步清理收费，分类重建收费管理的体制机制，降低企业实际综合负担特别是税外负担。这些改革都是通过问题导向在制度供给方面发力，以使企业经营创业活动进一步得到“海阔凭鱼跃，天高任鸟飞”的环境和条件。

（五）实施创新驱动战略

经济新常态下，中国经济增长动力的转换要从依靠普通生产要素如资本、土地、劳动力的投入来拉动经济增长，转向依靠科技创新来驱动经济增长。通过科技创新创造新供给、新效益和新空间，是未来中国经济发展的大趋势。走创新型国家之路，中国政府积极倡导科技创新和产业创新，推动实现科技与经济的融合，通过政策导向在高端“买不来的技术”领域靠原始、自主创新艰难前行，在中高端依靠全面开放和“引进、消化吸收再创新”与“集成创新”结合，与此同时，大力实施教育改革，培养高水平人才，以期有效建设创新型国家。

（六）强化制度创新

供给侧结构性改革的重中之重是制度创新。中国政府首先着手顶层设计和系统改革，打开制度红利，激发经济社会活力，实现相关改革决策的较高水准。一是不断推进政府管理经济、社会方式的创新，形成市场主导、政府引导的机制。实现政府“简政放权、放管结合、优化服务”的行政审批制度改革。创造合法经营、公平竞争、高度法治的市场环境，同时加强政府对市场的监管、增加公共产品和公共服务。二是深入推进财税改革，推进房地产税、个人所得税改革，中央与地方事权改革、地方收入体系重构、预算管理基础制度建设、购买力平价（PPP）制度等领域的改革攻坚，以期形成政府与公民、中央与地方之间稳定的经济关系以及规范的政府财政管理制度。三是深入推进国有企业改革、收入分配制度改革、社会保障制度改革等，以期营造良好的市场竞争环境，促进社会的公平正义。

以上这些方面涉及要素市场改革，需要与行政、财政、国企、收入分配、价格、投融资等方面的综合配套改革结合起来。由此，党的十九大明确将要素市场化配置作为经济体制改革的两个重点之一。党的十九届四中全会进一步强调，推进要素市场制度建设，实现要素价格市场决定、流动自主有序、配置高效公平。2020 年 3 月 30 日，中共中央、国务院印发《关于构建更加完善的要素市场化配置体制机制的意见》，根据生产要素的重要性和时代性，明确要素的范畴为土地、劳动力、资本、技术、数据。《意见》从各要素共性出发，为从整体上深化要素市场化配置改革明确了基本原则，即市场决定，有序流动；健全制度，创新监管；问题导向，分类施策；稳中求进，循序渐进。〔1〕

二、供给侧结构性改革的阶段重点

习近平总书记在 2015 年 12 月召开的中央经济工作会议上，部署 2016 年的工作任务和重点时，提出了“三去一降一补”五大任务。此后，供给侧结构性改革作为经济工作主线，其政策内涵也在不断深化。2017 年中央经济工作会议进一步将“三去一降一补”政策延伸为“破、降、立”，即大力破除无效供给、大力降低实体经济成本、大力培育新动能。

在推进供给侧结构性改革的这一阶段，中央政府各部门和地方政府纷纷出台了以“三去一降一补”为重点的供给侧结构性改革实施方案。由国家发改委牵头建立了钢铁、煤炭行业化解过剩产能和脱困发展工作部际联席会议制度，与地方政府签订目标责任书，组织开展了淘汰落后产能、违法违规建设项目清理和专项执法三个专项行动。中央财政设立

〔1〕《中共中央 国务院关于构建更加完善的要素市场化配置体制机制的意见》，《人民日报》2020 年 4 月 10 日。

了工业企业结构调整专项奖补资金，对化解过剩产能中的人员分流安置给予奖补。工信部在加快传统产业改造升级、加快培育发展新动能以及为供给侧结构性改革创造良好条件等方面进行了部署。各省（自治区、直辖市）结合当地实际，出台了推进供给侧结构性改革的具体文件或专项方案。

（一）优化供给结构“去产能”

近些年来，中国一些行业因产能过剩严重亏损，对经济发展产生较大制约。例如，供给侧结构性改革之前，钢铁、煤炭等严重过剩的上游行业大面积亏损，连年的财政补贴也难以为继。2015 年，钢铁行业亏损最为严重，年度同比增速为 –976%；其次是煤炭行业，年度同比增速为 –115%。一方面，钢铁、煤炭行业亏损导致债务违约事件频发；另一方面，这些行业的巨额亏损，导致相关产品社会供求严重失衡。供给端的长期拖累也会导致中下游产业资源分配低效，间接使终端产品的供求失衡。钢铁和煤炭行业主要产地都在国内，因此，这两个行业改革成功与否直接关系到中国经济转型和社会稳定。

这一阶段，重拳治理“僵尸企业”、淘汰落后产能，已成为政府的重点工作。国务院总理李克强明确指示，要以壮士断腕之魄对“僵尸企业”、“绝对过剩产能”产业狠下刀子。一方面，政府通过制定更为严格的能耗、技术和排放标准，提高淘汰门槛，重拳处置“僵尸企业”，坚决突破地方政府和“僵尸企业”之间的利益关系，切断政府的财政补贴和金融部门“输血型”救济渠道。另一方面，中央政府要求，拿出专项资金和有力的保障政策，应对这些产业急剧调整对就业、社会稳定带来的冲击，消除地方政府和“僵尸企业”的退市之忧，同时积极引导“僵尸企业”上下游产业组织实施从低附加值环节向高附加值环节转型，或者接受优势产业企业的兼并重组，维持产业组织生态平衡。

（二）清除供给冗余“去库存”

近些年来，中国一些房地产企业由于规划不慎或者消费不及预期而导致的过度投机，使得房地产业步履维艰，面临着较大的经营压力和流动性风险。房地产业稳定健康的发展对中国实体经济的发展具有十分重要的意义。1998 年至 2008 年，房地产开发投资一直保持着 20%—30% 的高速增长，是拉动中国经济增长的重要动力之一。但近些年来库存过多使得房地产开发累计投资增速下滑较快，不利于实体经济的稳定增长，同时，容易导致一些房地产企业因资金链断裂而破产，既影响社会稳定，也会使实体经济受到很大影响。近些年来，中国房地产领域产能过剩的状况日趋严重，尤其是二三线城市。因此，解决房地产去库存问题，事关未来一段时期内中国经济社会发展大局，已经刻不容缓。

这一阶段，房地产去库存被提到前所未有的高度，中央政府着手系统规划化解房地产库存问题。中国房地产发展主要存在两方面的问题：需求少于供给、住房相关制度不完善。对此，2015 年中央经济工作会议给出了一套具体实践方案，即通过提高户籍人口城镇化率，打通供需通道；通过推进户籍制度改革、推进住房制度改革、取消过时的限制措施等，优化购房、租房的环境；通过鼓励企业适度降价、兼并重组，推动房地产商改善营商环境。在具体实践中，重点举措包括：有计划地实现农业转移人口的市民化；建立购租并举的住房制度；完善住房政策性金融；鼓励房地产开发企业调整经营策略等。[1]

（三）确保供给安全“去杠杆”

2008 年以来，中国非金融企业和政府部门的债务占国内生产总值比率整体呈上升趋势。尽管与发达国家相比，中国名义杠杆率并不高，但潜在风险并不小，一是存在较多隐性债务，二是债务增长偏快。中国的非金融企业与政府部门的杠杆率增长偏快，特别是非金融企业杠杆率过高，政府隐性债务过重且偿还压力较大，值得高度警惕。杠杆率过高首先会带来流动性风险和偿付性风险。如果局部风险管控不当，会通过资金链条的断裂和资产负债表的严重恶化，形成系统性风险，去杠杆是中国防范金融风险的必然选择。特别是在经济下行和资产贬值的压力下，前期经济高增长阶段积累的高杠杆率风险将逐步暴露。同时，经济下行又增加了去杠杆的难度。因此，要解决这一矛盾，需要处理好稳增长和

〔1〕《中央经济工作会议在北京举行》,《人民日报》2015 年 12 月 22 日。

防风险的关系。

这一阶段，中央政府重点从债务重组、建立多层次金融服务体系入手来化解风险。关于企业和政府债务重组，一是调整债务期限结构，通过债务展期来缓解短期偿债压力。2015 年以来，财政部下达了地方存量债务置换的额度，债务置换是一种相对灵活的债务展期。二是调整债务利率结构，央行适时降低基准利率和准备金率，引导市场利率降低。通过发行低利率债券，置换过去高利率债券，降低企业融资水平。三是调整资金来源结构。支持符合条件的企业在海外发行企业债券，中海油、中国银行、万科、浙江绿城地产等企业在国外发行美元债券，受到国外投资者的追捧。适时扩大自由贸易试验区的范围，扩大自由贸易账户的开设数量和业务范围，进一步方便企业获得境外融资。关于建立多层次金融服务体系，重点在加快发展多层次直接和间接融资体系。发展资本市场方面，推进主板市场 IPO 由核准制转为注册制；规范发展新三板和其他形式的股权交易市场。完善间接融资方面，利率管制的基本放开，对优化资源配置意义重大。经国务院批准，中国人民银行决定自 2015 年 10 月 24 日起结合降息降准，对商业银行和农村合作金融机构等不再设置存款利率浮动上限。这标志着中国的利率管制已经基本放开，利率市场化改革迈出了关键的一步。此外，国家还推出利用债转优先股去杠杆、发展资产证券化业务、稳妥发展夹层融资等举措。

（四）提升供给能力“降成本”

由于受国际金融危机影响，特别是长期以来积累的经济结构不合理、经济增长方式粗放等问题，中国经济下行一直没有得到根本改变。近些年来，实体经济在利润和盈利能力下降、工业品出厂价格下降的同时成本上涨较快等问题进一步凸显。尤其是在国内外市场竞争日趋激烈的大背景下，中国企业各种负担和成本较大，缺乏市场竞争力。总的来看，企业高成本问题依然严重，企业生产经营仍然面临着交易成本过高、各种税费居高不下、社会保险费用依然偏高等问题。降低企业成本、提高供给能力成为供给侧结构性改革的应有之义和内在要求。正因为如此，2015 年中央经济工作会议提出，要以打出降低企业成本的“组合拳”的方式，从制度、财税、金融、社保、流通、能源等多个领域改革共同发力，切实为企业降负减压，释放供给侧动力。[1]

这一阶段，中央政府立足于当前中国企业发展实际，着力推进开展降低实体经济企业成本行动，多措并举，帮助企业降低成本。具体包括：一是降低制度性交易成本。加大行政审批改革力度，坚持“营业执照＋负面清单＋政府监管和服务”改革方向；深入推进投资审批改革，能力破解投资项目审批环节多、手续繁、时间差、效率低、收费高等问题；规范整治中介机构和服务，建立诚信体系建设综合执法监管体系；进一步放松对生产性服务业的管制，以市场化导向促进生产性服务业效率提升。二是降低企业融资成本。缩短企业融资链条，加强对影子银行、同业业务、理财业务等方面的清理；清理整顿不合理金融服务收费；提高贷款审批和发放效率；加快发展中小金融机构；进一步发展直接融资市场体系；有序推进利率市场化改革。三是深化税费制度改革。深入推进收费制度改革，切断行政审批与收费之间的利益机制；坚持“谁设权谁付费”原则，推进审批收费改革；推进商标注册提速降费，探索“互联网＋商标注册”新途径；彻底治理各种乱罚款。四是推进价格改革。推动降低用能、物流、电信等成本，完善主要由市场决定价格的机制，新一轮电价市场化改革顺利启动；健全交通运输价格机制，完善铁路货运与公路挂钩的价格动态调整机制；建立健全政府定价制度，推进政府定价公开透明。五是降低企业社会保险费用负担。适当降低社会保险缴费率，阶段性降低“五险一金”缴费比例；完善社会保险制度，政府、企业、个人适度均衡责任分担。

（五）扩大有效供给“补短板”

补短板可以理解为供给侧结构性改革的“加法”，主要是针对当前经济和社会发展的突出问题和主要矛盾。供给侧结构性改革能否成功，同样取决于经济发展中的短板能否补上。例如，创新能力不足、基础设施建设落后、公共产品和公共服务不足、贫困人口较多等，既是全面建

〔1〕《中央经济工作会议在北京举行》，《人民日报》2015年12月22日。

成小康社会面临的短板，也是中国经济转型升级的短板。只有补齐短板，才能筑牢民生保障的底线，增加经济发展新动能。因此，2015 年中央经济工作会议明确提出，当前补短板的重点是以下几个方面：打好脱贫攻坚战、支持企业技术改造和设备更新、培育发展新产业、补齐软硬基础设施短板、加大投资于人的力度、继续抓好农业生产等方面扩大有效供给。[1]

这一阶段，中央政府推进补短板的实施重点包括：一是补齐民生短板。实施精准扶贫、精准脱贫，提高扶贫实效；推动义务教育均衡发展，建设现代职业教育体系；推进公立医院综合改革，加快建设健康中国；全面开放养老服务市场，完善养老保险个人账户制度。二是补优质供给短板。积极创造优质新供给，围绕消费升级的市场需求，加快发展新技术、新产品、新业态、新商业模式，积极推进养老家政健康、信息、旅游休闲、绿色、住房、教育文化体育等领域的商品和服务供给。三是补人力资本短板。加大对人力资本的可持续投入，优化劳动力配置；推进改变忽视基础教育、职业教育和专科教育，侧重高学历教育的失衡现状。四是补城乡基础设施短板。有序推进城际铁路、地铁、地下管线，以及互联网、教育、医疗、文化设施等新一代公共基础设施建设，智慧城市、海绵城市等一系列重大项目；持续改善贫困地区交通等基础设施，大力推进公共服务均等化。五是补“三农”短板。继续抓好农业生产，保障农产品有效供给，保障口粮安全，保障农民收入稳定增长，加强农业现代化基础建设。

总之，2015 年至 2017 年党的十九大召开之前，供给侧结构性改革的主要任务是“三去一降一补”和“破、降、立”。这一时期，随着经济形势的变化，中央政府各部门和地方政府的供给侧结构性改革的战略重点和具体实施方案以每年的中央经济工作会议为指导不断进行动态调整，使得供给侧结构性改革逐年深入，供给与需求在结构和总量上的矛盾逐渐得到化解。

---

〔1〕《中央经济工作会议在北京举行》,《人民日报》2015 年 12 月 22 日。

三、供给侧结构性改革的深化重点

2015 年至 2017 年的中央经济工作会议主要是围绕着“三去一降一补”部署供给侧结构性改革的重要任务，旨在清除高质量发展的结构性障碍。党的十九大明确提出“把提高供给体系质量作为主攻方向”后，在过去两年“三去一降一补”取得显著成效的基础上，中国已经有基础、有能力向“显著增强中国经济质量优势”的方向大踏步前进了。但从 2018 年下半年开始，中国经济增速下行压力再度增大，这是供给侧结构性改革还没有触及更深层次的结构性问题，主要还是长期积累的结构性问题在短期内的反映。因此，2018 年 12 月的中央经济工作会议对供给侧结构性改革提出了新要求：在“巩固、增强、提升、畅通”八个字上下功夫，即继续坚持以供给侧结构性改革为主线，巩固“三去一降一补”成果、增强微观主体活力、提升产业链水平、畅通国民经济循环、推动经济高质量发展。

由此可见，供给侧结构性改革已由“清除障碍”向“提升质量”方向转变，进入深化改革阶段。供给侧结构性改革的重点任务从量变全面转向质变，标志着自党的十九大以来，供给侧结构性改革已“进入下半场”。

（一）巩固“三去一降一补”成果

推进供给侧结构性改革以来，煤炭、钢铁等行业去产能成效明显，但一些其他行业产能过剩问题依然突出，产能利用率有待提高，需要推进化解过剩产能、清理“僵尸企业”，重组盘活现有行业生产要素。虽然中国营商环境明显改善，但在税费成本、物流成本、融资成本、制度成本等方面仍有改进空间，需要进一步改善营商环境，降低各类营商成本。存量问题和风险尽管得到了较好控制，但更需要将资源配置到新兴产业和高效率行业，发展新的支柱性和成长性产业，培育更大的增量空间。

因此，中央政府明确巩固“三去一降一补”成果的工作重点是加大“破、立、降”力度，加快更多产能过剩行业出清，降低全社会各类营商成本，加大基础设施建设等领域补短板力度。

具体政策措施发力点包括：继续推进结构性去产能、系统性优产能，健全各方面责任共担和损失分担机制，稳步推进企业优胜劣汰，推动依法处置“僵尸企业”，制定退出实施办法。把降低企业杠杆率与企业兼并重组、产业整合有机结合，稳妥做好去产能职工分流安置工作。实施更大力度的减税降费政策。着眼“放水养鱼”、激发市场活力，将制造业等行业现行16%的税率降至13%，将交通运输业、建筑业等行业现行10%的税率降至9%，确保主要行业税负明显降低。落实好出台的小微企业普惠性减税政策。继续清理规范行政事业性收费。围绕输配电价改革、公用事业收费改革等，切实降低企业用能成本和物流成本。加大投资补短板力度。聚焦三大攻坚战等薄弱环节，在脱贫攻坚、生态环保、农业农村、水利、科技创新、棚户区改造、社会民生和能源、交通、通信等基础设施领域促进有效投资。依法合规采用购买力平价等多种方式撬动社会资本投入补短板重大项目。加快推进川藏铁路、沿江高铁等一批重大工程规划建设。

（二）增强微观主体活力

国民经济的持续健康发展，根基在于企业活力。要充分激发和释放微观主体活力，需要充分发挥企业家、干部群众、科研人员主观能动性。有赖于建立公平开放透明的市场规则和法治营商环境、健全完善的科技成果转化体制机制、破除阻碍要素流动的壁垒和阻碍市场在要素配置中起决定性作用的体制机制弊端，建立有效的容错机制和正向的激励机制，从约束规范为主转向激励引导为主。形成让企业心安、科技人员心宽、创业人员心动的体制机制，促进正向激励和优胜劣汰，才能释放出各类主体的强大活力，创造更多的高端产品和发展更多优质企业。

因此，中央政府明确增强微观主体活力的工作重点是加快完善中国特色现代企业制度，建立公平开放透明的市场规则和市场化法治化国际化营商环境，加快建设世界一流企业。

具体政策措施发力点包括：弘扬和保护企业家精神，建立健全企业家参与涉企政策制定机制，构建经常性规范化的政企沟通机制，把构建亲清新型政商关系的要求落到实处。稳步推进要素市场化改革。健全要素市场准入、监管、退出制度。扩大重点领域混合所有制改革试点范围。深入推进电力、油气、铁路领域改革，自然垄断行业根据不同行业特点实行运网分开，将竞争性业务全面推向市场。全力营造公平竞争市场环境。按照竞争中性原则，在要素获取、准入许可、经营运行、政府采购和招投标等方面，对包括民营企业、外资企业在内的各类所有制企业平等对待。持续推动市场准入负面清单制度全面实施，建立健全清单动态调整机制，不断完善清单信息公开机制，推动“非禁即入”原则和政策普遍落实。持续优化营商环境。要深化“放管服”改革，再推动取消一批行政许可等事项，加强社会信用体系建设，加快构建中国特色、国际可比的营商环境指标体系。持续加强产权和知识产权保护，开展产权保护领域政务失信专项治理行动，推动各地解决一批企业和群众反映强烈的产权纠纷问题。

（三）提升产业链水平

近些年来，中国传统产业优势正在逐步丧失，而新的竞争优势尚未形成，产业链面临两头承压的窘境，只有把握住新一轮技术革命的有利时机，利用好中国强大的国内市场，发展壮大新的优势产业，不断推进产业升级，才能为经济发展提供持续动力。而且培育新产业要从产业政策主导转向竞争性政策主导，因为在经济追赶时期有现成的技术和经验可学习，产业政策会加快技术追赶和经济发展，但当前中国不少行业越来越接近世界技术前沿，没有规律可循，这就需要更多的竞争性政策来鼓励企业自主创新，提高资源配置效率，引导企业注重利用技术创新和规模效应形成新的竞争优势，培育和发展新的产业集群。

因此，中央政府明确提升产业链水平的工作重点是解决关键核心技术攻关，坚持自主可控、安全高效，分行业做好供应链战略设计和精准施策，推动全产业链优化升级。

具体政策措施发力点包括：加强国家创新体系建设，研究谋划新一轮全面创新改革试验，抓紧布局国家实验室，在关键领域布局建设若干国家制造业创新中心。加强重大技术装备补短板，大力支持关键核心技术攻坚，积极推动新一代人工智能创新发展。升级各类“双创”平台载体，强化创业投资对“双创”的支撑引领。促进科技成果市场化产业化，继续加快发展高技术产业、战略性新兴产业。加快传统产业改造提升。中国工业制造业产值及220多种工业产品产量已居世界第一，但传统产业仍占较大比重。2019年国家开始实施一批制造业技术改造和转型升级重大工程，加大政策支持力度，切实引导和支持各类生产要素向传统产业改造提升集聚，促进传统产业向数字化、网络化、智能化、绿色化、服务化升级。推动服务业创新发展。加快放宽服务业准入，扩大有效供给、推进品质提升，促进服务市场环境改善和秩序规范，不断增强服务业创新力和竞争力。深入开展服务业综合改革试点，推动先进制造业与现代服务业深度融合。进一步加强农业基础，稳定粮食等主要农产品产量，落实乡村振兴战略规划、政策和项目，采取多种措施增加居民收入。提高工业、农业和服务业发展水平，促进中国经济更深更好地融入全球供应链、产业链和价值链。

（四）畅通国民经济循环

对待产能过剩和无效供给，可以通过压减落后产能、房地产限价限售、严监管去杠杆等行政干预色彩较浓的方式，在实践中确实起到了较好效果。但是，要素自由流通尚存障碍，国内外市场建设仍有巨大空间。从长期看，经济运行还是需要建立优胜劣汰的市场化法制化机制，形成统一开放、竞争有序的现代化市场体系，促进要素自由流动和资源再配置，畅通国民经济循环，形成国内市场和生产主体、经济增长和就业扩大、金融和实体经济良性循环。

因此，中央政府明确畅通国民经济循环的工作重点是破除资本、技术、人才、信息跨所有制、跨部门、跨区域、跨境流动的壁垒，促进要素更高效的配置、经济运行更高效的循环，依托强大国内市场，打破行业垄断地位和地方保护主义，形成国民经济良性循环。

具体政策措施发力点包括：落细落实推动高质量发展的制度安排。推进出台制造业、高技术产业、服务业以及基础设施等重点领域高质量发展的政策文件，进一步加强政策统筹，大力支持实体经济发展，形成建设现代化经济体系、推动高质量发展的合力。培育形成强大国内市场。中国已成为世界第二大消费市场和第一大投资市场，要适应14亿多居民消费升级及分级态势，调整优化产品结构、服务结构、产业结构、投资结构，畅通生产、流通、分配、消费和投资循环。积极拓展消费新增长点。研究制定居民增收三年行动方案，进一步增强居民消费能力。加快完善促进消费的体制机制，加强消费领域基础设施建设，进一步激发居民消费潜力。制定出台促进汽车、家电等热点产品消费的措施。加快旅游、文化、健康、体育、教育、育幼、养老、家政等服务业发展，释放服务消费新潜力。发展消费新业态新模式，促进线上线下消费融合发展。综合施策防范化解重点领域风险。贯彻总体国家安全观，强化重大风险监测研判预警。坚持结构性去杠杆，防范金融市场异常波动，稳妥处理地方政府债务风险，防控输入性风险，避免发生系统性、区域性风险。

总之，随着外部环境趋紧和经济运行稳中有变，微观活力不足、供给体系质量偏低、体制机制约束等问题突显，中央对供给侧结构性改革提出的“巩固、增强、提升、畅通”具有鲜明的问题导向，为化解新问题、迎接新挑战提出了新要求，是当前和今后一个时期深化供给侧结构性改革，推动经济高质量发展、加快建设现代化经济体系的管总要求。

第三节　供给侧结构性改革的显著成效与主要经验

2016年以来，在党中央、国务院的坚强领导和大力推动下，全国各地区各部门全力落实“三去一降一补”、“破、降、立”和“巩固、增强、提升、畅通”重点任务，强化创新驱动，着力培育经济发展新动能，推动经济发展转型升级，经济发展质量效益不断提高，供给侧结构性改革取得阶段性显著成效。

一、“三去一降一补”成效显著

“三去一降一补”是供给侧结构性改革的阶段性任务，全国各地扎实推进各项工作，取得了显著成效。低端无效产能有所削减，房地产库存明显化解，宏观杠杆率逐步趋稳，企业经营成本有所下降，补短板取得积极进展。

一是去产能稳步推进。中国总量性去产能任务全面完成。“十三五”钢铁、煤炭去产能目标提前两年完成。2019 年国家发改委发出的《关于做好 2019 年重点领域化解过剩产能工作的通知》中显示，自 2016 年以来，国家累计压减粗钢产能超过 1.5 亿吨，退出煤炭落后产能 8.1 亿吨，落后煤电机组淘汰关停 2000 万千瓦以上。据国家统计局数据，一大批“散乱污”企业出清，工业产能利用率稳中有升，2019 年全国工业产能利用率为 76.6%，比上年提高 0.1%。尤其是煤炭的产能利用率从 2016 年初的不到 60% 大幅提升到 2019 年的 70% 以上，行业的运行状态因此得到了很大改善。稳妥处置“僵尸企业”，重点行业供求关系发生明显变化。行业安全环保水平和企业竞争力不断提高，产业结构和生产布局呈现双优化，行业健康发展的长效机制持续健全。供给侧结构性改革在去产能方面，中国在优质产能的提升和无效产能的退出上取得了非常明显的效果，不但提高了产能利用率，也增加了市场优质供给，使整个市场环境得到改善、企业和行业的效益得到提升。比如，随着落后产能被淘汰、新增产能得到控制，钢铁价格逐渐回升，钢铁企业也走出了困境。中国钢铁工业协会的统计显示，2021 年全国粗钢产量 10.33 亿吨，同比下降 3%；重点大中型钢铁企业实现利润总额 3524 亿元，同比增长 59.7%。

二是去库存效果突出。从 2016 年中央经济工作会议首次提出、2019 年中央政治局会议进一步强化“房子是用来住的、不是用来炒的”定位，明确提出落实房地产长效管理机制，不将房地产作为短期刺激经济的手段以来，中国始终坚持“房住不炒”原则，逐步建立房地产市场健康持续发展的长效机制。实行分类调控、因城施策的分类指导以来，三四线城市的住宅去库存取得了明显成效，热点城市房价得到了有效控制，房屋租赁市场得到了积极培育发展。据国家统计局数据，2019 年底商品房待售面积 49821 万平方米，比 2018 年底减少 2593 万平方米，而比 2015 年底历史高位的 71853 万平方米减少了 30% 以上。其中，2019 年底商品住宅待售面积 22473 万平方米，比上年底减少 2618 万平方米。

三是去杠杆迈出坚定步伐。去杠杆是一项系统工程，在去杠杆的过程中综合运用多种手段，与企业改组改制、降低实体经济企业成本、化解过剩产能、促进企业转型升级等工作协同推进，使总体杠杆率的上升速度放缓，扭转了前期快速上升的势头。同时坚持市场化、法治化原则，市场化债转股扩量提质，落实金额超过 6000 亿元。以上措施使企业杠杆率明显下降，特别是国有控股企业资产负债率下降明显。整体来说，中国宏观杠杆率上升幅度收窄明显，工业企业资产负债率不断下降，市场化法治化债转股签约项目增加，非金融企业杠杆率稳中趋降。据国家统计局数据，2019 年底，大规模工业企业资产负债率为 56.6%，比 2018 年下降了 0.2%，去杠杆的成效非常明显。

四是降成本取得重要进展。中国政府大力实施减税清费降负，降成本额度持续加大，包括降低制造业等行业增值税率，实施小微企业普惠性税收减免政策。2016 年降低成本约 1 万亿元；2017 年降低税费超 1 万亿元；2018 年为企业和个人减税降费约 1.3 万亿元；2019 年减轻企业税收和社保负担近 2 万亿元、制造业增值税税率下降 3 个百分点。2013 年至 2017 年，政府性基金项目压减 30%，中央政府层面设立的涉企收费项目削减超过 60%。[1]2019 年，国家减税降费 2.36 万亿元，超过计划的 2 万亿元。2020 年，为企业新增减负超过 2.5 万亿元。[2]同时，降低、停征一批行政事业性收费和政府性基金，清理规范经营服务性收费。大力推动降低用能、物流等成本，全国一般工商业电价平均降低 10% 以上，企业获得感不断增强。

五是补短板成效明显。针对严重制约经济社会发展和民生改善的突出问题，中国政府突出抓重点、补短板、强弱项，调整优化投资结构，在公共服务、创新发展、脱贫攻坚、农业农村等方面加大补短板力度，

---

〔1〕《十九大以来重要文献选编》(上)，中央文献出版社 2019 年版，第 306 页。

〔2〕李克强：《政府工作报告》，《人民日报》2020 年 5 月 30 日。

提高公共服务水平和质量，提高投资精准性和有效性。积极引导规范购买力平价模式发展，促进民间投资稳步扩大规模，加大创新研发、基础设施、脱贫攻坚等领域的投入力度，使农田、水利、生态环保、交通运输、公共服务等领域的短板得到明显加强。2016 年以来，中国各类棚户区改造年均超过 600 万套，新增高速公路里程年均在 5000 公里以上，新增高铁运营里程年均在 3000 公里以上，城市轨道交通和地下管道建设明显提速。据国家统计局数据，2019 年，教育、生态保护和环境治理业固定资产投资（不含农户）分别比上年增长 17.7% 和 37.2%。由于经济社会发展突出短板加快补齐，保民生、增后劲等多重效应逐步显现。

二、新旧动能加快接续转换

中国供给侧结构性改革的重要亮点就是，在化解低端无效产能的过程中培育新动能、新增长点，一方面把传统的低效的淘汰掉，另一方面培育新动能、新增长点来支撑、提升经济发展。供给侧结构性改革体现出的不仅仅是破旧立新，更是逐步优化结构、优化动能的过程。

一是全面推进云计算、大数据、移动互联网、物联网等新兴技术的协同融合，明显加快传统产业转型升级步伐，深化服务业供给侧结构性改革。2019 年 1 月，国家发改委、市场监管总局联合印发《服务业质量提升专项行动方案》；10 月，该两部委再次联合印发《关于新时代服务业高质量发展的指导意见》；11 月，国家发改委、工信部等 15 个部门和单位联合印发《关于推动先进制造业和现代服务业深度融合发展的实施意见》。这些措施强有力地推动了服务市场需求不断增长，服务业整体竞争力持续增强。据国家统计局数据，2021 年，中国服务业增加值同比增长 8.2%，占国内生产总值的比重为 53.3%，成为经济增长的主动力。服务业新动能逐步被激发，新业态新模式不断涌现；与此同时，新一代信息技术大大提高了服务的可贸易性，制造业与服务业持续融合，服务供给的质量、效率明显提升，这都为服务贸易协调发展奠定了坚实基础。

二是深化农业供给侧结构性改革，推进农村一二三产业融合发展，新型农业经营主体和农业生产服务主体大量涌现。据农业农村部数据，2019年，中国种植业适度规模经营比重超过40%。截至2019年底，全国家庭农场共计70万多家，农民合作社共计220万多家，农业生产服务主体共计42万个。2020年3月，农业农村部印发《新型农业经营主体和服务主体高质量发展规划（2020—2022年）》，发展目标是到2022年，基本形成服务结构合理、专业水平较高、服务能力较强、服务行为规范、覆盖全产业链的农业生产性服务体系。

三是政府积极扩大有效投资，重视激发民间投资活力，进一步补齐民生短板，增强发展后劲，在脱贫攻坚、交通基础设施、水利、能源、农业农村、生态环保等领域持续大量投入资金。截至2020年7月底，中国铁路营业里程达到14.14万公里，位居世界第二；高铁营业里程达到3.6万公里，稳居世界第一。[1]

四是扩大消费支撑，培育强大的国内市场。多措并举促进城乡居民增收，传统消费提质升级，文化、教育、旅游等新兴消费亮点纷呈。2019年2月，国家发改委联合中央网信办、工信部、公安部、财政部、自然资源部等24个部门和单位印发《关于推动物流高质量发展促进形成强大国内市场的意见》，强有力地推动降低实体经济特别是制造业物流成本水平，降低社会物流成本水平，提高社会经济运行效率，促进形成强大国内市场。据国家统计局数据，2019年，中国实物商品网上零售额比上年增长19.5%。

五是培育壮大新动能，中国经济结构发生重大变化。经济增长由主要依靠第二产业带动转向依靠三次产业共同带动，三次产业内部结构调整优化；由主要依靠投资、出口拉动转向依靠消费、投资、出口协同拉动，三大需求内部结构持续改善。新一代人工智能、生物科技、生命健康、文创等领域在各种要素驱动下，通过5G、大数据、物联网技术连接形成新的增长动能。

---

〔1〕《中国铁路营业里程超14万公里》,《人民日报》2020年8月10日。

三、制度性交易成本不断降低

政府机构改革稳步推进。政府加快转变职能，“放管服”改革纵深推进。政府强调科学宏观调控，切实履行市场监管、公共服务、保护环境、社会管理等职责。到 2019 年底，国务院部门行政审批事项削减 40% 以上，中央和省级政府取消减征减免行政事业性收费 1000 项以上，全面改革工商登记、注册资本等商事制度，对所有涉企经营许可事项实行“证照分离”改革，企业开办、不动产登记等事项办理时间压缩超过 50%。[1] 推行“互联网 + 政务服务”，实施一站式服务等举措。加强政务、商务和社会信用体系建设，加大诚信联合惩罚力度，着力营造市场化法治化国际化营商环境，使营商环境持续改善、市场活力明显增强。

四、供给侧结构性改革铸就中国经验

中国供给侧结构性改革取得的显著成效得到国际国内的广泛认同和积极评价。这些阶段性显著成效为后续改革提供了坚实的基础和宝贵经验，也为发展中国家提供了中国经验的有益借鉴。这些中国经验体现了中国供给侧结构性改革的理论与实践创新。

（一）在充分考虑需求的前提下进行供给侧结构性改革

在西方经济学派中，凯恩斯主义仅考虑需求侧的问题，供给学派则只考虑供给侧的问题。中国供给侧结构性改革则是以供需有机衔接为基础，把要素供给、产品供给和制度供给分层化，使整个供给体系升级，以应对消费需求结构的提升。可以说，到目前为止，在充分考虑需求侧的前提下提出解决供给侧结构性问题，注重财政政策和货币政策的协调配合，并将财政货币政策和结构性改革政策有效组合起来，则唯有中国的供给侧结构性改革，形成了独有的中国方案和中国经验。

中国推进供给侧结构性改革同实施扩大内需战略是一致的，并不是简单的替代关系。深化供给侧结构性改革，就是要用好需求侧管理这个

〔1〕《国务院部门行政审批事项削减超过了 40%》，《人民日报》2019 年 12 月 27 日。

重要工具，把实施扩大内需战略同深化供给侧结构性改革有机结合起来，坚持需求侧管理和供给侧改革并重，形成需求牵引供给、供给创造需求的更高水平动态平衡。因此，相对于当代西方正统的宏观经济理论和政策体系，中国供给侧结构性改革是在需求与供给两端矛盾运动的统一体当中，在考虑需求侧的同时，把供给侧的调控和变量作为重点，这不仅是基于中国经济运行实际矛盾的特殊性，而且也是在理论和实施方面的重要创新。正因为抓准了矛盾的主要方面，中国供给侧结构性改革的成效很快显现出来。

（二）以新旧动能接续转换为支撑推进供给侧结构性改革

中国供给侧结构性改革是一种在创新发展理念指引下的供给侧改革，强调牢固树立创新发展理念，推动新技术、新产业、新业态蓬勃发展，为经济持续健康发展提供源源不断的内生动力。因此，中国供给侧结构性改革在减少低端和无效供给的同时，更注重培育新的增长点、新动能和新供给。一方面加快要素市场化改革，不断提升要素配置的质量和效益，不断提升要素的生产率，同时深化国有企业改革，营造公平竞争的市场环境，激发微观主体活力，挖掘传统动能的增长潜力；另一方面加快发展新技术、新业态、新模式，着力振兴实体经济，大力培育新兴产业，加快发展现代化服务业，在确保旧动能逐步缩减的同时不断壮大新动能，在经济保持合理稳定的增长区间的基础上实现新旧动能转换的平稳接续。

纵观西方宏观经济理论的发展史，无论是凯恩斯主义，还是新古典主义或新凯恩斯主义，都不是以提高经济的创新能力为导向的经济理论。所以，这种在创新发展理念指引下的中国供给侧结构性改革本身就是一种创新。

（三）以重点带动与有序推动相结合为路径深化供给侧结构性改革

尽管中国供给侧结构性改革涉及领域相当广泛，但在工作中仍有明确的阶段性的目标和重点任务，并且这些目标和重点任务随着改革不断深入也不断发展变化。从最开始提出“三去一降一补”，之后不断扩大范围到“振兴实体经济”和“房地产平稳健康发展”，再提出“破、立、降”、农业供给侧结构性改革，到 2019 年强调金融供给侧结构性改革以及“巩固、增强、提升、畅通”八字方针。不同阶段的供给侧结构性改革的范围虽然都很大，但都有明确的重点任务，再根据重点任务完成情况，不断扩大、调整范围，如在完成煤炭、钢铁去产能的目标后，政府明确要求进一步防止死灰复燃，防止低端无效产能重新出现，同时鼓励行业进一步优化结构，提升中高端产能。

因此，中国供给侧结构性改革在明确阶段性重点任务和有序扩大范围、领域有机结合的基础上，保证了改革的有序持续深入推进。这样，供给侧结构性改革就不是一成不变的，而是一个根据任务开展情况动态拓展调整的过程，其改革内涵也在不断深化，改革的持续和深入程度也是层层推进的。

（四）立足当前和长远有效发挥市场和政府“两只手”的作用

相较于西方供给学派强调的重点是减税，过分突出税率的运用，并且思想方法比较绝对，只注重供给而忽视需求、只注重市场功能而忽视政府作用，中国供给侧结构性改革始终强调要正确处理好政府与市场的关系，既立足当前，解决现实问题，又立足长远，关注高质量持续发展。一方面，在改革中注重充分发挥市场在资源配置中的决定性作用，进一步确立企业的市场主体地位，更多运用市场化、法治化手段来落实各项任务，特别是环保、质量、安全、能耗等的标准，以标准结合市场化的手段去破除低端无效产能；另一方面，强调重视发挥好政府的作用和宏观调控效果，综合利用政策规划的工作手段，加强和改善经济调节、市场监管、社会管理等服务职能，为改革提供有力支撑。这种辩证思维在中国供给侧结构性改革和西方供给学派之间划出了一道明显的分界线。

相对于西方国家，中国政府的调控手段更多，不但发挥了市场的作用，还发挥了政府的积极作用，如在规划引领下的财政政策、货币政策、产业政策、区域政策，完整的宏观调控体系等等。将有效市场和有为政府更好结合作为完善社会主义市场经济体制的重要目标，是中国快速推进供给侧结构性改革且成效显著的重要经验之一，也是中国特色社会主义的体制优势。

（五）未雨绸缪高度重视提前防范各种风险

在供给侧结构性改革的推进过程中，中国政府始终强调要坚持底线思维，强化风险意识，高度重视提前防范各种风险。比如，要防止经济失速，防止破除低端无效产能对传统支柱行业的影响；要在保证经济处于合理稳定的增长区间的前提下，推进“三去一降一补”，增加新的动能；要防止房地产价格的大幅波动，保持房地产市场的平稳健康发展，防止泡沫和风险的出现；要高度关注地方政府债务风险，做到提前准备和谋划。再如，在煤炭、钢铁行业去产能的过程会带来一定数量的下岗职工。对此，中国政府出台了相关办法举措，形成了去产能职工安置专项基金。同时还鼓励地方通过各种实践找出办法来安置职工，如政府担负下岗职工的社保，以助力这些技术工人能够更容易地进入民营企业工作等等。

党的十九大报告更是将“防范化解重大风险”排在三大攻坚战的首位，高度重视金融市场、金融体系中存在的重大风险。在防范化解金融风险的过程中，强调要平衡好稳增长和防风险的关系，把握好政策力度和节奏，平稳处置化解各类风险，做到多方共赢。

实践充分证明，中国政府坚持以深化供给侧结构性改革为主线的决策部署是完全正确的，这是改善供给结构、提高经济发展质量和效益的治本之策，必将推动中国经济发展加快向更多依靠创新驱动和内生驱动、服务业和工业制造业共同驱动、居民消费和有效投资协同驱动的方式转变，进而构建具有中国特色的现代化经济体系。中国供给侧结构性改革的理论与实践，丰富了习近平经济思想，体现了马克思主义中国化和时代化发展。

第四章　完善宏观经济治理

党的十八大以来，中国致力于完善宏观经济治理，创新宏观调控思路和方式，增强宏观政策自主性，实施积极的财政政策和稳健的货币政策，坚持推进简政放权、放管结合、优化服务，保障粮食安全、能源资源安全、产业链供应链安全，坚持金融为实体经济服务，全面加强金融监管，防范化解经济金融领域风险，强化市场监管和反垄断规制，防止资本无序扩张，维护市场秩序，激发各类市场主体特别是中小微企业活力，以高效能宏观经济治理有力推动和支撑了经济高质量发展。

第一节　提升政府经济治理能力

党的十八大以来，中国着力构建市场机制有效、微观主体有活力、宏观调控有度的经济体制，不断增强经济创新力和竞争力。通过持续创新和完善宏观调控，丰富和灵活运用财政、货币等政策工具，增强调控前瞻性、针对性和有效性，推动经济平稳健康发展，成为推进国家治理体系和治理能力现代化的重要实践。十年间，政府经济治理能力稳步提升；

宏观政策跨周期设计和逆周期调节得到强化，创新实施了区间调控、精准调控，着力把握调控时度效，加强财政、货币和就业、消费、环保、区域等政策协调配合，促进经济中高速增长，推动产业迈向中高端水平；中央与地方财政事权和支出责任划分改革稳步推进，营业税改征增值税全面推开；资本市场基础性制度建设取得重要突破，设立科创板、改革创业板并试点注册制，促进实体经济与虚拟经济良性互动，及时化解压力，有效防范风险，保持了经济社会平稳健康发展。〔1〕

一、创新和完善宏观调控

中国宏观调控涵盖稳增长、防风险、调结构、谋发展、促改革、惠民生等各个方面，最终目标是实现高质量发展。2013 年 4 月 25 日，习近平总书记在中央政治局常务委员会会议上首次提到“宏观政策要稳、微观政策要活、社会政策要托底”。十年来，中国始终围绕保持经济总量平衡，促进重大经济结构协调和生产力布局优化，减缓经济周期波动影响，防范区域性、系统性风险，稳定市场预期，实现经济持续健康发展。还要看到，中国宏观经济问题不只包含经济波动问题，还涵盖改革发展多个方面。如体制改革对宏观经济的影响、宏观调控体系的构成、长期发展与短期稳定的关系等问题，在宏观调控中同样占据重要位置。

党的十八大以来，面对新情况新变化，国家宏观调控站在新高度、寻找新定位、拓展新内涵，坚持不搞大水漫灌式强刺激，保持宏观政策连续性稳定性，在区间调控基础上加强定向、相机调控，主动预调、微调，有力助推中国经济巨轮平稳前行。在党的十八届四中全会第一次全体会议上，习近平总书记提出创新宏观调控思路和方式。党的十九大指出，要创新和完善宏观调控，发挥国家发展规划的战略导向作用，健全财政、货币、产业、区域等经济政策协调机制。党的十九届五中全会提出充分发挥市场在资源配置中的决定性作用，更好发挥政府作用，推动有效市场和有为政府更好结合。

〔1〕 何立峰：《推动全面深化改革向广度和深度进军》，《人民日报》2021 年 12 月 7 日。

不断拓展宏观调控工具，以提升宏观调控政策的针对性、有效性。《中华人民共和国国民经济和社会发展第十四个五年规划和2035年远景目标纲要》提出，“健全以国家发展规划为战略导向，以财政政策和货币政策为主要手段，就业、产业、投资、消费、环保、区域等政策紧密配合，目标优化、分工合理、高效协同的宏观经济治理体系”。以这十年的货币政策为例，一是综合运用各种货币政策工具，保持流动性合理充裕，推动货币信贷总量稳定增长。积极引导金融机构扩大信贷投放，保持货币供应量和社会融资规模增速同名义经济增速基本匹配。二是积极做好结构性货币政策的“加法”，精准发力加大对重点领域和薄弱环节的信贷支持力度。三是健全市场利率形成传导机制，发挥贷款市场报价利率政策效能，稳定并降低银行负债成本，促进企业综合融资成本稳中有降。四是保持人民币汇率在合理均衡水平上基本稳定，引导金融机构积极为中小微企业提供汇率风险管理服务，降低企业汇率避险成本。随着宏观调控工具的日渐丰富，各类政策工具之间的关系得到明确，分工合理、协同发力的宏观调控体系正在形成。

稳增长取得突出效果，外贸外资保持较快增长。中国外贸进出口规模在2013年首次达到4万亿美元后，在2021年内连续跨过5万亿、6万亿美元两大台阶。2021年出口同比增长29.9%，进口同比增长30.1%。新冠肺炎疫情暴发以来，外贸成为中国经济平稳运行的重要担当。这些充分证明中国经济及其产业链供应链的韧性。

经济新动能发展态势良好。战略性新兴产业发展迅速，技术创新加快，规模不断扩大，电子信息、轨道交通、工程机械、汽车等领域涌现出一大批发展潜力大的优质企业和产业集群，成为引领经济高质量发展的重要引擎。从规模看，2020年中国战略性新兴产业增加值占国内生产总值比重为11.7%，比2014年提高4.1个百分点；高技术制造业、装备制造业增加值占规模以上工业增加值比重分别从2012年的9.4%和28%，提高到2021年的15.1%和32.4%。[1]从增速看，2016年以来，中

---

〔1〕《战略性新兴产业在成长壮大》，《经济日报》2022年3月22日。

国战略性新兴产业增加值增速始终高于全部工业增加值增速，多个细分领域保持两位数增长。例如，2016 年至 2019 年，医药制造业主营业务收入年均增长达 10.8%，节能环保产业主营业务收入年均增长达 13.2%；2021 年战略性新兴服务业企业营业收入比上年增长 16.0%，集成电路产量 3594.3 亿块，同比增长 37.5%。

增强政府经济治理能力的主要经验有两个方面：一是坚持综合施策。经济社会发展是一个系统工程，在政策的设计、制定与实施的过程中，深入考量货币政策、财政政策、消费政策、投资政策、就业政策、产业政策、科技政策、区域政策、社会政策等各领域政策的协同。同时，也注重依据和尊重经济运行机制的体系性，不仅不割裂生产、流通、分配、消费、所有制之间的相互关系，而且基于它们的相互关系从整体上进行政策设计与实施。比如，2019 年底召开的中央经济工作会议就指出：必须从系统论出发优化经济治理方式，加强全局观念，在多重目标中寻求动态平衡。二是强调改革的民生取向。保障和改善民生是中国经济发展的最终目的，中国的宏观经济政策始终把保障人民群众的福利，提升人民群众的获得感、幸福感、安全感作为改革的出发点和落脚点，减税降费、转移支付、政策优惠等多种政策举措都向民生领域倾斜。

二、推进简政放权、放管结合、优化服务改革

党的十八大以来，为减轻企业负担、提升市场效率、加快转变政府职能，保持经济持续健康发展，中国持续不断推进“刀刃向内”的改革创新，把经营管理权下放给企业，增强企业活力。放出活力、管出公平、服出效率，成为“放管服”改革前进的方向。

《国务院机构改革和职能转变方案》出台后，2013 年 5 月 13 日，国务院召开全国电视电话会议，动员部署国务院机构职能转变工作。会议提出，要处理好政府与市场、政府与社会的关系，把该放的权力放掉，把该管的事务管好。2015 年 5 月 12 日，国务院召开全国推进简政放权放管结合职能转变工作电视电话会议，首次提出了“放管服”改革的概念。党的十九届三中全会审议通过的《中共中央关于深化党和国家机构

改革的决定》指出，要深入推进简政放权，提高资源配置效率和公平性，大幅降低制度性交易成本，营造良好营商环境。2020 年 1 月 1 日，《优化营商环境条例》正式施行。《条例》是在科学总结中国优化营商环境实践经验基础上形成的，是全球第一部优化营商环境专门立法，是推进优化营商环境工作中形成的一项开创性制度成果，为打造公平开放透明的市场规则和法治化营商环境提供了制度保障。

十年来，审批少了、税费轻了。中央层面核准的企业投资项目压减 90%，非行政许可审批退出历史舞台，“十三五”时期新增减税降费达 7.6 万亿元。营商环境的优化还有法治举措保驾护航。《关于完善产权保护制度依法保护产权的意见》《中华人民共和国外商投资法》等法律法规的颁布，使内外资企业、不同所有制企业都能受到平等保护、在市场中公平竞争。2020 年深圳综合改革试点实施方案发布，首次以清单批量授权方式赋予地方在重要领域和关键改革环节上更多自主权，展现了中国进一步深化改革创新、优化营商环境的智慧和魄力。同一年国务院进一步取消 29 项行政许可事项，查出商业银行违规收费 8000 多万元，对供电主体检查，退还多收电费 14.21 亿元；累计废止不符合《优化营商环境条例》规定的文件约 1000 件；清偿拖欠民企小企 8500 多亿元。〔1〕这充分发挥了中国营商环境评价的引导和督促作用，推动全国范围营商环境持续优化。

推广了行之有效、群众满意的优化营商环境改革举措。2019 年 12 月，国务院办公厅印发《关于做好优化营商环境改革举措复制推广借鉴工作的通知》，在全国复制推广借鉴 36 项重点改革举措。通过召开经验交流会、工作推进会、评价培训会，刊发典型经验做法工作简报，推出最佳实践案例和典型对标提升案例，引导和带动更多城市对标先进提升营商便利度。推出了典型示范、特色鲜明的营商环境标杆城市。经过多轮评价的引导督促，一批主动作为、改革创新的城市脱颖而出，以全链条优化审批、全过程公正监管、全周期提升服务跑出优化营商环境“加

〔1〕《一图看懂 中国营商环境报告 2021》，国家发改委官方百家号，2022 年 3 月 24 日。

速度”，带动更多地方竞相打造市场化法治化国际化便利化的一流营商环境。总的看，各地区各城市对营商环境越来越重视，很多地方都把优化营商环境作为“一号工程”，聚焦市场主体反映的突出问题，对标国际国内先进水平，推出了一批针对性强、获得感高的改革举措，推动全国范围营商环境持续改善，为中国保持经济长期持续向好态势、推动高质量发展，提供了重要支撑。

营商环境的优化，强健了经济“体格”。经过多批次的评价实践和不断调试完善，中国营商环境评价以“制度 + 指标 + 报告”的创新形式，为各地优化营商环境工作提供了支撑和标准。由国家《优化营商环境条例》与各地出台的配套法规政策构成的“制度 1+N”，共同调动和激发了地方改革的积极性和主动性，推动竞相优化营商环境的生动局面加速形成。各地区和参评城市对照《优化营商环境条例》、中国营商环境评价指标体系和《中国营商环境报告》，每年制定工作台账，地方优化营商环境的政策措施也逐年更新，全国范围营商环境持续优化提升。由此，在国家发改委的牵头下，符合国情、标准统一的中国营商环境评价指标体系构建起来。评价指标体系聚焦衡量企业全生命周期、反映投资吸引力、体现监管与服务 3 个维度，从企业全生命周期视角和城市高质量发展视角，构建包含 18 个一级指标的中国营商环境评价指标体系，综合反映各地营商环境状况。建立了科学客观、多方参与的营商环境评价方法。评价方法充分考虑市场主体和社会公众感受，在 2020 年评价中，国家发改委共发放企业问卷 36 万余份，电话采访企业 2000 余家，深度对接企业 200 余家，拨打调查核验电话 2 万余通，暗访政务大厅超过 320 家。[1]通过信息数据核验、大数据智能分析等方式，提高了市场主体和社会公众的参与度，更深入地听取和了解市场主体和社会公众的感受和意见，真实客观评估各地营商环境情况。

简政放权自 2013 年实施以来，不仅打通了政策落实的“最先和最

〔1〕 国家发改委政研室：《充分发挥中国营商环境评价引导和督促作用 推动全国范围营商环境持续优化》，国家发改委网，2022 年 2 月 9 日。

后一公里”，让那些备受百姓和企业诟病的多重审批和乱收费现象得以治理，也给老百姓的生活带来了切实的便利。河北省全面推行行政执法“三项制度”，山西省实施企业投资项目承诺制改革，上海市建立优化营商环境法治保障共同体，浙江省推行“最多跑一次”改革。优化营商环境是一场深刻的体制改革和制度创新，是一项基础性、系统性工程，任重而道远。党的十九届五中全会提出，全面深化改革，构建高水平社会主义市场经济体制。落实这一重要要求，必须打造市场化、法治化、国际化营商环境，依托国内强大市场，使中国成为吸引全球优质要素资源的强大引力场，为实现高质量发展、构建新发展格局提供助力。

“放管服”带来服务质量逐年提升。在“放”的方面，主要是持续深化行政审批制度改革，包括：分行业、分领域清理、规范行政审批的前置条件和审批标准，通过这些措施实现涉企审批减环节、减材料、减费用和减时限，同时在全国范围内对所有涉企事项实行“证照分离”改革，实现地域和事项两个全覆盖；推进工程建设项目审批制度改革、汽车和电子电器等行业生产准入和流通管理全流程改革，为企业松绑减负；优化职业资格目录，整合职业属性比较相近的、功能相似的职业资格，减轻群众取证和拿证的负担。在“管”的方面，按照中央的要求，把有效监管作为简政放权的必要保障，完善事中事后顶层设计。大力推进与信用等级和风险程度挂钩的分级分类监管。针对一些跨部门的监管事项，建立健全综合监管制度，避免重复检查、推诿扯皮。严格规范行政裁量权，纠正一些不规范的行政执法行为。在“服”的方面，主要是优化政务服务和社会服务。一是推进政务服务事项的集成化改革，从市场主体和企业“办成一件事”的角度出发，提供套餐式、打包式、主题式服务。二是推进门诊费用跨省结算等在内的七十多项高频事项的跨省通办。三是推进政务服务的标准化、规范化和便利化，打通“数据壁垒”，推进相关信息的共享、互认和应用。

三、“六稳”“六保”见成效

2014 年 12 月 9 日，习近平总书记在中央经济工作会议上指出，坚持稳中求进工作总基调，“稳”的重点要放在稳住经济运行上，确保增长、就业、物价不出现大的波动，确保金融不出现区域性系统性风险。“进”的重点要放在调整经济结构和深化改革开放上，确保转变经济发展方式和创新驱动发展取得新成效。“稳”和“进”要相互促进，经济社会平衡，才能为调整经济结构和深化改革开放创造稳定宏观环境。2018 年 7 月，中央政治局会议首次提出“六稳”方针，即稳就业、稳金融、稳外贸、稳外资、稳投资、稳预期。2020 年 4 月 17 日召开的中央政治局会议，又提出“六保”的新任务，即保居民就业、保基本民生、保市场主体、保粮食能源安全、保产业链供应链稳定、保基层运转。

“六稳”“六保”实施以来，着力打通了生产、分配、流通、消费各环节的堵点卡点，加快了畅通国民经济循环。不断强化稳岗扩就业政策落实，扎实做好高校毕业生等重点群体就业工作，推进大众创业、万众创新。加强大宗商品保供稳价，着力解决煤炭、电力供应紧张问题。加强铁路、公路、航空、海运、港口等运输保障。改革疾病预防控制体系。把更多常见病、慢性病等门诊费用纳入医保报销范围。严格药品疫苗监管。宏观政策保持连续性、稳定性、可持续性，提升前瞻性、精准性、有效性，强化政策协调配合和预期引导，经济在爬坡过坎中持续健康发展。

守住了“保”的底线。2022 年，国家把保市场主体提升到更加突出的位置，有力支持了市场主体健康发展。稳增长、保就业，重在保市场主体特别是量大面广的中小微企业。受疫情多地散发、严重洪涝灾害、大宗商品价格快速上涨、电力煤炭供应一度紧张等多重挑战影响，中小企业成本压力加大，经营困难加剧。对此，党中央、国务院高度重视，多次部署加大对市场主体特别是中小微企业的支持力度，释放出清晰有力的政策信号。进一步推进减税降费、引导金融机构加大对实体经济支持力度、做好保供稳价、加强用电保障、支持企业稳岗扩岗、保障中小企业款项支付、着力扩大市场需求。一系列政策围绕着市场主体转，助企纾困与激发活力并举，既利当前、又惠长远，支持中小企业发展打出政策“组合拳”。全国市场主体总量已突破 1.5 亿户。

筑牢了“稳”的基础。面对外部环境更趋复杂严峻，中国经济发展面临需求收缩、供给冲击、预期转弱三重压力。一些中下游制造业企业特别是小微企业消化成本压力难度增大，用工贵、应收账款回收难等问题凸显。2022 年 3 月，反映原材料成本高的制造业企业比重较上月上升 2.6 个百分点，连续两个月保持在 60% 以上。[1]同月印发的《关于落实〈政府工作报告〉重点工作分工的意见》，围绕稳市场主体提出了多方面具体举措，包括实施新的组合式税费支持政策、加强金融对实体经济的有效支持、推动降低企业生产经营成本等，要求脚踏实地为群众办实事、解难题，为市场主体减负纾困。继中央有关部门出台促进工业经济平稳增长和服务业领域困难行业恢复发展的若干政策后，各省也都推出了细化措施。2022 年 3 月 29 日召开的国务院常务会议再次强调：“把稳增长放在更加突出的位置，统筹稳增长、调结构、推改革，稳定经济的政策早出快出，不出不利于稳定市场预期的措施，制定应对可能遇到更大不确定性的预案。”随后，中国人民银行、国家外汇局 4 月 18 日发布《关于做好疫情防控和经济社会发展金融服务的通知》，从支持受困主体纾困、畅通国民经济循环、促进外贸出口发展三个方面，提出加强金融服务、加大支持实体经济力度的 23 条政策举措。

凝聚了“进”的力量。脱贫攻坚成效显著，2020 年农村居民可支配收入比上年实际增长 3.8%，粮油食品零售配额增长 12.9%，2021 年粮食产量再创新高，畜牧业生产稳定增长，农林牧渔业增加值比上年增长 7.1%，拉动经济增长 0.6 个百分点，工业增加值比上年增长 9.6%，拉动经济增长 3.0 个百分点。新冠肺炎疫情暴发以来，中国推动复工复产，就业形势稳定。批发和零售业，交通运输、仓储和邮政业，住宿和餐饮业增加值分别比上年增长 11.3%、12.1% 和 14.5%，带动服务业恢复性增长。扩内需促消费政策持续发力，2021 年，最终消费支出对经济增长贡献率为 65.4%，拉动国内生产总值增长 5.3 个百分点。投资缓中趋稳，发展韧性增强。“十四五”规划重大项目陆续开工，“两新一重”基础设

---

〔1〕 金观平：《夯实经济平稳运行的微观基础》，《经济日报》2022 年 4 月 7 日。

施建设稳步推进。2021 年，资本形成总额对经济增长贡献率为 13.7%，拉动国内生产总值增长 1.1 个百分点。科技创新深入推进，新业态新模式持续活跃，产业升级稳步推进，绿色智能产品加速增长。“天问一号”探测器着陆火星、空间站阶段首次载人飞行任务取得圆满成功、“华龙一号”自主三代核电机组投入商业运行、百万千瓦级水电机组并网发电。经济增长稳中有升。产业发展稳中向好。农业较快增长，工业服务业持续恢复。

第二节　健全现代财税体制

科学的财税体制是优化资源配置、维护市场统一、促进社会公平、实现国家长治久安的制度保障。党的十八届三中全会以来，财税体制改革全面发力、多点突破、纵深推进，取得了明显成效，现代财政制度框架基本确立，为促进经济社会持续健康发展、推进国家治理体系和治理能力现代化提供了有力支撑。中国财政体制改革取得新进展，权责清晰、财力协调、区域均衡的中央与地方财政关系逐步形成。财政转移支付制度改革持续深化，构建了由一般转移支付、共同转移、专项转移支付共同组成的转移支付体系，有力推动区域协调发展和基本公共服务均等化。这十年，中国税收制度改革取得重大进展，税种科学、结构优化、法律健全、规范公平的税收制度体系得到建立健全。截至 2022 年 6 月底，我国已有环境保护税、资源税等 12 个税种完成立法。

一、财税体制改革全面发力

财政体制改革取得新进展。保持中央和地方财力格局基本稳定，进一步理顺中央与地方的收入划分，持续深化财政转移支付制度改革，权责清晰、财力协调、区域均衡的中央与地方财政关系逐步形成。在中央统一立法和税种开征权的前提下，通过立法授权适当扩大省级税收管理权限。优化转移支付制度，加大对财力薄弱地区的支持力度，完善地区间支出成本差异体系，增强基层公共服务保障能力。健全省以下财政体制，推动财力向困难地区和基层倾斜，逐步建立基层“三保”长效保障机制。

税收制度改革取得重大进展。持续深化增值税改革，实现所有行业税负“只减不增”；优化企业所得税制度，实施了覆盖创业投资等创新全链条的税收优惠政策；实施个人所得税改革；推进资源、环境税制等的改革……税种科学、结构优化、法律健全、规范公平的税收制度体系建立健全。持续减税，2013 年至 2021 年，全国共新增减税降费累计 8.8 万亿元[1]，市场活力持续激发。税制改革始终与经济全球化的外部环境相适应，国家出台了一系列促进包容性增长和绿色税制方面的改革措施，有力维护了税收利益。税制结构不断优化，2021 年，全国税收收入占一般公共预算收入的比重达到 85.3%，其中直接税的比重达到 36%。

审计监督作用得到更好发挥。各级审计机关立足“审计监督首先是经济监督”的定位，依法全面履行审计监督职责。全国审计机关十年来共审计 109 万多个单位，促进增收节支和挽回损失 4.3 万多亿元。

为实现基本民生保障坚实有力，让改革发展成果更多更公平惠及人民群众，十年来，中国实施积极的财政政策，不断完善宏观调控，强化资金和政策保障，深入推进财税体制改革，积极发挥全面深化改革的“突破口”和“先行军”作用。财政“蛋糕”越做越大，财政宏观调控不断完善。连续实施积极的财政政策，适时适度预调微调，有效降低了经济周期波动影响，有力支持了经济社会高质量发展。2012 年至 2021 年，全国一般公共预算收入从 11.73 万亿元增长到 20.25 万亿元，全国一般公共预算支出从 12.6 万亿元增长到 24.63 万亿元。坚持把民生作为积极财政政策的优先保障领域，不断加大投入力度，推动人民群众生活水平显著改善。党的十九大以来，国家财政性教育经费从 2017 年的 3.42 万亿元增长到 2020 年的 4.29 万亿元，社会保障和就业支出从 2.46 万亿元增长到 3.39 万亿元，卫生健康支出从 1.45 万亿元增长到 1.92 万

---

〔1〕《财税改革增进高质量发展成色》，《经济日报》2022 年 5 月 18 日。

亿元，基本养老、基本医疗、城乡低保等标准逐步提高。支持打赢脱贫攻坚战，2015 年以来中央、省、市、县财政专项扶贫资金投入近 1.6 万亿元，制定多方面帮扶举措，推动中国历史性解决了绝对贫困问题。[1]

二、建立现代政府预算管理制度

党的十八大以来，预算管理制度改革取得重大成果。修订预算法和预算法的实施条例，建立跨年度预算平衡机制，实施项目的全生命周期管理，创新实施了财政资金的直达机制，标准科学、规范透明、约束有力的预算制度基本建立。

深入推进预算管理制度改革。加强预算制度统筹谋划，增强改革系统性。不断加强改革顶层设计，完善政府预算体系并实施中期财政规划管理。2014 年，《关于深化预算管理制度改革的决定》出台，明确了深化预算管理制度改革的总体方向和工作安排，推动预算管理制度优化完善；2015 年，为加强政府性基金预算与一般公共预算的统筹，财政部将地方教育附加等 19 项政府性基金项目转列一般公共预算，对某项政府性基金预算结转资金规模超过该项基金当年收入 30% 的部分，用于补充预算稳定调节基金；从 2016 年起，试点编制全国中期财政规划，对未来三年重大财政收支情况进行分析预测，对规划期内重大改革、重要政策和重大项目，提前研究政策目标、运行机制和评价办法。建立跨年度预算平衡机制。2021 年，面对新形势新问题，《关于进一步深化预算管理制度改革的意见》印发，进一步深化预算管理制度改革的指导思想、基本原则和具体措施，为推动预算管理水平再上新台阶提供了行动指南。

完善常态化财政资金直达机制。直达机制是提升财政管理水平和资金使用绩效的重要创新，在保持现行财政体制、资金管理权限和保障主体责任基本稳定的前提下，采取“中央切块、省级细化、备案同意、快速直达”的流程，将财政资金精准投放到终端，支持保就业保民生保市

---

〔1〕 刘昆：《稳字当头稳中求进 实施好积极的财政政策》，《求是》2022 年第 8 期。

场主体。加快直达资金分配和预算下达，完善直达资金监控系统，动态跟踪执行情况，加强分析研判，严格资金监管，确保资金快速落实到基层和单位，充分发挥财政资金惠企利民作用。

健全政府债务管理制度，完善规范、安全、高效的举债融资机制。党的十八大以来，既有效发挥政府债务融资的积极作用，又坚决防范化解风险，增强财政可持续性。首先是完善政府债券发行和债务管理机制，优化国债和地方政府债券品种结构和期限结构。截至 2021 年末，地方政府债务余额 30.47 万亿元，控制在全国人大批准的限额之内。从资金投向看，全部用于党中央、国务院确定的重点领域。其次是防范化解地方政府隐性债务风险，包括完善常态化监测机制、遏制隐性债务增量。严堵违法违规举债融资的“后门”，严禁违规为地方政府变相举债，决不允许新增隐性债务上新项目、铺新摊子。稳妥化解隐性债务存量。坚持中央不救助原则，做到“谁家的孩子谁抱”。建立市场化、法治化的债务违约处置机制，稳妥化解隐性债务存量，依法实现债务人、债权人合理分担风险，防范“处置风险的风险”。

三、深化增值税和企业所得税改革

税改与国家治理现代化同频共振。为减少重复纳税的环节、进一步减轻企业税负，国家调动各方积极性，推动服务业尤其是科技等高端服务业的发展，促进产业和消费升级、培育新动能、深化供给侧结构性改革。2016 年 5 月，中国全面推开，将建筑业、房地产业、金融业、生活服务业全部纳入，至此，营业税退出历史舞台，增值税制度更加规范。这是自 1994 年分税制改革以来，财税体制的又一次深刻变革。2016 年 5 月 1 日零点，温州商人陈生在北京民族饭店开具了中国餐饮住宿业首张增值税专用发票。这一天，征收了 66 年的营业税告别中国税收舞台。“十三五”规划实施以来，一场更宏大的税制改革层层深入、效应叠加，始终与国家治理现代化同频共振。税收法定进程加快，依法治税与法治中国建设一脉相承。实施结构性减税，增值税改革通过降税率、扩范围、调结构作用于产业结构和经济治理。

多领域并进，改制与赋能并重。税务部门在为企业减负的同时，推出一系列改革举措，深层次激发经济增长新动力，助推结构优化、产业升级、绿色发展。税收杠杆撬动绿色经济发展。中国从全面推行资源税从价计征、扩大水资源税试点，到环保税开征、资源税法实施，绿色税制体系建立，全力服务美丽中国建设。税务部门把税制改革与征管改革、服务优化、技术升级等聚合起来，运用绩效管理、税收共治等手段，蹚出了一条转型发展新路，确保各项改革平稳实施。

2019 年，为确保党中央、国务院更大规模减税降费政策措施落地生根，税务系统建立了一面旗引领、一盘棋统筹、一张表推进、一竿子到底、一揽子服务、一个口答疑、一把尺核算、一体式督导、一股绳聚力的短平快优“九个一”工作法，狠抓落实，确保减税降费政策高效便利、精准及时直达微观市场主体。2020 年，为服务党中央、国务院关于统筹推进常态化疫情防控和经济社会发展的重大决策部署，国家税务总局创新提出了“优惠政策落实要给力，‘非接触式’办税要添力，数据服务大局要加力，疫情防控工作要尽力”的“四力”要求，完善党建引领和监督机制、政策研究与落实机制等，尤其运用税收大数据从宏观、中观和微观层面深入开展企业复工复产情况分析，精准帮扶企业复工复产复销，推动经济社会秩序恢复。

“十三五”期间，金税三期工程全面完成，实现了全国征管平台、应用软件、业务标准等方面的统一。此后，电子税务局等“互联网 + 税务”创新层出不穷，大数据、云计算、人工智能等前沿技术为税收征管服务提档升级。截至 2021 年底，全国范围内已对 200 多个税费事项实现了网上办理；企业纳税人有 90% 以上的业务量可以通过网上办理，其中纳税申报业务网上办理率达 99% 以上。

完善现代税收制度。在全面建设社会主义现代化国家新征程中，政府公共服务保障水平不断提高，宏观税负保持总体稳定，为推动高质量发展提供坚实财力保障。同时，在保持现阶段流转税、所得税双主体税制基本稳定基础上，不断优化税制结构，更好发挥税收功能作用。健全直接税体系，逐步提高直接税比重，进一步完善综合与分类相结合的个人所得税制度，积极稳妥推进房地产税立法和改革。健全地方税体系，培育地方税源，结合立法统筹推进消费税征收环节后移并稳步下划地方。

实施大规模留抵退税。2019 年以来，中国逐步建立了增值税增量留抵退税制度，不少企业从中受益。2021 年通过提前返还尚未抵扣的税款，直接为市场主体提供现金流约 1.5 万亿元，增加企业现金流，特别是释放了企业在设备购买时难以抵扣的资金，有助于增强企业扩大再生产的信心，同时也鼓励企业将更多资金投入技术研发等生产活动。加大增值税留抵退税的改革力度，既能显著减轻企业负担，也有利于规范和优化税收制度，是减税降费的“重拳”与关键一招。留抵退税作为减税降费政策的重要一环，退税速度是政策红利释放效应的影响因素之一。

精准滴灌小微企业。中小微企业关系就业和民生，同时又面临较大困难，2021 年支持小微企业发展税收优惠政策新增减税 2951 亿元，占全国新增减税的 29.3%，[1] 2022 年的减税降费政策继续加大对其扶持力度。2022 年《政府工作报告》明确，延续实施扶持制造业、小微企业和个体工商户的减税降费政策，并提高减免幅度、扩大适用范围；对小规模纳税人阶段性免征增值税；对小微企业年应纳税所得额 100 万至 300 万元部分，再减半征收企业所得税。2021 年以来，财政部、国家税务总局多次发文，明确中小微企业相关减税降费政策。比如，制造业中小微企业延缓缴纳部分税费政策延续实施 6 个月，给企业带来实实在在的红利。这项政策在 2021 年第四季度实施中效果十分明显，规模达 2162 亿元，相当于国家给中小微企业提供了一笔无息贷款，缓解了企业资金压力。对留抵税额提前实行大规模退税，明确“优先安排小微企业”。

这十年，中国不断优化企业所得税制度，实施了覆盖创业投资、创新主体、研发活动等创新全链条的税收优惠政策，特别是不断加大研发

〔1〕 曾金华:《真金白银助企业纾困发展》,《经济日报》2022 年 3 月 17 日。

费用加计扣除政策力度，着力培育经济发展新动能，支持企业创新发展。中国实施个人所得税改革，降低中低收入群体税收负担。提高个税起征点，明确综合所得征税范围，设立专项附加扣除项目，优化调整税率结构。“十三五”期间，中国实行综合与分类相结合的个人所得税改革跨出实质性步伐，2018 年 10 月 1 日，个人所得税减除费用标准提高至 5000 元 / 月，并适用新税率表；2019 年 1 月 1 日，个人所得税增加住房、教育、医疗、赡养老人等六项专项附加扣除，百姓获得感不断增强；2020 年，圆满完成了个税改革后首次综合所得年度汇算。通过税制改革理顺政企、央地收入分配格局。营改增后，增值税收入中央与地方按照 50∶50 分成，这与以前中央与地方按照 75∶25 分成相比，更有利于调动地方积极性。

全国税收部门组织税收收入从 2013 年的 9.5 万亿元增加到 2021 年的 15.5 万亿元，累计完成 112 万亿元，年均增长 6.8%，税收筹集财政收入的职能作用得到有效发挥，[1]为中国高质量发展提供了坚实的财力保障。税务部门始终坚持依法依规组织税收，坚决不收“过头税费”，连年圆满完成预算收入目标。在减税降费等宏观政策综合作用下，全社会创新创业活力持续激发，全国新办涉税市场主体累计达到 9315 万户，年均增加逾千万户；增值税一般纳税人户数由 2015 年底的 544 万户增长至 2021 年底的 1238 万户，“放水养鱼”效果持续显现。减税退税规模空前，客观上会给地方财政带来一定压力。2022 年《政府工作报告》明确，中央财政将加大对地方财力支持，补助资金直达市县，地方政府及有关部门要建立健全工作机制，加强资金调度，确保退税减税这项关键性举措落实到位。根据预算安排，2021 年中央对地方转移支付增加约 1.5 万亿元、规模近 9.8 万亿元，同比增长 18%，为多年来最大增幅。在地方财政承压的背景下，要让更大力度的减税降费政策有效落地需要提高中央对地方的转移支付来弥补地方的税收减少。

---

〔1〕《财税改革增进高质量发展成色》,《经济日报》2022 年 5 月 18 日。

第三节 引导金融更好服务实体经济

实体兴，国家强。党的十八大以来，以习近平同志为核心的党中央高度重视发展壮大实体经济，作出了振兴实体经济的一系列重大决策部署。从提出“必须把发展经济的着力点放在实体经济上”，到部署“供给侧结构性改革要向振兴实体经济发力、聚力”，再到要求“金融要把为实体经济服务作为出发点和落脚点”，以“咬定青山不放松”的决心振兴实体经济，有力促进了实体经济发展壮大，有力推动了中国经济高质量发展。

一、优化实体经济发展环境

党的十八大以来，中国始终把发展经济的着力点放在实体经济上，把提高供给体系质量作为主攻方向，显著增强中国经济质量优势。由于土地价格、劳动成本上升、实体经济的回报率有所下降、新冠肺炎疫情冲击带来的挑战，国际国内市场需求不足、企业生产成本上升、国际人流物流不畅，中国实体经济发展受阻，企业生产规模缩小，失业人数增加，投资、消费、出口需求萎缩，供需失衡，经济发展下行压力加大。

为促进实体经济转型升级，一系列促进实体经济发展的文件出台。2016 年 8 月的《降低实体经济企业成本工作方案》，2017 年 1 月的《关于创新管理优化服务培育壮大经济发展新动能加快新旧动能接续转换的意见》，2017 年 4 月的《关于提升银行业服务实体经济质效的指导意见》，2017 年 8 月的《关于进一步推进物流降本增效促进实体经济发展的意见》，2022 年 4 月的《中共中央 国务院关于加快建设全国统一大市场的意见》，从不同领域、以不同方式降低企业成本、增强创新动力、更好发挥政府作用，使市场在资源配置中起决定性作用。

引导资金更多流向实体经济，解决企业融资难融资贵问题。十年来，中国一直致力于构建金融有效支持实体经济的体制机制。深化中小银行股权结构和公司治理改革，加快不良资产处置。完善民营企业债券融资支持机制，全面推进股票发行注册制，促进资本市场平稳健康发展。用好普惠小微贷款支持工具，增加支农支小再贷款，优化监管考核，推动普惠小微贷款明显增长、信用贷款和首贷户比重继续提升。引导金融机构准确把握信贷政策，继续对受疫情影响严重的行业企业给予融资支持，避免出现行业性限贷、抽贷、断贷。发挥好政策性、开发性金融作用。推进涉企信用信息共享，加快税务、海关、电力等单位与金融机构信息联通，扩大政府性融资担保对小微企业的覆盖面。2022 年 4 月 18 日，中国人民银行、国家外汇管理局印发《关于做好疫情防控和经济社会发展金融服务的通知》，从支持受困主体纾困、畅通国民经济循环、促进外贸出口发展三个方面，提出加强金融服务、加大支持实体经济力度的 23 条政策举措，包括为受疫情影响较大的行业提供差异化的金融服务、加大对小微企业等受困市场主体的金融支持力度、保障基础金融服务畅通等。

二、激发企业创新能力

习近平总书记说，充分认识创新是第一动力，提供高质量科技供给，着力支撑现代化经济体系建设。[1]党的十八大以来，“天眼”探空、神舟飞天、墨子“传信”、高铁奔驰、北斗组网、超算“发威”、大飞机首飞等一系列创新成果，以关键共性技术、前沿引领技术、现代工程技术、颠覆性技术创新为突破口，敢于走前人没走过的路，努力实现关键核心技术自主可控，把创新主动权、发展主动权牢牢掌握在自己手中。

加快产业结构调整，大力实施制造强国战略。制造业比重过快下降会损害国家产业体系完整性，动摇实体经济发展根基。习近平总书记指出：“要深刻把握发展的阶段性新特征新要求，坚持把做实做强做优实体经济作为主攻方向，一手抓传统产业转型升级，一手抓战略性新

[1] 习近平：《努力成为世界主要科学中心和创新高地》，《求是》2021 年第 6 期。

兴产业发展壮大”[1]。这为做实做优做强实体经济指明了方向、明确了路径。从2018年中央经济工作会议对制造业提振发展作出明确部署，到“十四五”规划纲要将“深入实施制造强国战略”单独成篇，国家围绕加强产业基础能力建设、提升产业链供应链现代化水平、推动制造业优化升级等多个维度，分阶段、分领域明确一系列举措和行动，为建设制造强国指明路径和方向。十年来，中国围绕产业链部署创新链，以前所未有的力度加强原创性、引领性科技攻关，聚焦关键基础材料、关键共性技术等基础领域，强化自主创新，大力推进产业基础高级化、产业链现代化，一系列举措让“中国制造”“骨骼”更加强健、后劲愈发充足。

中国工程院、国家制造强国建设战略咨询委员会发布的《2021中国制造强国发展指数报告》显示，2015年至2020年，中国制造强国发展指数由105.78增长到116.02。当前，新一轮科技革命和产业变革蓬勃兴起，正在重塑实体经济形态，全球制造业处于转换发展理念、重构竞争优势的关键节点。综合来看，中国的高铁、核电、信息通信等领域已经具备了全球竞争力，但其他多数领域在技术创新、质量品牌、环境友好等方面还落后于发达国家，离建设制造强国的目标还有较大差距。传统产业唯有通过转型升级向产业链的中高端攀爬，才能在全球经济版图的重构中活得下去、活得更好。新兴产业是经济体系中最有活力、最具增长潜力的部分，战略性新兴产业更是决定着一个国家的未来。发展战略性新兴产业，是抢占未来竞争制高点、实现高质量发展的关键所在。发展壮大战略性新兴产业，不断加强基础研究、应用基础研究，找准并开展关键共性技术、前沿引领技术、现代工程技术和颠覆性技术的研究突破，为战略性新兴产业发展提供技术支撑。加快推进5G、人工智能、工业互联网等新型基础设施投资，铺就长远发展的“高速路”，壮大新一代信息技术、生物技术、新能源、新材料、高端装备、新能源汽车、绿色环保以及航空航天、海洋装备等产业，形成更多新的增长点、增长

[1]《坚持改革开放坚持高质量发展 在加快建设美好安徽上取得新的更大进展》，《人民日报》2020年8月22日。

极，打造未来发展新优势。

提升科技创新能力。这一能力是强化企业创新主体地位的突破口，因为企业既有直接面向市场的灵敏机制，又有实现自主创新的机制和条件，还有把科技成果转化为生产力的先天优势。面对当前中国的企业创新主体地位还不够突出，规模以上工业企业研发投入强度仍然明显低于发达国家，企业在基础研究方面的投入更显不足的状况，中国不断强化国家战略科技力量，发挥好国家实验室和全国重点实验室作用，推进科研院所改革，改进重大科技项目立项和管理方式。支持各地加大科技投入，开展各具特色的区域创新。落实“做实做优做强实体经济，促进各类创新要素向企业集聚”的要求，建立以企业为主体、市场为导向、产学研深度融合的技术创新体系。最新发布的世界 500 强企业榜单中，中国工业领域企业有 73 家入围。中国已培育 4 万多家专精特新企业、4700 多家“小巨人”企业、近 600 家制造业单项冠军企业。“中国制造”在全球产业链供应链中的影响力持续攀升。

激励企业加大技术创新投入。一是支持企业承担国家重大科技项目，支持企业建立研发机构，对企业技术创新予以支持，包括加大研发费用加计扣除等普惠性政策实施力度，对企业投入基础研究实行税收优惠，完善推动科技捐赠发展的专项税收优惠政策，健全政府采购等支持政策。二是倒逼企业加快产业技术升级。有效运用技术标准、环境保护等手段，使企业深刻认识到不创新就难以生存发展，倒逼企业投资研发，推动企业瞄准行业技术前沿，紧扣关键环节，突破核心技术，以创新培育新的发展动能，稳步提升企业的核心竞争力，打造新的发展优势。三是大力弘扬企业家精神。企业家的创新意识如何，对一个企业的创新能力具有重要影响。要引导企业家做创新发展的探索者、组织者、引领者，勇于推动生产组织创新、技术创新、市场创新，重视技术研发和人力资本投入，有效调动员工创造力，努力把企业打造成为强大的创新主体。

2018 年以来，人民银行共 12 次下调存款准备金率，释放长期资金 10.3 万亿元，支持金融机构加大对实体经济信贷支持力度。2018 年至

2021 年，中国 M2 平均增速为 9%，与同期名义国内生产总值 8.3% 平均增速大致相当。中国人民银行发挥货币政策工具的总量和结构双重功能，引导金融机构加大对普惠小微、“三农”、绿色发展和制造业等重点领域和薄弱环节的支持力度。2022 年 1 月末普惠小微贷款余额为 19.7 万亿元，为 2018 年初的 2.4 倍；普惠小微贷款支持小微经营主体 4813 万户，是 2018 年末的 2.3 倍。普惠小微贷款增量在各项贷款增量中的占比由 2018 年的 7.7% 大幅提升至 2021 年的 20.7%。2021 年新发放的普惠小微企业贷款加权平均利率为 4.93%，比 2020 年下降 0.22 个百分点，比 2018 年下降 1.38 个百分点。企业贷款利率从 2019 年 7 月的 5.32% 降至 2022 年 1 月的 4.5%，累计降幅达 0.82 个百分点，创改革开放以来的最低水平，在很大程度上缓解了长期以来存在的小微企业融资难融资贵问题。〔1〕

推动数字经济与实体经济融合发展。习近平总书记指出，“要推动数字经济和实体经济融合发展。数据要素与传统生产要素的深度融合，能够显著提高生产效率，壮大发展新动能。”数字时代，5G 网络、数据中心、工业互联网等“新基建”，对扩大有效需求、推动高质量发展具有重大意义。党的十八大以来，党中央高度重视发展数字经济，将其上升为国家战略，陆续出台了《网络强国战略实施纲要》《数字经济发展战略纲要》，从国家层面部署推动数字经济发展。习近平总书记强调，要加快建设以 5G 网络、全国一体化数据中心体系、国家产业互联网等为抓手的智能化综合性数字信息基础设施，打通经济社会发展的信息大动脉；全面推进产业化、规模化应用，推动软件产业做大做强，提升关键软件技术创新和供给能力。同时，我们要看到，同世界数字经济大国、强国相比，中国数字经济大而不强、快而不优。因此，要加快新型基础设施建设。

〔1〕 王善涛：《央行：稳健货币政策保持了人民币币值稳定 有力支持了实体经济》，央视新闻客户端，2022 年 3 月 1 日。

三、抑制资本“脱实向虚”

资本“脱实向虚”的诱因很多，如风险套利、监管套利、价格套利、期限套利、急功近利等，但归根到底是由于虚拟经济的利润率高于实体经济。2015 年中国制造业上市公司利润率为 6.84%，同期金融业上市公司的利润率却高达 16.27%。金融业利润率之所以比制造业利润率高，原因是政府对金融业牌照有严格管制，资本难以自由进入。

扭转资本“脱实向虚”的局面，努力实现标本兼治。治本的办法是打破行政性经营垄断。中国的结构性减税可圈可点。2016 年国家通过启动营改增试点减轻企业税赋，一定程度上抑制了“脱实向虚”。2019 年，制造业适用税率从 16% 调减至 13%；建筑业和交通运输业从 10% 减至 9%。央行发布的《2016 年第四季度中国货币政策执行报告》反复强调了防止资金“脱实向虚”问题，提出要防止资金“脱实向虚”、“以钱炒钱”以及不合理的加杠杆行为，引导资金支持实体经济。

不断创造条件让小企业通过正规渠道获得发展所需的“源头活水”。鉴于目前小企业融资主要来自银行信贷、资本市场融资以及股权融资渠道，只有设法把民间资金导入这些领域，才能把短期的逐利资金变为有益于小企业和实体经济发展的资金。2016 年全国金融工作会议指出，放宽准入，鼓励、引导和规范民间资本进入金融服务领域，参与银行、证券、保险等金融机构改制和增资扩股。由于近些年许多银行都在信贷政策上向中小企业倾斜，把发展中小企业业务作为转型的重要举措，并在贷款增速和信贷占比上作出要求，因此中小企业获得的信贷资金显著增长。

经过不断努力，实体经济转型发展十年来成效显著。中国工程机械制造业快速崛起，成为全球最大的制造基地。2021 年，全球工程机械企业 10 强，中国拥有 3 席，总数位列第一。中国工程机械行业已在世界工程机械产业格局中占据重要地位。从钢铁业来看，结构更优、效率更高，2021 年，中钢协会员企业营业收入达到 69308 亿元，同比增长 32.7%，达到历史最高；实现利润总额 3524 亿元，同比增长 59.7%，创历史纪录。与2012年相比，2021年重点钢铁企业的平均吨钢综合能耗已由602.71千克标煤降至550.43千克标煤，与世界先进水平的差距大幅缩小；吨钢二氧化硫、烟粉尘的排放量降幅也分别达到了81.41%、63.44%。

第四节 全方位保障重点经济领域安全

习近平总书记指出："安全是发展的前提，发展是安全的保障"〔1〕。前进道路上，我们既要善于运用发展成果夯实国家安全的实力基础，又要善于塑造有利于经济社会发展的安全环境，实现发展和安全互为条件、彼此支撑。必须坚持统筹发展和安全，增强机遇意识和风险意识，树立底线思维，把困难估计得更充分一些，把风险思考得更深入一些，注重堵漏洞、强弱项，下好先手棋、打好主动仗，有效防范化解各类风险挑战，确保社会主义现代化事业顺利推进。

一、维护粮食、能源等民生领域的安全

习近平总书记强调，"粮食安全是'国之大者'。悠悠万事，吃饭为大。"中国人口占世界总人口不到20%，却拥有世界一半以上的玉米、大米和小麦。全国粮食总产量2021年达到13657亿斤，比上年增加267亿斤，增长2.0%，连续七年保持在1.3万亿斤以上，创历史新高，这个成绩来之不易。首先，新冠肺炎疫情在中国多地发生，对种植工作造成影响；其次，粮食生产面临化肥等农业生产资料价格上涨的不利因素；最后，部分地区出现极端灾害天气导致减产。但是中国的粮食进口也处于历史高位。2021年中国进口粮食16453.9万吨，同比增长18.1%，其中玉米、大豆、小麦等进口较多。中国粮食生产的结构性矛盾仍然存

〔1〕习近平：《论把握新发展阶段、贯彻新发展理念、构建新发展格局》，中央文献出版社2021年版，第424页。

在，突出表现为大豆、玉米等杂粮缺口较大，而稻谷出现了阶段性过剩的情况。

多措并举保障粮食安全。[1]为保障粮食安全，近年来中国主要从以下四个方面采取措施：一是实施党政同责政策，强化地方政府的责任，各地粮食的播种面积总体实现稳中有增；二是大力培育推广优良品种，达到粮食产量的增长；三是在极端灾害天气发生后，采取补种、田间管理等补救措施，减少灾害造成的损失；四是提高最低收购价格，并扩大农业政策性保险覆盖范围和力度，进而提升农民生产积极性。另外，农机板块获政策支持。根据全国农业机械化“十四五”发展规划，到 2025 年全国农机总动力稳定在 11 亿千瓦左右，农机具配置结构趋于合理，农机作业条件显著改善。除了保障全国 14 亿多人的饭碗，中国还积极承担大国义务，向全球低收入国家和粮食危机比较严重的国家提供粮食援助，帮助它们解决粮食安全问题，缓解粮食危机。同时开展技术合作，派遣科技人员到发展中国家，推广中国的杂交水稻等农业技术和先进机械，帮助发展中国家提高粮食产量。

《关于做好 2022 年金融支持全面推进乡村振兴重点工作的意见》中指出，各银行业金融机构要围绕高标准农田建设、春耕备耕、粮食流通收储加工等全产业链，主动对接融资需求，强化粮食安全金融保障。规范发展供应链金融服务，加大对重要农产品生产加工、仓储保鲜冷链物流设施建设等金融支持。积极开发适合油茶等木本油料特点的金融产品，支持油茶规模化种植和低产林改造。加强种源等农业关键核心技术攻关金融支持，提升种业育繁推产业链融资便利度。创新设施农业和农机装备金融服务模式，稳妥发展融资租赁业务，支持农机装备研发企业发行信用类债券。

保障能源资源安全。矿产资源是发展之基、生产之要，事关国家现代化建设全局。为落实国家资源安全战略，加强矿产资源勘查、开发利用与保护的统筹规划，中国已经编制实施了三轮矿产资源规划，形成了

---

〔1〕《习近平谈粮食安全：悠悠万事，吃饭为大》，新华网，2022 年 3 月 7 日。

较为完善的由总体规划和专项规划构成的矿产资源规划体系，取得了积极进展和成效。一是地质找矿取得新进展，大部分矿种矿产资源储量有所增长，新发现一批亿吨级油田和千亿方级气田、250 多座大中型矿产地。二是国内资源供应基本保持稳定。年矿石开采量超过 300 亿吨，10 多种大宗矿产产量多年保持全球第一，发挥了国内资源的“压舱石”作用。三是资源节约集约利用水平持续提高。四是境外矿产资源合作初见成效。五是矿产资源管理改革取得进展，矿产资源管理改革迈出实质性步伐。

维护产业链供应链安全。中国产业链供应链总体平稳，逐年完善。截至 2021 年，规模以上工业增加值增长 9.6%，比 2020 年提高 6.8 个百分点，制造业增加值占国内生产总值比重达到 27.4%。虽然中国产业链供应链有比较好的基础，一度展现出强大的韧性，但其安全稳定也受到了一些挑战。全球产业链供应链正在重构，中国产业链供应链不强不稳不安全的隐患慢慢凸显出来，体现在对国外公司和技术过多依赖、国内产业供给能力不足等方面。同时，全球产业链供应链的分散化、不确定性，也加剧了产业链供应链不稳定的挑战，“卡脖子”潜在风险一直存在。

对此，中国积极发挥龙头企业作用，维护产业链供应链稳定安全。龙头企业充分掌握了整个产业链的构成，对市场需求也有深入的研究。维护产业链供应链安全稳定是一个系统工程，需要集聚全国优势单位、优势力量共同完成这一工作。而龙头企业有能力组织好这项工作，能够将优势企业、优秀人才聚集起来，保证产业链供应链安全，促进新发展格局加快形成。对产业链供应链进行全面梳理，包括原材料、技术、人才等多方面，建好产业生态。积极把握新工业革命机遇，比如围绕数字化、绿色化等新技术，不断提高产业链供应链质量和效能。持续积极引进外资，与中国共同完善产业链供应链。产业链重构和数字化转型是企业必经之路。加快技术和人才供给，鼓励促进制造业数字化转型，其意义在于提高生产制造装备的自动化水平，同时打通企业上下游的信息渠道，缩短生产周期，提高生产效率，快速响应市场需求。

二、对互联网、金融等领域强监管防风险

强化反垄断，防止资本无序扩张。受全球主要经济体量化宽松的货币政策刺激，大资本扩张迅速的影响，国内一些大型互联网企业，不注重原创性和基础性创新的问题，借助互联网平台谋取市场垄断地位，在流量争抢和“最后一公里应用”上搞名堂，资本过多聚焦于流量变现。垄断和资本无序扩张已经开始妨害市场公平竞争和经济健康运行，包括资本短期的强烈逐利性可能会遏制或者扼杀其他的技术创新，有可能会形成垄断，损害广大消费者和社会的整体利益。2020 年 12 月 11 日，中央政治局会议首次提出强化反垄断和防止资本无序扩张。2020 年底召开的中央经济工作会议，将“强化反垄断和防止资本无序扩张”明确为 2021 年经济工作中的八项重点任务之一。这次会议指出，反垄断、反不正当竞争，是完善社会主义市场经济体制、推动高质量发展的内在要求。国家支持平台企业创新发展、增强国际竞争力，支持公有制经济和非公有制经济共同发展，同时要依法规范发展，健全数字规则。要完善平台企业垄断认定、数据收集使用管理、消费者权益保护等方面的法律规范。要加强规制，提升监管能力，坚决反对垄断和不正当竞争行为。金融创新须在审慎监管的前提下进行。

2021 年，中国推出了反垄断大动作。2 月 7 日，国务院反垄断委员会发布《关于平台经济领域的反垄断指南》，强调反垄断法及其配套法规规章适用于所有行业，旨在预防和制止平台经济领域垄断行为，促进平台经济规范有序创新健康发展。11 月 8 日，国家市场监督管理总局加挂“国家反垄断局”牌子，组建竞争政策与大数据中心。这是继 2018 年国务院机构改革，反垄断执法统一之后的又一重大举措，进一步健全完善了中国反垄断执法的体制机制，提升了反垄断执法工作的统一性、权威性。市场监管部门依法严格审查平台企业经营者集中案件，提升经营者集中反垄断审查效率，降低企业制度性交易成本。仅从 2021 年 1 月至 10 月，立案和审结数量较去年同期就分别增长了 48.7% 和 50.4%，平均立案和审结时间较机构改革前缩短三分之一以上。要正确认识和把

握资本的特性和行为规律。搞社会主义市场经济是我们党的一个伟大创造，我们要探索如何在社会主义市场经济条件下发挥资本的积极作用。要依法加强对资本的有效监管，为资本设置“红绿灯”，支持和引导资本规范健康发展。[1]

加强金融监管与市场监管。中国在应对风险挑战的实践中进一步积累了对做好经济工作的规律性认识。特别是在金融领域，持续提升金融监管能力，处理金融发展、金融稳定和金融安全的关系，健全金融风险预防、预警、处置、问责制度体系，严密防范外部风险冲击，继续扩大高水平金融开放，为经济高质量发展提供了重要支持工具。金融监管部门加强对上市公司信息披露质量的要求，完善资本市场信息披露体系建设，多次发声要防止资本的无序扩张；严防虚拟货币交易炒作风险，明确反对“伪市值管理”，进一步完善退市制度；对银行业金融机构强化征信业务、环境信息披露、银行互联网渗透测试和扫黑除恶工作，持续整治规范房地产市场秩序；强化小微企业账户风险防控，加强支付受理终端及相关业务管理，依法监管银行保险机构大股东行为，实施证券期货行政执法当事人承诺制度。重点领域风险持续得到控制，宏观杠杆率下降大约 8 个百分点，金融体系内的资产扩张恢复到较低水平。

从 2017 年到 2021 年，中国五年拆解高风险影子银行 25 万亿元，处置不良资产约 12 万亿元。近 5000 家 P2P 网贷机构全部停业。立案查处了非法集资案件 2.5 万起，将互联网平台企业金融业务全部纳入了监管。地方政府隐性债务状况趋于改善，房地产泡沫化金融化势头得到根本扭转。坚决遏制资本在金融领域无序扩张，一批高风险企业和违法违规金融机构得到有序处置，防范外部风险冲击的韧性进一步提高。

---

[1] 习近平：《正确认识和把握我国发展重大理论和实践问题》，《求是》2022 年第 10 期。

第五章　实施创新驱动发展战略

党的十八大以来，为了解决经济发展中的深层矛盾与问题，推动经济发展的质量变革、效率变革与动力变革，国家启动并加快实施创新驱动发展战略，激发全社会的创新创业潜能，加快发展现代产业体系，以在自主创新能力与技术水平的不断提升中推动战略性新兴产业和先进制造业的发展，从而实现产业格局与产业链的重塑以及经济结构的优化升级。

第一节　创新驱动发展与建设科技强国

党的十八大以来，中国实施创新驱动发展战略。为了贯彻落实创新驱动发展战略，中央提出了明确的阶段性目标，并不断加大对科技创新的支持力度，破除阻碍创新的体制机制障碍，健全社会主义市场经济条件下的新型举国体制，以切实推进科技强国建设。创新驱动发展战略的实施对中国经济的结构调整以及未来发展产生了极其深远的影响。

一、创新驱动发展战略的提出与贯彻

21 世纪以来，新兴学科、前沿技术不断涌现，科技的发展带动了新一轮的产业变革。尽管中国的经济总量、经济增速备受世界瞩目，但在一些科学技术领域仍与发达国家存在明显的差距。在资源环境压力不断增大、粗放型增长模式带来的问题日益显现的背景下，中国必须为经济增长找到新的驱动力。科技创新是一个重要的突破口，唯有推动科学技术的创新才能使中国走上一条高质量、可持续、低能耗、少污染的发展道路。

2012 年，党的十八大报告中提出实施创新驱动发展战略，推进经济结构的战略性调整。报告强调，“科技创新是提高社会生产力和综合国力的战略支撑，必须摆在国家发展全局的核心位置”，并提出了“坚持走中国特色自主创新道路”“加快建设国家创新体系”“抢占科技发展战略制高点”等要求。〔1〕

增强自主创新能力是实施创新驱动发展战略的核心目标，要实现这一目标首先要破除阻碍创新的体制机制障碍。2015 年 3 月，中共中央、国务院印发《关于深化体制机制改革加快实施创新驱动发展战略的若干意见》。《意见》提出要从营造激励创新的公平竞争环境，建立技术创新市场导向机制，完善成果转化激励政策，构建更加高效的科研体系，创新培养、用好和吸引人才机制，推动形成深度融合的开放创新局面，加强创新政策统筹协调等方面入手，推动“适应创新驱动发展要求的制度环境和政策法律体系”〔2〕的形成。国家从市场环境、科技管理、产业政策、成果转化、人才培养等各个层面着手构建激励创新的长效机制。在酝酿制定国民经济发展的第十三个五年规划时，中央强调“必须牢固树立创新、协调、绿色、开放、共享的发展理念”，“坚持创新发展、协调发展、绿色发展、开放发展、共享发展，是关系我国发展全局的一场深

〔1〕《十八大以来重要文献选编》(上)，中央文献出版社 2014 年版，第 17 页。

〔2〕《十八大以来重要文献选编》(中)，中央文献出版社 2016 年版，第 421 页。

刻变革。”[1]“创新发展”被列在首位。

为了贯彻落实创新驱动发展战略，2016 年 5 月，中共中央、国务院印发《国家创新驱动发展战略纲要》。《纲要》提出分“三步走”的战略目标：第一步，到 2020 年进入创新型国家行列，基本建成中国特色国家创新体系；第二步，到 2030 年跻身创新型国家前列，发展驱动力实现根本转换，经济社会发展水平和国际竞争力大幅提升；第三步，到 2050 年建成世界科技强国，成为世界主要科学中心和创新高地。根据《纲要》的部署，推动产业技术体系创新、强化原始创新、优化区域创新布局、深化军民融合、壮大创新主体、实施重大科技项目和工程、建设高水平人才队伍、推动创新创业都是未来需要完成的战略任务。国家从体制改革、环境营造、资源投入、扩大开放等各个方面加大实施创新驱动发展战略的保障力度。同年 7 月，国务院印发《“十三五”国家科技创新规划》，提出“十三五”时期中国科技创新的总体目标，并对国家创新体系建设、国家重大科技项目、现代产业技术体系、支撑民生改善和可持续发展的技术体系、保障国家安全和战略利益的技术体系等诸多方面做出了具体部署。

自实施创新驱动发展战略以来，财政资金对科技创新的扶持力度不断加大。2016 年至 2019 年，国家财政科技支出占公共财政支出的比重一直保持在 4% 以上，2019 年和 2020 年国家财政科技支出均超过 1 万亿元。[2]2021 年，在中央本级支出负增长的情况下，中央本级科学技术支出仍达到 3205.54 亿元，中央本级基础研究支出实现了同比 15.3% 的增长。[3]

与此同时，中国的研究经费投入规模经历了一个快速增长的过程。2012 年全国投入研究与试验发展（R&D）经费为 10298 亿元，2013 年

〔1〕《十八大以来重要文献选编》（中），中央文献出版社 2016 年版，第 792、793 页。

〔2〕《迈向高质量发展》编写组编：《迈向高质量发展——“十三五”经济社会发展成就报告》，中国统计出版社 2021 年版，第 143 页。

〔3〕 财政部：《关于 2021 年中央和地方预算执行情况与 2022 年中央和地方预算草案的报告》，《人民日报》2022 年 3 月 14 日。

中国研发经费总量首次超过日本，成为仅次于美国的世界第二大研发经费投入国家。2014 年中国研发经费投入强度（研发经费与国内生产总值之比）首次突破 2%，此后的年份持续保持在 2% 以上并逐年递增。2020 年中国研发经费投入强度进一步提升至 2.4%，全国研发经费总量高达 24393.1 亿元，是 2012 年投入规模的两倍还多。据《中华人民共和国 2021 年国民经济和社会发展统计公报》，2021 中国全年研究与试验发展经费支出进一步增加至 27864 亿元，与国内生产总值之比达 2.44%。全球创新指数排名中，中国从 2012 年的第 34 位上升到 2021 年的第 12 位。中国进入了创新型国家行列。[1]

在关于第十四个五年规划和未来目标的筹划中，中央强调必须“坚持创新在我国现代化建设全局中的核心地位，把科技自立自强作为国家发展的战略支撑”，强化国家战略科技力量、提升企业技术创新能力、激发人才创新活力、完善科技创新体制机制是“十四五”时期中国努力的方向。[2]要通过创新驱动发展战略的持续实施和贯彻，把中国建设成为一个科技强国。

二、推动科技自立自强

科学技术的快速发展推动着生产方式的改变，对中国以及全球的产业格局都将产生深刻影响。在推动经济转型升级的过程中，中国面临着许多挑战，只有不断推动科学技术的创新与发展才能满足经济结构调整中的技术需求，使中国企业在全球的产业分工中取得竞争优势。21 世纪以来中国在技术引进方面表现出的一个突出特征在于设备引进的比重大幅度降低。自 2012 年起，中国技术引进的合同数量以及合同金额都有所下降，而在各种技术引进方式中，“专有技术的许可及转让”“技术咨询与技术服务”所占的比重越来越高，历年的合同成交额远高于其他技术引进方式。特别是“专有技术的许可或转让”一项连续多年保持稳中

〔1〕赵永新：《我国成功进入创新型国家行列》，《人民日报》2022 年 6 月 7 日。

〔2〕《十九大以来重要文献选编》（中），中央文献出版社 2021 年版，第 793—794 页。

有升的态势，这也反映了中国企业的技术需求日益从“硬件”转向“软件”。2015 年，中国企业从国外引进技术的合同总额比 2014 年有所减少，然而专有技术和专利技术的许可及转让金额分别比 2014 年增长了 9.5% 和 19.5%〔1〕。从国外购买依然是中国企业获得先进技术的一个重要方式。截至 2017 年，中国高端芯片和通用芯片的对外依存度超过 95%，95% 的高档数控机床，几乎全部的高档液压件、密封件和发动机等等都要依赖进口。〔2〕

尽管中国有位居世界第一的制造业规模，但一些重要的产业领域技术水平仍与发达国家存在较为明显的差距。因此，提升核心技术的研发能力依然是中国企业亟待解决的命题。党的十八大以来，关键核心技术的研发与攻关受到了越来越多的重视。2013 年初，国务院讨论通过了《国家重大科技基础设施建设中长期规划（2012—2030 年）》。这一规划明确了未来 20 年中国重大科技基础设施发展方向，提出了“到 2030 年，基本建成布局完整、技术先进、运行高效、支撑有力的重大科技基础设施体系”的建设目标，以力求解决中国重大科技基础设施“总体规模偏小、数量偏少，学科布局系统性、前瞻性不够，技术水平有待进一步提升”的问题。〔3〕

2014 年 6 月，习近平总书记在中国科学院第十七次院士大会、中国工程院第十二次院士大会上的讲话中指出，“只有把核心技术掌握在自己手中，才能真正掌握竞争和发展的主动权，才能从根本上保障国家经济安全、国防安全和其他安全。……不能总是指望依赖他人的科技成果来提高自己的科技水平，更不能做其他国家的技术附庸，永远跟在别人

---

〔1〕 中国社会科学院工业经济研究所编：《中国工业发展报告（2017）：面向新时代的实体经济》，经济管理出版社 2017 版，第 569 页。

〔2〕 中国信息通信研究院主编：《中国工业发展报告（2017）》，人民邮电出版社 2017 年版，第 195 页。

〔3〕 科学技术部创新发展司编：《中华人民共和国科学技术发展规划纲要（2011—2015）》，科学技术文献出版社 2018 年版，第 70、68 页。

的后面亦步亦趋。我们没有别的选择，非走自主创新道路不可。”[1]

国际金融危机之后，全球化潮流的逆转表现得日益明显。2017年以来，在“美国优先”的口号下，美国对中国作出一系列不实指责，挑起贸易争端。中美之间不断的贸易摩擦以及美国等西方国家日益增长的贸易保护倾向，给全球贸易环境带来了更多的不确定性，而对高端芯片、通用芯片、高档数控机床、高档液压件、发动机等诸多工业生产必需品中国依然有极高的对外依存度。在这一背景下，提升国内制造业的技术水平与创新能力尤为重要。

中国“关键核心技术受制于人的局面没有得到根本性改变。”2018年5月，习近平总书记在中国科学院第十九次院士大会、中国工程院第十四次院士大会上的讲话中强调，中国仍然需要“矢志不移自主创新”，“关键核心技术是要不来、买不来、讨不来的。”[2]2020年9月，习近平总书记在科学家座谈会上的讲话中进一步提出“四个面向”的要求，“希望广大科学家和科技工作者肩负起历史责任，坚持面向世界科技前沿、面向经济主战场、面向国家重大需求、面向人民生命健康，不断向科学技术广度和深度进军。”[3]为了提升经济发展质量和应对国际形势的复杂多变，中国努力实现产业链的重塑，“着力打造自主可控、安全可靠的产业链、供应链”[4]，一方面巩固提升原有的优势产业，另一方面还要补齐短板，确保重要工业品自主可控的生产与供应。2021年5月，习近平总书记在中国科学院第二十次院士大会上再次强调要“努力实现高水平科技自立自强”[5]。

在提出实施创新驱动发展战略和科技自立自强的目标之后，一个综合性的政策支持体系也在逐步形成中。专项资金、财政补贴、税收政策

---

〔1〕《十八大以来重要文献选编》(中)，中央文献出版社2016年版，第22页。

〔2〕《十九大以来重要文献选编》(上)，中央文献出版社2019年版，第462、463、464页。

〔3〕习近平:《论把握新发展阶段、贯彻新发展理念、构建新发展格局》，中央文献出版社2021年版，第391页。

〔4〕《十九大以来重要文献选编》(中)，中央文献出版社2021年版，第497页。

〔5〕《习近平谈治国理政》第4卷，外文出版社2022年版，第196页。

调整及优惠、投资导向、支持创新产品的政府采购政策等诸多方式都成为政府推动企业特别是一些战略性新兴产业领域的企业自主创新、技术研发以及科技成果转化的重要途径。为了激发企业的创造力、推动企业的科技研发和自主创新，使企业真正成为市场经济环境中充满活力的竞争和创新主体，国家不断完善相关的税收减免和优惠政策。2012 年中国规模以上工业企业享受研发费用加计扣除减免税 298.5 亿元，高新技术企业减免税 527.5 亿元，2016 年这两项分别达 489.1 亿元和 842.8 亿元，和 2012 年相比分别增长 63.9% 和 59.8%。此后国家的税收减免力度更大。2020 年全国研发费用加计扣除减免税已经达到 3600 亿元。2016 年至 2020 年五年间国家为支持科技创新累计减免税收 2.54 万亿元，其间全国享受研发费用加计扣除政策的企业户数扩大了 5.4 倍，减免税额年均增长 37.8%。[1]国家不断加大对企业创新的激励力度，政府的高度重视与扶持引导为科技创新创造了有利条件。根据政府工作报告，2022 年科技型中小企业研发费用加计扣除比例将从 75% 提高到 100%，同时还将对企业投入基础研究实行税收优惠等政策，以为企业的技术创新提供资金支持。[2]

三、健全新型举国体制

实现创新驱动发展与科技自立自强是一个系统性工程，需要政府与市场的协同推进。“我国社会主义制度能够集中力量办大事是我们成就事业的重要法宝”。在攻克关键核心技术、推进科技自立自强的进程中，既要让市场在资源配置中发挥决定性作用，同时也必须更好地发挥政府作用，“加强统筹协调，大力开展协同创新，集中力量办大事，抓重大、抓尖端、抓基本，形成推进自主创新的强大合力。”[3]政府在科技和产业发展的顶层设计、全社会创新资源的整合、基础研究的投入、制度环境

〔1〕《支持科技创新减税累计超 2.5 万亿元》，《人民日报》2021 年 3 月 18 日。

〔2〕 李克强：《政府工作报告》，人民出版社 2022 年版，第 23 页。

〔3〕《十八大以来重要文献选编》（中），中央文献出版社 2016 年版，第 26 页。

的构建等方面仍扮演着极其重要的角色。党的十八大以来，政府大力推进科技创新攻关的“揭榜挂帅”机制，以切实推动重点科技项目的开展。中国不断健全社会主义市场经济条件下的新型举国体制，在市场化资源分配机制的基础之上充分发挥国家的引领前瞻作用。

为了消除束缚科技创新与成果转化的各种体制障碍，为科技研发、创新创业构建良好的外部制度环境，中国政府不断深化科技体制改革。2013 年 11 月，党的十八届三中全会通过的《中共中央关于全面深化改革若干重大问题的决定》，将“深化科技体制改革”作为加快完善现代市场体系的一个重要组成部分，提出了“建立健全鼓励原始创新、集成创新、引进消化吸收再创新的体制机制，健全技术创新市场导向机制”，“加强知识产权运用和保护”，“整合科技规划和资源，完善政府对基础性、战略性、前沿性科学研究和共性技术研究的支持机制”[1]等改革要求，为后续的改革明确了方向。

2015 年 10 月，经过修订的《中华人民共和国促进科技成果转化法》开始施行。为推动科技成果转化，该法对科技成果转化的组织实施、保障措施、技术权益、法律责任都作出了详细的规定。2016 年 2 月，国务院印发《实施〈中华人民共和国促进科技成果转化法〉若干规定》，围绕促进研发机构、高等院校技术转移，激励科技人员创新创业，营造科技成果转移转化良好环境等方面提出了更为具体的要求。2015 年 12 月，国务院还印发了《关于新形势下加快知识产权强国建设的若干意见》，在知识产权管理体制机制改革、知识产权保护、促进知识产权创造运用、重点产业知识产权海外布局和风险防控、知识产权对外合作等方面都提出了明确的措施和要求。此后，国务院连续多年制定印发《深入实施国家知识产权战略加快建设知识产权强国推进计划》。2021 年 9 月，中共中央、国务院印发《知识产权强国建设纲要（2021—2035 年）》，以全面提升知识产权创造、运用、保护、管理和服务水平为目标，持续深化知识产权领域的相关改革，统筹推进知识产权强国建设。国家在

〔1〕《十八大以来重要文献选编》（上），中央文献出版社 2014 年版，第 519 页。

制度层面采取的一系列举措为科技研发与技术创新创造了有利的外部条件。

除了制度层面的建设，国家还不断增加科技投入，加强科技基础设施建设，加强国家重点实验室、产业创新中心建设，实施一批关系到国家安全和长远发展的重大科技项目，力争在航空发动机、深海空间站、量子通信、深空探测、种业自主创新、智能制造等领域有所突破。据国家统计局数据，截至 2021 年末，中国正在运行的国家重点实验室有 533 个，国家工程研究中心 191 个，国家企业技术中心 1636 家，国家级科技企业孵化器 1287 家，“大众创业万众创新”示范基地 212 家。国家科技成果转化引导基金累计设立了 36 支子基金，资金总规模达 624 亿元。

2012 年以来，中国取得了一系列备受世界瞩目的重大成果：2013 年 6 月，“神舟十号”载人飞船发射后顺利完成与“天宫一号”飞行器的对接，成功实现与航天器绕飞交会试验；2016 年 10 月，“神舟十一号”飞船与“天宫二号”成功对接，中国航天员首次实现中期在轨驻留。2016 年 11 月，新一代运载火箭“长征五号”首次发射成功。同年，“海斗”号无人潜水器万米级下潜应用的自主研制完成，使中国成为继日、美之后第三个拥有研制万米级无人潜水器能力的国家。“十三五”时期，500 米口径球面射电望远镜、散裂中子源等一批“国之重器”建成投用；“嫦娥五号”探测器成功完成探月任务；世界首台光量子计算机在中国诞生；“天问一号”开启中国首次火星探测之旅；北斗卫星导航系统实现全球组网并广泛应用于交通运输、公共安全、城市治理等各个领域。科技创新能力的不断增强为中国经济结构的优化和经济的高质量发展提供了有力的支撑。

第二节　以创新推动经济优化升级

在深入推进大众创业万众创新的过程中，中国政府出台了一系列政策措施，不断优化创新创业的生态环境，充分激发和释放全社会的创新潜能与创业活力。同时，政府积极推进“互联网+”行动和数字化建设，以推动新一代信息技术、互联网创新成果与经济社会各个领域的深度融合，培育新产业新业态新模式，为中国经济注入新的活力。

一、通过大众创业万众创新激发社会创新活力

为了深入贯彻创新驱动发展战略，激发全社会的创新潜能与创业活力，2015 年起国务院采取多项举措推进大众创业万众创新。2015 年 6 月，国务院出台《关于大力推进大众创业万众创新若干政策措施的意见》。《意见》从创新体制机制、优化财税政策、搞活金融市场、扩大创业投资、发展创业服务、建设创业创新平台、激发创造活力、拓展城乡创业渠道、加强统筹协调等九个方面明确了支持创新创业的多项政策措施，全面系统地为创新创业提供政策支撑。

2017 年 7 月，为进一步优化创新创业的生态环境，形成创新合力，国务院又出台了《关于强化实施创新驱动发展战略进一步推进大众创业万众创新深入发展的意见》。《意见》强调，大众创业、万众创新深入发展是实施创新驱动发展战略的重要载体，并围绕加快科技成果转化、拓展企业融资渠道、促进实体经济转型升级、完善人才流动激励机制、创新政府管理方式五个领域提出了具体的政策要求。《意见》责成各地各部门协同努力、细化政策措施，以切实做到强化政策供给，突破发展瓶颈，充分释放全社会的创新创业潜能。一年后，国务院于 2018 年 9 月又下发了《关于推动创新创业高质量发展打造“双创”升级版的意见》。打造“双创”升级版的目标要不断优化创新创业的环境、降低创新创业成本，提升创业带动就业能力，增强科技创新引领作用，从而为更充分的就业和经济的高质量发展提供坚实保障。

国务院不断通过试点深入推进大众创业万众创新，以加快发展新经济、培育发展新动能、打造发展新引擎。2016 年 5 月，国务院启动了“大众创业万众创新”示范基地的建设。首批“双创”示范基地包括 17 个区域示范基地、4 个高校和科研院所示范基地和 7 个企业示范基地，国家支持示范基地探索创新、先行先试，在“双创”发展的若干关键环

节和重点领域突破瓶颈制约，激发体制活力和内生动力，营造良好的创业创新生态和政策环境。2017年6月，国家启动了第二批92个“双创”示范基地的建设，在示范基地采取深化“放管服”改革、深化商事制度改革、加强知识产权保护、加快科技成果转化应用、完善人才激励政策等举措。2020年12月启动第三批92个“双创”示范基地的建设，旨在推动“双创”示范基地的特色化、功能化、专业化发展，主要聚焦四个方面：一是稳就业和激发市场主体活力；二是保障产业链供应链的安全；三是支持创新型中小微企业；四是深化开放创新合作。一些省市随之陆续建立了一批省级“双创”示范基地。大量“双创”示范基地的建设为创新创业提供了重要平台，也为创新创业营造了更好的政策和生态环境。

在国家的大力推动下，中国的营商与创新环境不断优化。截至2020年底，除了212家“大众创业万众创新”示范基地之外，中国拥有各类科技企业孵化器1713家，国家备案众创空间2386家，市场主体活跃并处于快速增加的态势中。“十三五”时期，全国新办涉税市场主体合计5745.3万户，比“十二五”时期增加2607.4万户，增长83.1%。随着创新生态的改善，作为创新主体的企业在技术创新中扮演着越来越重要的角色。据国家统计局数据，2020年，中国企业研发经费支出为18630亿元，占全社会研发经费支出的比重达76.3%，国家重点研发计划中75%有企业参与实施；同年中国高新技术企业数量达27.5万家，比2015年增长2.5倍。

与此同时，中国高度关注人才的培养与发展。据国家统计局数据，2020年，按折合全时工作量计算的全国研发人员总量为509.2万人年，比2015年增长了35.5%，已连续八年居世界第一位。2021年9月，习近平总书记在中央人才工作会议上的讲话中强调，中国要继续深入实施新时代人才强国战略，全方位培养、引进、用好人才，加快建设世界重要人才中心和创新高地，并提出了到2035年形成我国在诸多领域人才竞争比较优势、国家战略科技力量和高水平人才队伍位居世界前列的目标。2022年4月29日，中央政治局召开会议，审议了《国家“十四五”

期间人才发展规划》。人才政策的不断完善、人才队伍的不断壮大为中国科技与经济的发展提供了强劲的动力。

二、积极推进“互联网 +”行动

在互联网与新一代信息通信技术迅速发展的背景下，为了推动互联网创新成果与经济社会各个领域的深度融合，形成更广泛的以互联网为基础设施和创新要素的经济社会发展新形态，2015 年《政府工作报告》中首次提出了“互联网 +”行动计划。同年 7 月，国务院出台《关于积极推进“互联网 +”行动的指导意见》。《意见》提出了“互联网 +”的 11 项重点行动：“互联网 +”创业创新、“互联网 +”协同制造、“互联网 +”现代农业、“互联网 +”智慧能源、“互联网 +”普惠金融、“互联网 +”益民服务、“互联网 +”高效物流、“互联网 +”电子商务、“互联网 +”便捷交通、“互联网 +”绿色生态、“互联网 +”人工智能；并从强化创新驱动、营造宽松环境、拓展海外合作等 7 个方面提出了推进“互联网 +”的保障措施。“互联网 +”行动的目标明确：到 2025 年中国要实现网络化、智能化、服务化、协同化的“互联网 +”产业生态体系的基本完善，初步形成“互联网 +”新经济形态，“互联网 +”成为经济社会创新发展的重要驱动力量。

制造业是中国国民经济的主体，推动制造业与互联网的深度融合是“互联网 +”行动中最重要的内容之一。2016 年 5 月，国务院印发《关于深化制造业与互联网融合发展的指导意见》。《意见》明确提出了打造制造业企业互联网“双创”平台、推动互联网企业构建制造业“双创”服务体系、支持制造企业与互联网企业跨界融合、培育制造业与互联网融合新模式、强化融合发展基础支撑等一系列发展任务，并要求各级政府和部门在体制机制、财税金融、人才培养等方面给予保障和支持。

2017 年 11 月，国务院进一步出台《关于深化“互联网 + 先进制造业”发展工业互联网的指导意见》。《意见》分阶段提出了工业互联网的发展目标，2035 年中国将“建成国际领先的工业互联网网络基础设施和平台”，而到本世纪中叶要实现“工业互联网网络基础设施全面支撑经济社会发展，工业互联网创新发展能力、技术产业体系以及融合应用等全面达到国际先进水平，综合实力进入世界前列”的目标。为了实现这一目标，中国政府在工业互联网基础设施升级改造、工业互联网平台建设及推广、标准研制及试验验证、关键技术产业化、工业互联网集成创新应用、区域创新示范建设、安全保障能力提升等各个方面启动了一系列工程，以加快发展工业互联网，推动互联网、大数据、人工智能和实体经济的深度融合，推动先进制造业的发展和传统产业的转型升级。

国务院及国家发改委、工信部等先后出台《“互联网+”人工智能三年行动实施方案》《信息化和工业化融合发展规划（2016—2020年）》《大数据产业发展规划（2016—2020年）》《信息通信行业发展规划（2016—2020年）》等一系列规划推动互联网平台以及信息通信技术与各产业的结合，为技术创新、产业融合、传统行业的转型升级注入了新的动力。

“互联网+”行动给新兴产业、新兴业态的发展提供了更广阔的空间和机遇，催生出很多新业态新模式，培育了大量的新经济增长点。随着现代信息技术的广泛应用，中国的网络消费异军突起。据国家统计局数据，2016年至2020年，中国实物商品网上零售额年均增速22.6%，实物商品网上零售额占社会消费品零售总额的比重上升至24.9%，中国连续八年成为全球第一大网络零售市场。同期，中国电子商务交易额年均增速11.3%，2020年电子商务交易额高达37.2万亿元。快递物流、远程办公、在线教育、在线诊疗、在线运动健身、网络直播购物等新业态快速成长起来，成为经济增长的重要动力。2021年中国全年网上零售额达130884亿元。

三、加快数字化建设

数字经济是以数据资源为关键要素，以现代信息网络为主要载体，以信息通信技术融合应用、全要素数字化转型为重要推动力的新经济形态。中国一直致力于推进信息化与工业化的融合。党的十八大以来，中国政府高度关注数字经济，从国家层面对数字经济的发展作出了一系列系统全面的战略部署。

党的十八届五中全会首次提出实施国家大数据战略和网络强国战略，拓展网络经济的发展空间，推进数据资源的开放共享，加快构建高速、移动、安全、泛在的新一代信息基础设施。党的十九大报告提出，要推动互联网、大数据、人工智能和实体经济的深度融合。党的十九届五中全会将加快数字化发展作为现代产业体系的一个重要组成部分，提出要“发展数字经济，推进数字产业化和产业数字化，推动数字经济和实体经济深度融合，打造具有国际竞争力的数字产业集群。”[1]中国不断优化环境，推动数字技术发展，加强数字社会建设，提升从产业发展到社会治理等各个领域的数字化智能化水平，以激发数字经济活力。

党的十八大以来的十年中，中国努力推动农业、制造业、服务业等各产业的数字化，利用数字技术对传统产业进行改造，数字经济以前所未有的速度增长。据国家统计局数据，“十三五”时期，中国数字经济增加值的年均增速远高于同期的经济增速，2020 年中国数字经济核心产业增加值占国内生产总值的比重达 7.8%，数字经济总量跃居世界第二。这一时期中国大力发展设施农业、先进制造业，产业数字化智能化转型亦随之加快，信息产业快速崛起，竞争力不断增强，规模以上高技术制造业、装备制造业快速增长。2020 年，农业科技进步贡献率突破 60%；工业机器人、新能源汽车、光电子器件产量分别比 2015 年增长 5.4 倍、3.4 倍和 91.2%。“三新”经济规模不断扩大。国家统计局最新统计数据显示，2021 年中国“三新”经济增加值为 197270 亿元，比同期国内生产总值增速高 3.8 个百分点。在新产业新业态快速发展的同时，数字政府的建设也取得了明显成效，数字技术的普及与应用大幅度提升了政务服务和监管效能，“一网通办”“一网协同”等服务管理新模式广泛普及，数字营商环境持续优化，中国的在线政务服务水平跃居全球领先行列。

数字经济的快速发展推动了产业链价值链的调整、重塑以及经济的转型升级，也加快了新旧动能转换。中国的节能减排取得了明显成效，

---

〔1〕《十九大以来重要文献选编》（中），中央文献出版社 2021 年版，第 796 页。

能源消费保持着持续回落的态势。“十三五”时期，中国能源消费总量年均增长 2.8%，比“十一五”和“十二五”时期的年均增速分别回落 3.9 个百分点和 1.0 个百分点。清洁低碳能源消费占比不断上升。与此同时，单位国内生产总值能耗持续下降，“十三五”时期单位国内生产总值能耗年均下降 2.8%，相当于 5 年节约能源 6.6 亿吨标准煤。据国家统计局数据，绿色低碳产业初具规模，截至 2020 年底，中国节能环保产业产值约 7.5 万亿元。新能源汽车累计推广量超过 550 万辆，连续多年位居全球第一。太阳能电池组件在全球市场份额占比达 71%。2021 年全年中国万元国内生产总值能耗比 2020 年下降 2.7%。新动能的快速成长与传统动能的转型为中国经济的持续发展带来了双重引擎。

数字化建设在推动乡村振兴的过程中同样扮演着重要的角色。2019 年，中共中央办公厅、国务院办公厅联合印发《数字乡村发展战略纲要》，决定启动数字乡村建设，以实现缩小城乡“数字鸿沟”、提升农民数字化素养、推进城乡基本公共服务的均等化和农业农村现代化的目标。为此，《纲要》明确提出了加快乡村信息基础设施建设、发展农村数字经济、强化农业农村科技创新供给、繁荣发展乡村网络文化、深化信息惠民服务、推动网络扶贫向纵深发展等一系列任务。

在大力推动数字经济发展的同时，国家还从市场准入、公平竞争等方面不断加强对于数字经济的监管与规范，以确保其规范、健康、可持续地发展。针对数字经济快速发展过程中存在的关键领域创新能力不足、行业区域之间发展不均衡、数字经济治理体系有待完善等问题，国务院 2021 年底出台了《“十四五”数字经济发展规划》。《规划》围绕数字基础设施、数据要素作用、产业数字化转型、数字产业化、公共服务数字化水平、数字经济治理体系、数字经济安全体系、数字经济国际合作等诸多方面，对未来的数字经济发展进行了全面部署，并提出了具体的发展目标。根据规划，“十四五”时期中国数字经济将转向深化应用、规范发展、普惠共享的新阶段，在 2035 年要力争实现“形成统一公平、竞争有序、成熟完备的数字经济现代市场体系，数字经济发展基础、产业体系发展水平位居世界前列”。

此后不久，中央网信办等十部门于2022年1月联合印发《数字乡村发展行动计划（2022—2025年）》，明确了数字乡村的发展方向与阶段目标，并对“十四五”时期数字乡村的发展作出部署。根据计划，“十四五”时期将展开数字基础设施升级、智慧农业创新发展、新业态新模式发展、数字治理能力提升、乡村网络文化振兴等重点行动。数字乡村建设的深入推进为乡村振兴注入了新的动力。

“十四五”时期，中国逐步启动实施数据质量提升工程、数据要素市场培育试点工程、重点行业数字化转型提升工程、数字化转型支撑服务生态培育工程、数字技术创新突破工程、数字经济新业态培育工程、社会服务数字化提升工程、新型智慧城市和数字乡村建设工程、数字经济治理能力提升工程等项目以继续推进数字经济的健康快速发展。

第三节　加快发展现代产业体系

党的十八大以来的十年中，中国政府在创新驱动发展战略的实施与贯彻中不断加快现代产业体系的建设和发展。根据《中华人民共和国国民经济和社会发展第十四个五年规划和2035年远景目标纲要》的要求，未来中国将继续坚持把发展经济着力点放在实体经济上，加快推进制造强国、质量强国建设，促进先进制造业和现代服务业深度融合，强化基础设施支撑引领作用，构建协同发展、日益完善的现代产业体系。

一、实施制造强国战略

为了从根本上解决中国“制造业大而不强，自主创新能力弱，关键核心技术与高端装备对外依存度高”等问题，“实现中国制造向中国创造的转变，中国速度向中国质量的转变，中国产品向中国品牌的转变”，2015年国务院审议批准了由工信部、国家发改委、科技部、财政部、中国工程院等多个部门共同编制的《中国制造2025》规划。中国必须在“在关系国计民生和产业安全的基础性、战略性、全局性领域，着力掌握关键核心技术，完善产业链条，形成自主发展能力。”该规划提出了“力争通过‘三步走’实现制造强国的战略目标”；同时提出了在实现这一目标过程中必须完成的战略任务：提高国家制造业的创新能力与国际化水平、推进信息化与工业化的深度融合以及制造业的结构调整、强化工业基础能力、推行绿色制造、发展服务型制造和生产性服务业等。[1]提升中国制造业的整体素质与创新能力，进而提升中国制造业的国际竞争力是《中国制造 2025》的核心要义。

2015 年 6 月，国务院专门成立了国家制造强国建设领导小组，推进制造强国战略的贯彻实施。为了解决制造业发展的瓶颈和短板，国家制造强国建设领导小组编制了与《中国制造 2025》配套的实施指南、行动指南和发展规划指南，包括国家制造业创新中心建设、工业强基、智能制造、绿色制造、高端装备创新等 5 大工程实施指南，发展服务型制造和装备制造业质量品牌 2 个专项行动指南，以及新材料、信息产业、医药工业和制造业人才 4 个发展规划指南。各地政府也分别制定了自己的实施方案。中央还制定发布了《中国制造 2025 分省市指南》，以统筹规划推动形成差异化发展的新格局。

如党的十九大报告中所强调的，在建设现代化经济体系的过程中，实体经济仍然是中国“发展经济的着力点”[2]。在制造强国的目标下，中央和地方各级政府出台了一系列举措降低企业的生产经营成本，并运用市场机制和经济手段不断加大力度支持企业的技术改造与工艺提升。“十四五”时期，实体经济仍是发展的重点，中国将不断“推进产业基础高级化、产业链现代化”，加快数字化发展和数字社会的建设步伐，同时“统筹新兴产业布局”，“增强产业链供应链自主可控能力，实施好产业基础再造工程”，[3]通过税收、金融等方面的政策优惠加速先进制造业的发展，在壮大实体经济的过程中加快制造强国建设的步伐。2021 年

---

〔1〕 中国开发区协会编：《中国开发区年鉴（2016）》，首都经济贸易大学出版社 2017 年版，第 42 页。

〔2〕《十九大以来重要文献选编》（上），中央文献出版社 2019 年版，第 21 页。

〔3〕 李克强：《政府工作报告》，《人民日报》2021 年 3 月 13 日。

颁布的《中华人民共和国国民经济和社会发展第十四个五年规划和2035年远景目标纲要》又一次强调要“深入实施制造强国战略”，“坚持自主可控、安全高效，推进产业基础高级化、产业链现代化，保持制造业比重基本稳定，增强制造业竞争优势，推动制造业高质量发展。”〔1〕

截至2021年底，中国已建成21家国家制造业创新中心、2家国家地方共建制造业创新中心和223家省级制造业创新中心。中国制造业增加值从2012年的16.98万亿元增长到2021年的31.4万亿元，连续12年位列全球首位；不仅工业门类齐全，还有220余种工业品产量居世界第一位。同时，制造业的数字化、网络化、智能化转型加快，2021年底全国工业企业关键工序数控化率、数字化研发设计工具普及率分别达55.3%和74.7%。随着高铁、核电、4G/5G等成体系走出国门，“中国制造”在全球的影响力不断提升。〔2〕

同时也必须看到，中国的制造业产业链中仍有一些领域对国外存在较大程度的依赖，其中尤以光刻机、高端芯片、轴承和运行控制系统、燃气轮机热部件、设计和仿真软件等产业的问题最为突出，关键核心技术领域的短板将使中国的产业链供应链特别是一些战略性新兴产业产业链供应链的安全面临隐患。〔3〕这也是中国政府一直致力于推动战略性新兴产业发展最重要的原因。

智能制造是制造强国建设的主攻方向，关乎中国制造业的整体发展水平。2021年底，工信部、国家发改委、教育部等八部门联合印发《“十四五”智能制造发展规划》。《规划》提出了明确的发展目标：到2025年，规模以上制造业企业大部分实现数字化网络化，重点行业骨干企业初步应用智能化；到2035年，规模以上制造业企业全面普及数字化网络化，重点行业骨干企业基本实现智能化，并围绕目标提出了一

〔1〕《中华人民共和国国民经济和社会发展第十四个五年规划和2035年远景目标纲要》,《人民日报》2021年3月13日。

〔2〕《制造业正从中国制造向中国创造迈进》,《人民日报》2022年3月21日。

〔3〕中国工程科技发展战略研究院:《中国战略性新兴产业发展报告（2022）》，科学出版社2021年版，第7页。

系列攻关和建设行动方案，为中国未来一个时期的智能制造发展指明了方向。

二、发展战略性新兴产业

战略性新兴产业代表着科技革命与产业变革的方向，是构建现代产业体系最重要的环节之一。为了推动经济体系的优化升级和产业结构向中高端迈进，中国政府高度关注对经济社会长远发展具有重大引领带动作用的战略性新兴产业。“十二五”时期，国家已经出台关于战略性新兴产业的发展规划，“十三五”时期战略性新兴产业则被摆在更加突出重要的位置。2015 年《中共中央关于制定国民经济和社会发展第十三个五年规划的建议》提出实施工业强基工程和智能制造工程等要求，提出大力促进新一代信息通信技术、高档数控机床、航空航天装备、电力装备、生物医药等具有高科技含量的新型产业的发展。〔1〕

继国家科技成果转化引导基金之后，2015 年国务院决定设立国家新兴产业创业投资引导基金，整合政府财政资金并吸引社会资本参与，以市场化的运营方式投资支持初创期的新兴产业、高技术产业和创新型企业的发展，新一代信息技术、高端装备、新能源、新材料、生物、节能环保等新兴产业都成为基金投资的重点领域。

“十三五”开局之年，国务院印发《“十三五”国家战略性新兴产业规划》。按照规划，中国将依托于网络经济、高端制造、生物经济、绿色低碳、数字创意五大领域“实现向创新经济的跨越”，信息技术产业、高端装备与新材料产业、生物产业、新能源汽车、新能源和节能环保产业、数字创意产业是“十三五”时期国家推动的重点。此外，国家还将在空天海洋、信息网络、生命科学、核技术等领域进行布局。同时，规划还提出了打造战略性新兴产业发展策源地与标志性产业集聚区的目标，以战略性新兴产业集约集聚模式的发展带动产业与区域经济的转型升级。

国家密集地出台了一系列政策措施，从人才培养、税收优惠、技术

〔1〕《十八大以来重要文献选编》(中)，中央文献出版社 2016 年版，第 797 页。

支持、产权保护、金融支持、贸易政策、公共服务等各个层面为战略性新兴产业的发展创造有利的制度环境与市场环境，以推动“十三五”规划的贯彻落实。为了更好地对战略性新兴产业的发展进行监测和管理，2018年国家统计局制定发布《战略性新兴产业分类》，对战略性新兴产业的概念、范围、重点产品和服务作出清晰界定。

在从中央到地方各级政府的大力推动下，战略性新兴产业的发展取得了长足的进步。2019年底，中国规模以上工业中从事战略性新兴产业的企业有近7万家，占规模以上工业企业的比重为18.4%。据国家统计局数据，“十三五”时期，中国的工业增加值由2016年的23.5万亿元增至2020年的31.3万亿元，其中规模以上高技术制造业和装备制造业增加值的年平均增速分别达到10.3%和8.4%，明显高于全部规模以上工业。2020年，规模以上高技术制造业、装备制造业占规模以上工业增加值的比重分别为15.1%和33.7%。除了高技术制造业和装备制造业，其他新兴产业也快速增长，比如2020年中国电子信息产业规模超过23.2万亿元，同比增长10.1%；中国的生物制造产业规模已经位居全球第一；2020年底中国新能源汽车保有量达492万辆，充电桩保有量已居世界第一；2020年，环保产业已累计支持约9亿千瓦煤电机组和超过6亿吨钢铁产能的超低碳排放，等等。[1]据国家统计局数据，进入“十四五”时期后，高技术制造业和装备制造业依然保持着快速增长，2021年全年规模以上工业中，高技术制造业和装备制造业增加值分别比上年增长18.2%和12.9%，占规模以上工业增加值的比重分别为15.1%和32.4%。2021年全年高技术产业投资比上年增长17.1%。全年新能源汽车产量367.7万辆，比上年增长152.5%。

在快速增长的过程中，战略性新兴产业的发展也面临着核心技术、人才资金、产业基础等方面的诸多问题和瓶颈，未来仍需要不断探索和推动。根据《中华人民共和国国民经济和社会发展第十四个五年规划

---

〔1〕 中国工程科技发展战略研究院：《中国战略性新兴产业发展报告（2022）》，科学出版社2021年版，第43、63、263、229页。

和 2035 年远景目标纲要》，中国在“十四五”时期将“着眼于抢占未来产业发展先机，培育先导性和支柱性产业，推动战略性新兴产业融合化、集群化、生态化发展，战略性新兴产业增加值占 GDP 比重超过 17%。”[1]各省也相继出台了关于战略性新兴产业的发展规划，并因地制宜打造适合本地经济的战略性新兴产业集群，不断壮大新兴产业规模，促进制造业整体的高质量发展。

三、发展现代服务业

党的十八大以来，在新发展理念的指导下，服务业快速发展，规模不断扩大，不仅吸纳了大量就业，还在促进产业融合和产业转型升级中发挥了十分重要的作用，成为中国经济的重要引擎之一。2013 年，中国第三产业增加值占比首次超过了第二产业，在一些省份第三产业已成为主导产业。2015 年，服务业对经济增长的贡献率首次超过第二产业并一举突破 50%。

在加快发展现代服务业的过程中，中国出台了一系列举措。2014 年，针对生产性服务业发展相对滞后、国际竞争力偏弱的现状，国务院印发《关于加快发展生产性服务业促进产业结构调整升级的指导意见》，要求以产业转型升级需求为导向，加快生产性服务业的发展，促进产业逐步由生产制造型向生产服务型转变，并将研发设计、第三方物流、融资租赁、信息技术服务、节能环保服务、检验检测认证、电子商务、商务咨询、服务外包、售后服务、人力资源服务和品牌建设确立为生产性服务业发展的重点。《意见》对放宽市场准入、营造公平竞争环境、完善政府采购、制定配套措施等工作进行了明确部署，并强调在推进生产性服务业加快发展的同时，要围绕人民群众的迫切需要，继续大力发展生活性服务业。

2015 年，《中共中央关于制定国民经济和社会发展第十三个五年规

---

〔1〕《中华人民共和国国民经济和社会发展第十四个五年规划和 2035 年远景目标纲要》，《人民日报》2021 年 3 月 13 日。

划的建议》提出了“开展加快发展现代服务业行动，放宽市场准入，促进服务业优质高效发展”的要求，要“推动生产性服务业向专业化和价值链高端延伸、生活性服务业向精细和高品质转变，推动制造业由生产型向生产服务型转变。”[1]2016年，国家启动了新一轮服务业综合改革试点。在一系列政策的推动下，服务业新登记注册企业数量快速增长，在吸纳就业、吸引投资、对外贸易、税收增长中服务业都扮演着越来越重要的角色。

与此同时，政府大力推动多产业的融合发展，加强现代服务业与第一、第二产业之间的联系。2019年11月，国家发改委、工信部、财政部、商务部、中国人民银行等15部门联合印发《关于推动先进制造业和现代服务业深度融合发展的实施意见》，以推动先进制造业和现代服务业的相融相长、耦合共生。《意见》提出要培育先进制造业和现代服务业融合发展的新业态新模式，探索重点行业，重点领域两者融合发展的新路径，发挥多元化融合发展主体作用等，并从环境优化、用地保障、金融支持等各个方面为两者的融合发展创造条件，从而推动我国企业生产性服务投入的逐步提高和产业生态的不断完善。

据国家统计局数据，“十三五”时期，中国信息传输、软件和信息技术服务业增加值一直保持着15%以上的较高增速；规模以上高技术服务业、科技服务业和战略性新兴服务业营业收入的年均增速分别达到12.3%、14.2%和15.3%，有力地促进了服务业整体的高质量发展和经济转型升级。2021年，在全年规模以上服务业中，中国战略性新兴服务业企业营业收入实现了16.0%的增长。

现代服务业的健康发展不仅推动了制造业的高质量发展和新经济增长点的培育，同时也是构建高水平开放型经济不可或缺的一环。随着对外开放程度的不断提升，中国的服务贸易也实现了快速发展。“十三五”时期，中国在北京、天津、上海、重庆、海南、大连、厦门、青岛、深圳、苏州、杭州、武汉、广州等28个地区启动了服务贸易创新发展试

---

〔1〕《十八大以来重要文献选编》(中)，中央文献出版社2016年版，第797页。

点工作，不断探索完善服务贸易管理体制、扩大服务业的双向开放力度、创新服务贸易发展方式。在各级政府的推动下，“中国服务”的国际竞争力不断增强。据国家统计局数据，2020年，中国的服务进出口总额位居世界第二，是全球前五大服务贸易国中唯一的发展中国家。而计算机、数字技术等为代表的知识密集型领域是服务贸易增长的主要推动力，2021年中国服务进出口总额高达8212亿美元，其中知识密集型服务进出口占服务进出口总额的比重为43.9%。2021年9月，中共中央、国务院印发《全面深化前海深港现代服务业合作区改革开放方案》，通过前海深港现代服务业合作区的开发建设来支持香港经济社会发展、提升粤港澳合作水平、构建对外开放的新格局。《方案》明确提出到2025年实现“建立健全更高层次的开放型经济新体制，初步形成具有全球竞争力的营商环境，高端要素集聚、辐射作用突出的现代服务业蓬勃发展”的目标。

四、建设现代化基础设施体系

在很长的一个时期内，基础设施建设一直相对滞后于经济发展，这是中国政府多年来高度关注基础设施建设、不断强调要加强交通、通信、水利等基础设施建设的根本原因。党的十八大以来，中国的基础设施建设取得了很多重要成就。

在交通运输方面，综合交通基础设施网络逐步形成。2012年以来，中国持续加大对交通运输基础设施建设的投资力度，“十纵十横”的综合运输大通道不断完善。随着一大批高铁线路的开通和京张高铁等一批标志性工程的完工，一个现代化的高铁网络得以形成。据国家统计局数据，2020年末中国铁路营业里程14.6万公里，其中高铁营业里程达3.8万公里。“十三五”时期中国高铁营业里程保持着年均13.9%的增幅，中国高铁已经跃居世界第一，铁路运输进入高铁时代。公路路网的通达度和质量也在不断提升，2020年末，全国等级公路达494万公里，占公路总里程的95.1%。内河航道、港口建设、民航建设、邮政网络都取得了新的进展。交通走廊正在快速形成。2020年，长江干线货物通过量达

30.6 亿吨，已经连续 15 年保持世界内河航运第一的地位，同年长江经济带的货物周转量达 87393 亿吨公里。我国交通运输发展已经由“总体缓解”向“基本适应”转变。交通综合运输服务保障能力的提升为经济的发展提供了有力保障。

与此同时，在加快建设数字中国的过程中，中国政府不断推进 5G、人工智能、工业互联网等新型基础设施建设。“十三五”时期，中国与互联网相关的信息化基础设施建设实现了快速发展。中国建成了全球规模最大的光纤和第四代移动通信（4G）网络、第五代移动通信（5G）网络建设和相关应用也在加速推进。2020 年末，全国光缆线路总长度达 5169 万公里，宽带用户的普及率大幅度提高，光纤用户占比超过 94%，互联网协议第六版（IPv6）活跃用户数达到 4.6 亿。在高端光电子、集成电路芯片等领域，中国的信息通信技术亦有所突破。中国的信息基础设施处于世界领先水平。

2020 年底，工信部公布了《工业互联网创新发展行动计划（2021—2023 年）》。《行动计划》在新型基础设施、融合应用成效、技术创新能力、产业发展生态等方面都提出了明确的发展目标，中国的工业互联网进入快速成长期。2022 年第一季度，我国的工业互联网产业规模突破万亿元大关，工业互联网在研发设计、生产制造、运营管理等诸多领域得到广泛的应用。国家工业互联网大数据中心等 75 个项目已建成投入运行，大量工业互联网试点示范项目的建设亦在有序推进过程中。

“构建系统完备、高效实用、智能绿色、安全可靠的现代化基础设施体系”[1]是“十四五”时期统筹推进基础设施建设的重要目标，中国既要一如既往加强交通、水利等基础设施建设，推进能源革命，同时还要对包括第五代移动通信、工业互联网、大数据中心等在内的新型基础设施进行系统布局。2021 年 5 月，国家发改委、中央网信办、工信部、国家能源局研究制定《全国一体化大数据中心协同创新体系算力枢纽实施方案》。《方案》明确提出要统筹围绕国家重大区域发展战略，根据能

〔1〕《十九大以来重要文献选编》（中），中央文献出版社 2021 年版，第 796 页。

源结构、产业布局、市场发展、气候环境等，在京津冀、长三角等地布局建设全国一体化算力网络国家枢纽节点，进一步打通节点之间的网络传输通道，提升跨区域算力调度水平。

2021 年 12 月，国务院印发《“十四五”数字经济发展规划》。根据规划，“十四五”时期中国将从三个方面推进数字基础设施的优化升级：一是加快建设信息网络基础设施，建设高速泛在、天地一体、云网融合、智能敏捷、绿色低碳、安全可控的智能化综合性数字信息基础设施。包括骨干网扩容、5G 网络规模化部署、第六代移动通信（6G）网络技术储备布局、空间信息基础设施演进升级等等。二是推进云网协同和算网融合发展，加快构建算力、算法、数据、应用资源协同的全国一体化大数据中心体系。在京津冀、长三角、粤港澳大湾区、成渝地区双城经济圈、贵州、内蒙古、甘肃、宁夏等地区布局全国一体化算力网络国家枢纽节点，建设数据中心集群，结合应用、产业等发展需求优化数据中心建设布局。加快实施“东数西算”工程，推进绿色数字中心建设，推动智能计算中心有序发展。三是有序推进基础设施智能升级，稳步构建智能高效的融合基础设施，提升基础设施网络化、智能化、服务化、协同化水平。高效布局人工智能基础设施，提升支撑“智能 +”发展的行业赋能能力。推动农林牧渔业基础设施和生产装备智能化改造，推进能源、交通运输、水利、物流、环保等领域基础设施数字化改造，推动新型城市基础设施建设。

2022 年初，旨在通过构建数据中心、云计算、大数据一体化的新型算力网络体系、将东部算力需求有序引导到西部的“东数西算”工程正式启动，在京津冀长三角、粤港澳大湾区、成渝、内蒙古、贵州、甘肃、宁夏等地国家算力枢纽节点的建设即将展开。根据全国一体化大数据中心体系的总体布局，八个国家算力枢纽节点将作为中国算力网络的骨干连接点。“东数西算”工程将推动算力资源的有序向西转移，从而逐步解决东西部算力的供需失衡问题。算力枢纽、数据中心集群的成长将为中国数字经济以及区域之间的协同联动、协调发展创造新的有利条件。

第六章　推进区域协调发展和新型城镇化

党的十八大以来，以习近平同志为核心的党中央坚持实施区域重大战略、区域协调发展战略、主体功能区战略，健全区域协调发展体制机制，完善新型城镇化战略，构建了高质量发展的国土空间布局和支撑体系。

第一节　实施区域重大战略

党的十八大以来，中国积极推进京津冀协同发展、长江经济带发展、粤港澳大湾区建设、长三角一体化发展、黄河流域生态保护和高质量发展等区域重大战略，加快构建高质量发展动力系统，努力打造创新平台和新增长极。

一、推进京津冀协同发展和高标准高质量建设雄安新区

京津冀同属京畿重地，是中国经济最具活力、开放程度最高、创新能力最强、吸纳人口最多的地区之一，但区域发展也面临北京聚集过多的非首都功能，区域水资源严重短缺，

环境污染问题突出，区域功能布局不够合理，城镇体系结构失衡，区域发展差距拉大等诸多困难和问题。2013 年，习近平总书记先后到天津、河北调研，强调要推动京津冀协同发展。2014 年 2 月，习近平总书记在北京考察时全面深刻阐述了京津冀协同发展战略的重大意义、推进思路和重点任务。2015 年 2 月，习近平总书记主持召开中央财经领导小组第九次会议时强调，“疏解北京非首都功能、推进京津冀协同发展，是一个巨大的系统工程。目标要明确，通过疏解北京非首都功能，调整经济结构和空间结构，走出一条内涵集约发展的新路子，探索出一种人口经济密集地区优化开发的模式，促进区域协调发展，形成新增长极。思路要明确，坚持改革先行，有序配套推出改革举措。方法要明确，放眼长远、从长计议，稳扎稳打、步步为营，锲而不舍、久久为功。”〔1〕4 月，中央政治局审议通过的《京津冀协同发展规划纲要》指出，推动京津冀协同发展是一项重大国家战略，核心是有序疏解北京非首都功能，要在京津冀交通一体化、生态环境保护、产业升级转移等重点领域率先取得突破。《纲要》还明确了京津冀三地的功能定位和发展目标。2016 年 5 月，习近平总书记主持召开中央政治局会议，研究部署规划建设北京城市副中心和进一步推动京津冀协同发展有关工作。2019 年 1 月，习近平总书记主持召开京津冀协同发展座谈会时强调，“要从全局的高度和更长远的考虑来认识和做好京津冀协同发展工作，增强协同发展的自觉性、主动性、创造性，保持历史耐心和战略定力，稳扎稳打，勇于担当，敢于创新，善作善成，下更大气力推动京津冀协同发展取得新的更大进展。”〔2〕

党的十八大以来，京津冀三地深入贯彻落实协同发展战略部署，同心协力打造区域发展新格局，在非首都功能疏解、重点领域协同发展、协同发展体制机制建设、高标准高质量建设雄安新区等方面不断取得突

〔1〕《真抓实干主动作为形成合力 确保中央重大经济决策落地见效》，《人民日报》2015 年 2 月 11 日。

〔2〕 习近平：《论把握新发展阶段、贯彻新发展理念、构建新发展格局》，中央文献出版社 2021 年版，第 304 页。

破，区域整体实力和竞争力明显增强。

有序推进北京非首都功能疏解，京津冀区域空间布局、经济结构和人口规模得到优化调整。一是非首都功能存量得到疏解。截至 2020 年底，随着《关于严格控制北京市域范围内新增项目审批的暂行规定》《北京市新增产业的禁止和限制目录》等文件相继出台实施，北京市累计不予办理新设立或变更登记业务超过 2.3 万件；20 多所北京市属学校、医院向京郊转移；北京市疏解一般制造业企业累计近 3000 家，疏解提升区域性批发市场和物流中心累计约 1000 个。二是经济结构和人口规模得到优化调整。首都高精尖产业新设市场主体占比从 2013 年的 40.7% 上升至 2020 年的 60%；北京市常住人口规模自 2017 年以来持续下降，2021 年末降至 2188.6 万人。

京津冀交通、生态、产业等重点领域协同发展取得显著成效。一是交通一体化进程加快。京张高铁、京沈高铁建成通车，“轨道上的京津冀”加快构建；北京大兴国际机场建成投运并运行良好；京津冀机场群和港口群协同联动建设深入推进。二是生态联防联控联治取得明显成效。2021 年，京津冀地区 PM2.5 平均浓度降至 38 微克 / 立方米，同比下降约 15.6%；京津冀地区 192 个国控断面监测中，水质达到或好于Ⅲ类比例上升到 70.4%，同比提高 8 个百分点。三是产业升级转移扎实推进。截至 2020 年底，北京现代汽车沧州工厂建成投产以来累计产销整车超过 50 万辆；北京·沧州生物医药园共吸引 95 家北京医药企业签约落户；北京大数据产业链部分环节加快向张北云计算产业基地集聚。

京津冀协同发展体制机制日益完善。一是科技创新合作机制日趋健全。中关村企业在津冀两地分支机构累计达 8300 多家，北京输出到津冀的技术合同成交额累计超过 1200 亿元。二是一系列重大改革开放举措相继推出。北京相继实施 20 余项创新政策措施，加大数字经济和数字贸易、科技、金融等服务业对外开放；北京自贸试验区高端产业片区正式挂牌，天津自贸试验区国际贸易单一窗口、国家船舶登记等 128 项制度创新任务基本完成，河北自贸试验区从贸易便利化、金融创新、政府职能转变等领域推出首批 16 项制度创新案例。

高标准高质量建设河北雄安新区取得显著成效。2016 年 5 月，中央政治局会议审议了《关于规划建设北京城市副中心和研究设立河北雄安新区的有关情况的汇报》。2017 年 2 月，习近平总书记专程到河北省安新县进行实地考察，主持召开雄安新区规划建设工作座谈会。3 月 28 日，中共中央、国务院发出通知，决定设立河北雄安新区。这是继深圳经济特区和上海浦东新区之后又一具有全国意义的新区。〔1〕新区规划范围涵盖河北省雄县、容城、安新三县及周边部分区域。6 月，中共河北雄安新区工作委员会、河北雄安新区管理委员会获批设立。2018 年至 2019 年，《河北雄安新区规划纲要》《河北雄安新区总体规划（2018—2035 年）》《关于支持河北雄安新区全面深化改革和扩大开放的指导意见》相继出台。2019 年 1 月，习近平总书记在河北雄安新区考察时强调，“建设雄安新区是千年大计。新区首先就要新在规划、建设的理念上，要体现出前瞻性、引领性。要全面贯彻新发展理念，坚持高质量发展要求，努力创造新时代高质量发展的标杆。”〔2〕近年来，雄安新区建设取得重大进展。一是规划体系基本建立。除总体规划外，起步区控制性规划、启动区控制性详细规划、白洋淀生态环境治理和保护规划等基础性规划相继出台，交通、防震、能源等 20 多个专项规划印发实施。二是雄安质量标准体系、人力资源、行政体制等 15 个配套方案相继出台，新区发展政策框架基本形成。三是重点建设项目加快实施。启动区和起步区市政基础设施、生态工程、公共服务配套等 120 多个重大项目建设加快推进；京雄城际正式开通；容东片区 900 多栋安置住宅完成主体结构封顶。四是白洋淀生态环境治理取得明显成效。《白洋淀生态环境治理和保护规划（2018—2035 年）》、白洋淀治理“十四五”实施方案和 2021 年行动计划相继印发；雄安新区 606 个有水纳污坑塘全部治理完毕，治理涉水企业 1000 多家，淀区水质已由劣Ⅴ类转为Ⅳ类，通过补

〔1〕《党的十八大以来大事记》，人民出版社 2017 年版，第 70 页。

〔2〕《稳扎稳打勇于担当敢于创新善作善成 推动京津冀协同发展取得新的更大进展》，《人民日报》2019 年 1 月 19 日。

水促使淀区水位保持在6.8米以上。

二、推进长江经济带发展

长江经济带覆盖上海、江苏、浙江、安徽、江西、湖北、湖南、重庆、四川、云南、贵州等11个省市，面积约205.23万平方公里，占全国陆域面积的21.4%，人口和地区生产总值均超过全国的40%。推动长江经济带发展，是以习近平同志为核心的党中央作出的重大决策，是关系国家发展全局的重大战略。2014年9月，国务院印发《关于依托黄金水道推动长江经济带发展的指导意见》。12月，中共中央成立推动长江经济带发展领导小组。2016年9月，中共中央、国务院印发《长江经济带发展规划纲要》，确立了长江经济带“一轴、两翼、三极、多点”的发展新格局。2018年4月，习近平总书记在武汉主持召开深入推动长江经济带发展座谈会时强调，“新形势下，推动长江经济带发展，关键是要正确把握整体推进和重点突破、生态环境保护和经济发展、总体谋划和久久为功、破除旧动能和培育新动能、自身发展和协同发展等关系，坚持新发展理念，坚持稳中求进工作总基调，加强改革创新、战略统筹、规划引导，使长江经济带成为引领我国经济高质量发展的生力军。”[1]2020年11月，习近平总书记在南京主持召开全面推动长江经济带发展座谈会时强调，“要贯彻落实党的十九大和十九届二中、三中、四中、五中全会精神，坚定不移贯彻新发展理念，推动长江经济带高质量发展，谱写生态优先绿色发展新篇章，打造区域协调发展新样板，构筑高水平对外开放新高地，塑造创新驱动发展新优势，绘就山水人城和谐相融新画卷，使长江经济带成为我国生态优先绿色发展主战场、畅通国内国际双循环主动脉、引领经济高质量发展主力军。”[2]

党的十八大以来，沿江11省市按照党中央和国务院的决策部署，坚持共抓大保护、不搞大开发，坚持生态优先、绿色发展，以生态引领

---

〔1〕《十九大以来重要文献选编》(上)，中央文献出版社2019年版，第404页。

〔2〕《习近平谈治国理政》第4卷，外文出版社2022年版，第357页。

发展、以改革激发活力、以创新增强动力，推动长江经济带高质量发展取得明显成效。

长江经济带生态环境保护修复成效显著。水污染治理、水生态修复和水资源保护“三水共治”全面实施；沿江城镇污水垃圾处理、化工污染治理、农业面源污染治理、船舶污染治理以及尾矿库污染治理“4+1”工程扎实推进；截至2021年底，2018年以来沿江生态环境警示片共披露的484个问题中，437个突出问题得到有效整改；首部流域法《长江保护法》于2021年3月1日开始全面施行。长江干流、主要支流和重点湖泊水域相继进入为期10年的常年禁捕期，依法治江进入新阶段；在沿江省市、有关部门和企业的共同努力下，长江生态环境持续恶化态势得到有效遏制。2021年，长江流域水质优良的国控断面比例为97.1%，同比增加1.2个百分点。长江两岸完成营造林1786.6万亩、石漠化综合治理391.5万亩、水土流失治理574.7万亩。

长江经济带创新发展取得明显成效。上海加快建设具有全球影响力的科技创新中心；成渝地区加快建设具有全国影响力的科技创新中心；上海张江、安徽合肥综合性国家科学中心“两心同创”，开展科技协同攻关；以重庆芯屏器核网、武汉光芯屏端网为代表的新兴产业集群不断增大；2020年，长江经济带研究与试验发展经费达到11689.2亿元，比上年增长10.7%，高于全国平均水平。

长江经济带区域协调发展稳步推进。以黄金水道为纽带，长江经济带加快建设“1+3”省际协商合作机制，深化上中下游区域合作，协调推进生态环境保护修复、交通基础设施建设和基本公共服务共享等重大事项。长江上游云南、贵州和四川共同出资设立赤水河流域横向生态保护补偿基金；长江下游安徽和浙江两省开展首个跨省流域生态补偿试点，新安江治理成为生态保护补偿的样板典范。上海、武汉、重庆、成都等中心城市和长三角、长江中游、成渝三大城市群人口和经济集聚能力及辐射带动能力持续增强，城市风貌、综合承载能力和治理水平显著提升。

长江经济带推动高水平对外开放，东西海陆双向开放发展成效显著。沿江11省市中有9个省市设立了自贸试验区，中国第一张外资准入负面清单、全流程“无纸化”通关、铁路提单信用证融资结算、“小时清单制”等新制度相继推出。上海自贸试验区临港新片区加快构建具有较强国际市场影响力和竞争力的特殊经济功能区。中越、中老、中缅国际通道高速公路云南境内段全线贯通。重庆、成都等内陆城市积极推动中欧班列和西部陆海新通道建设，2020 年，长江经济带 11 个省市开行中欧班列 7258 列，占全国开行量的 58.5%。

三、推进粤港澳大湾区建设

粤港澳大湾区是中国开放程度最高、经济活力最强的区域之一，在国家发展大局中具有重要战略地位。建设粤港澳大湾区，既是新时代推动形成全面开放新格局的新尝试，也是推动“一国两制”事业发展的新实践。党的十九大报告明确提出，“要支持香港、澳门融入国家发展大局，以粤港澳大湾区建设、粤港澳合作、泛珠三角区域合作等为重点，全面推进内地同香港、澳门互利合作，制定完善便利香港、澳门居民在内地发展的政策措施。”〔1〕2017 年 12 月，习近平总书记在中央经济工作会议上指出，粤港澳大湾区建设要科学规划，加快建立协调机制。2018 年 5 月 10 日和 31 日，习近平总书记先后主持召开中央政治局常委会会议和中央政治局会议，对《粤港澳大湾区发展规划纲要》进行审议。关于粤港澳大湾区发展的战略定位，《纲要》指出，要把粤港澳大湾区建设成为充满活力的世界级城市群、具有全球影响力的国际科技创新中心、“一带一路”建设的重要支撑、内地与港澳深度合作示范区、宜居宜业宜游的优质生活圈。2019 年 2 月，中共中央、国务院印发《粤港澳大湾区发展规划纲要》。2020 年，《中共中央关于制定国民经济和社会发展第十四个五年规划和二〇三五年远景目标的建议》明确提出，“支持香港、澳门更好融入国家发展大局，高质量建设粤港澳大湾区，完善便利港澳居民在内地发展政策措施。”〔2〕

---

〔1〕《十九大以来重要文献选编》(上)，中央文献出版社 2019 年版，第 39 页。
〔2〕《十九大以来重要文献选编》(中)，中央文献出版社 2021 年版，第 816 页。

粤港澳大湾区建设正式启动以来已取得阶段性显著成效，国际一流湾区和世界级城市群建设迈出坚实步伐。一是大湾区综合实力显著增强。2021 年大湾区经济总量约 12.6 万亿元，比 2017 年增长约 2.4 万亿元；25 家企业进入世界 500 强，比 2017 年增加 8 家；广东省现有高新技术企业超 6 万家，比 2017 年净增加 2 万多家。二是大湾区国际科技创新中心的影响力显著增强。广东省已布局深圳鹏城和广州 2 家国家实验室、10 家广东省实验室、30 家国家重点实验室，以及和香港、澳门联合的实验室共 20 家。三是大湾区基础设施互联互通取得明显成效。大湾区“1 小时生活圈”基本形成。截至 2021 年底，大湾区铁路运营里程近 2500 公里，其中高铁里程 1430 公里，在建里程 975 公里；大湾区高速公路通车里程达 4972 公里，路网密度达到 9.1 公里 / 百平方公里；通过创新实施“一站式通关”“合作查验、一次放行”等便利通关模式，三地口岸通关效率大幅提升；自 2018 年 10 月世界总体跨度最长、钢结构桥体最长、海底沉管隧道最长的跨海大桥——港珠澳大桥开通以来，经珠海公路口岸出入境的旅客超过 2100 万人次、出入境车辆超过 310 万辆次；大湾区世界级的机场群和港口群加快形成，机场群旅客吞吐能力超过 2 亿人次、港口集装箱吞吐量超过 8000 万标箱。四是大湾区三地规则衔接、机制对接的“软联通”不断深化，开放型经济新体制加快形成。广东对港澳实施更短的负面清单，基本实现与港澳服务贸易自由化。“深港通”、债券“南向通”、“跨境理财通”等措施落地实施。截至 2021 年底，香港、澳门居民通过代理见证开立内地银行个人账户超 18 万户；参与“跨境理财通”试点业务的大湾区居民超过 2 万人次，资金汇划 5855 笔，金额 4.86 亿元；大湾区内地城市与港澳间累计跨境人民币结算量达到 21.01 万亿元。

四、推进长三角一体化发展

长三角地区是中国经济发展最活跃、开放程度最高、创新能力最强的区域之一，在国家现代化建设大局和全方位开放格局中具有举足轻重的战略地位。改革开放特别是党的十八大以来，长三角一体化发展取得明显成效，但也面临区域内发展不平衡不充分，跨区域共建共享共保共治机制尚不健全，基础设施、生态环境、公共服务一体化发展水平有待提高等新的问题和挑战。2018 年 11 月，习近平总书记在首届中国国际进口博览会上宣布，支持长江三角洲区域一体化发展并上升为国家战略。2019 年 12 月，中共中央、国务院印发《长江三角洲区域一体化发展规划纲要》，指出实施长三角一体化发展战略，是引领全国高质量发展、完善我国改革开放空间布局、打造我国发展强劲活跃增长极的重大战略举措。2020 年 8 月，习近平总书记在合肥主持召开扎实推进长三角一体化发展座谈会时强调，“实施长三角一体化发展战略要紧扣一体化和高质量两个关键词，以一体化的思路和举措打破行政壁垒、提高政策协同，让要素在更大范围畅通流动，有利于发挥各地区比较优势，实现更合理分工，凝聚更强大的合力，促进高质量发展。”〔1〕

近年来，长三角三省一市坚持以新发展理念引领高质量发展，多举措落实《长江三角洲区域一体化发展规划纲要》，积极推动实施长三角一体化发展战略。一是不断完善规划政策体系。上海围绕 7 个重点领域和 3 大重点区域，提出 65 项具体举措；江苏明确了绿色发展、公共服务、省内全域“六个一体化”的总体工作布局；浙江重点推进“九高九共同”主要任务，并推动编制形成 N 个专项行动计划和 11 个设区市实施方案；安徽明确提出 9 个方面重点任务。二是科技协同创新取得新进展。自 2019 年 4 月长三角科技资源共享服务平台开通运行以来，至 2020 年底，平台集聚重大科学装置 22 个、科学仪器 35546 台（套），总价值超过 431 亿元，平台累计访问量达 120 万人次。2021 年，上海向苏浙皖地区共输出技术 6903 项，成交额 384.82 亿元，占上海输出外省市技术合同成交总额的 24.6%。三是基础设施互联互通不断优化。长三角 17 条道路省际断头路中，6 条已通车；长三角高铁运营里程已突破 6000 公里；10 个有轨道交通城市已实现“一码通行”；3 省 1 市建成 5G

---

〔1〕 习近平：《论把握新发展阶段、贯彻新发展理念、构建新发展格局》，中央文献出版社 2021 年版，第 366 页。

基站超过18万个，约占全国总数的25%；浙沪联络线一期、浙苏天然气管道联通、淮南—南京—上海1000千伏特高压交流输电工程过江通道等重大能源基础设施项目建成并投入运营；长三角航运创新发展联盟成立，共同打造全球领先的世界级港口群；2021年《长江三角洲地区民航协同发展战略规划》出台，提出到2025年基本建成长三角世界级机场群体系。四是生态环境共保联治取得明显成效。2020年，长三角区域41个主要城市PM2.5年均浓度是35微克/立方米，较2015年下降31.4%；333个地表水国考断面水质优Ⅲ类及以上比例达91.3%，较2015年上升25个百分点。五是公共服务便利共享取得新进展。长三角"一网通办"正式开通，至2020年底，实现104个政务服务事项在41个城市跨省市通办，开通550个专窗办理点，6类交通运输电子证照和驾驶证、行驶证电子证照实现互认应用；41个城市实现医保"一卡通"，至2020年底，联网定点医疗机构8000余家，门诊直接结算总量已超278万人次，涉及医疗总费用7亿元。

五、推动黄河流域生态保护和高质量发展

黄河全长5464公里，是中国第二长河、世界第五大长河。黄河流域拥有天然生态廊道和三江源、祁连山、若尔盖等多个重要生态功能区域，农牧业基础较好，能源资源富集，文化根基深厚。但黄河一直"体弱多病"，生态本底差，水资源十分短缺，水土流失严重，资源环境承载能力弱，沿黄各省区发展不平衡不充分问题尤为突出。

习近平总书记一直心系黄河流域生态保护和高质量发展。2016年7月，习近平总书记在宁夏考察时强调，要加强黄河保护，坚决杜绝污染黄河行为，让母亲河永远健康。[1]2018年、2019年"两会"期间，习近平总书记在参加内蒙古代表团审议时强调，要抓好乌梁素海等湖泊生态综合治理，打好污染防治攻坚战。2019年8月，习近平总书记在甘肃考

〔1〕《解放思想真抓实干奋力前进 确保与全国同步建成全面小康社会》，《人民日报》2016年7月21日。

察时强调，治理黄河，重在保护，要在治理。9月，习近平总书记在郑州主持召开黄河流域生态保护和高质量发展座谈会时强调，“要坚持绿水青山就是金山银山的理念，坚持生态优先、绿色发展，以水而定、量水而行，因地制宜、分类施策，上下游、干支流、左右岸统筹谋划，共同抓好大保护，协同推进大治理，着力加强生态保护治理、保障黄河长治久安、促进全流域高质量发展、改善人民群众生活、保护传承弘扬黄河文化，让黄河成为造福人民的幸福河。”〔1〕2020年1月，习近平总书记主持召开中央财经委员会第六次会议时强调，“黄河流域必须下大气力进行大保护、大治理，走生态保护和高质量发展的路子”〔2〕。6月，习近平总书记在宁夏视察期间强调要统筹推进生态保护修复和环境治理，努力建设黄河流域生态保护和高质量发展先行区。〔3〕

2021年10月，中共中央、国务院印发《黄河流域生态保护和高质量发展规划纲要》。《纲要》提出要将黄河流域打造成为大江大河治理的重要标杆，国家生态安全的重要屏障，高质量发展的重要实验区，中华文化保护传承弘扬的重要承载区。为贯彻落实黄河流域生态保护和高质量发展重大国家战略，2021年至2022年，《黄河流域重要河道岸线保护与利用规划》《关于充分发挥检察职能服务保障黄河流域生态保护和高质量发展的意见》《“十四五”黄河流域生态保护和高质量发展城乡建设行动方案》《支持宁夏建设黄河流域生态保护和高质量发展先行区实施方案》等文件相继出台；《中华人民共和国黄河保护法（草案）》提请十三届全国人大常委会第三十二次会议初次审议。

党的十八大以来，黄河流域生态保护和高质量发展取得明显成效。据《黄河流域水土保持公报（2020年）》的数据，截至2020年，黄河流

〔1〕习近平：《论把握新发展阶段、贯彻新发展理念、构建新发展格局》，中央文献出版社2021年版，第330页。

〔2〕《抓好黄河流域生态保护和高质量发展 大力推动成渝地区双城经济圈建设》，《人民日报》2020年1月4日。

〔3〕《决胜全面建成小康社会决战脱贫攻坚 继续建设经济繁荣民族团结环境优美人民富裕的美丽新宁夏》，《人民日报》2020年6月11日。

域累计初步治理水土流失面积 25.24 万平方公里。其中，修建梯田 608.02 万公顷、营造水土保持林 1263.54 万公顷、种草 234.30 万公顷、封禁治理 418.35 万公顷；截至 2020 年，黄河流域累计建成淤地坝 5.81 万座，累计已淤坝地 8.59 万公顷；1990 年、1999 年黄河流域水土保持率分别为 41.49%、46.33%，2020 年黄河流域水土保持率上升为 66.94%；2020 年，黄河流域植被面积为 54.95 万平方公里，其中林地面积 23 万平方公里，草地面积 30.51 万平方公里，园地面积 1.44 万平方公里，分别占流域植被面积的 41.86%、55.52%、2.62%。黄河流域经济社会发展也取得显著成效。2019 年，沿黄九省区地区生产总值比 2012 年增长 58.5%；粮食总产量 23438.1 万吨，占全国的 35.3%；肉类产量 2641.7 万吨，占全国的 32.2%；油料产量 1703.97 万吨，占全国的 48.8%；水果产量 10694.89 万吨，占全国的 39%。

第二节　实施区域协调发展战略

党的十八大以来，中国积极推动西部大开发形成新格局、东北振兴取得新突破、中部地区加快崛起、东部地区加快推进现代化；支持革命老区、民族地区、边疆地区、贫困地区加快发展；加强区域协调发展新机制建设，区域经济发展呈现出协调性不断增强的良好局面。

一、推动西部大开发形成新格局

西部地区是国家重要的生态屏障和能源资源接续地，更是中国发展重要回旋余地和提升全国平均发展水平的巨大潜力所在。党的十八大以来，西部地区经济社会发展取得重大进展，但发展不平衡不充分问题依然突出。2017 年 1 月，经国务院批复同意、国家发改委印发的《西部大开发“十三五”规划》提出要深入实施西部大开发战略，推动新一轮西部大开发不断迈向深入，努力开创西部发展新局面。10 月，党的十九大报告提出要强化举措推进西部大开发形成新格局。2020 年 5 月，中共中央、国务院印发《关于新时代推进西部大开发形成新格局的指导意见》。2021 年 1 月，国家发改委修订出台《西部地区鼓励类产业目录（2020 年本）》。6 月，国务院西部地区开发领导小组会议讨论通过《西部大开发“十四五”实施方案》。10 月，国家发改委牵头建立西部大开发省部联席落实推进工作机制。2022 年 1 月，国务院印发《关于支持贵州在新时代西部大开发上闯新路的意见》，明确支持贵州建设西部大开发综合改革示范区，为推进西部大开发形成新格局探索路径。

党的十八大以来，推动西部大开发形成新格局取得显著成效。一是经济产业发展取得重大成就。2012 年至 2021 年，西部地区生产总值从 113915 亿元增加到 239710 亿元；西部地区建成了一批国家重要的能源基地、资源深加工基地、装备制造业基地和战略性新兴产业基地，为国民经济提供了重要支撑。二是脱贫攻坚取得决定性进展。2020 年底，西部地区贫困县全部实现脱贫摘帽。2018 年至 2020 年，中央财政对“三区三州”等深度贫困地区新增资金 722 亿元，占三年新增脱贫攻坚资金总量的 60.2%。通过脱贫攻坚，“三区三州”等深度贫困地区突出问题得到根本解决。三是基础设施更加完善。据《2021 年铁道统计公报》的数据，截至 2021 年底，西部地区铁路营业里程 6.1 万公里，占全国铁路营业里程的 40%。2021 年，四川、云南、贵州三省高速公路运营里程排名位居全国前五名；重庆和贵州高速公路分布密度位居全国前十名。《2021 年民航行业发展统计公报》的数据显示，截至 2021 年，西部地区运输机场 125 个，占全国总量的 50.4%；2021 年西部地区民航运输机场完成旅客吞吐量 2.97 亿人次，比上年增长 6.5%，占全国的 32.7%。能源工程建设方面，西气东输三线中段（中卫—吉安）天然气管道工程正式启动；宁夏宁东送山东青岛正负 660 千伏直流输电工程和宁夏灵武送浙江绍兴正负 800 千伏特高压直流输电工程两条西电东送重要通道已累计外送电量突破 5000 亿千瓦时；西电东送重大工程——白鹤滩江苏输电工程正式开工。四是国家生态安全屏障得到巩固。退耕还林还草、天然林保护等一批重点生态工程全面实施。截至 2019 年底，西部地区累计实施退耕还林还草 1.37 亿亩，森林覆盖率进一步提高。草原、湿地等重要生态系统得到有效保护和恢复，生态环境持续改善。五是对外开放迈上新台阶。2020年，西部地区已有10个省区市开通至北部湾港口的铁海联运班列，共开行4607列，运输23万标箱，同比增长105%；开通中越跨境班列1264列，同比增长23%；北部湾港、洋浦港集装箱吞吐量分别达到505万、102万标箱，同比分别增长32%和44%。北部湾港口综合收费与国内主要港口已基本持平，“提前申报”“两步申报”“两段准入”等通关改革加快推广，通关效率大幅提升，通道沿线国家和地区国际合作日益加深。

二、推动东北振兴取得新突破

东北地区是中国重要的工业和农业基地，在维护国家国防安全、粮食安全、生态安全、能源安全、产业安全方面的战略地位十分重要。实施东北地区等老工业基地振兴战略以来，东北地区经济社会发展取得明显成效和阶段性成果，但也面临深层次体制机制和结构性矛盾凸显等新的挑战。为积极应对东北地区经济下行压力，加快实现东北地区等老工业基地全面振兴，2014年至2016年，《关于近期支持东北振兴若干重大政策举措的意见》《关于全面振兴东北地区等老工业基地的若干意见》《关于深入推进实施新一轮东北振兴战略 加快推动东北地区经济企稳向好若干重要举措的意见》等文件相继出台。党的十九大报告提出要深化改革加快东北等老工业基地振兴。2018年9月，习近平总书记在东北三省考察并主持召开深入推进东北振兴座谈会时强调，新时代东北振兴，是全面振兴、全方位振兴，要从统筹推进“五位一体”总体布局、协调推进“四个全面”战略布局的角度去把握，瞄准方向、保持定力，扬长避短、发挥优势，一以贯之、久久为功，撸起袖子加油干，重塑环境、重振雄风，形成对国家重大战略的坚强支撑。[1]2019年8月，习近平总书记主持召开中央财经委员会第五次会议时指出，“东北地区建设

〔1〕《解放思想锐意进取深化改革破解矛盾 以新气象新担当新作为推进东北振兴》，《人民日报》2018年9月29日。

现代化经济体系具备很好的基础条件，全面振兴不是把已经衰败的产业和企业硬扶持起来，而是要有效整合资源，主动调整经济结构，形成新的均衡发展的产业结构。”[1]2020 年 10 月，党的十九届五中全会提出要推动东北振兴取得新突破。为推动“十四五”时期东北振兴取得新突破，2021 年 10 月，国家发改委印发《东北全面振兴“十四五”实施方案》。

党的十八大以来，在各方面的共同努力下，东北全面振兴取得积极进展。一是综合发展实力明显增强。2020 年，东北三省实现地区生产总值 5.1 万亿元，人均地区生产总值 5.2 万元；常住人口城镇化率 67.7%；粮食总产量达 2737 亿斤，占全国的 20.4%；东北三省农业机械化水平均达到 65% 以上，农业现代化建设加快推进。二是体制机制改革取得新突破。国有企业“三供一业”分离移交、厂办大集体改革任务基本完成；国有林场、林区改革全面完成；通过推进“放管服”改革、开展“金融助振兴”系列活动、实行“双随机、一公开”监管等，东北地区营商环境持续优化。三是科技创新取得重大进展。2020 年东北三省高新技术企业达 1 万余家，较 2019 年增长 24%；复兴号中国标准动车组、京张智能动车组下线运行；国产首艘航母、30 万吨超大智能原油船、跨音速风洞主压缩机等大国重器在辽宁问世。四是在基础设施、能源石化、新动能培育等领域实施一批重点项目，经济发展后劲持续增强。庄河Ⅲ（30 万千瓦）海上风电场建成运行，红沿河核电二期工程、徐大堡核电站 3 号和 4 号机组、清原抽水蓄能电站等相继开工；北京至沈阳、哈尔滨至牡丹江、通辽至新民高铁开通运营；5G、大数据中心等新型基础设施加快布局建设。五是经济开放水平逐步提升。中德（沈阳）高端装备制造产业园、中韩（长春）国际合作示范区、中日（大连）地方发展合作示范区先后批复设立；大连英特尔、一汽大众奥迪 Q 工厂等一批重大外资项目建成投产。六是生态文明建设取得新进展。小兴安岭—三江平原山水林田湖草保护修复试点等重点生态工程加快实施；辽河干流劣 V 类水质断面全面消除，渤海辽宁段水质明显改善；东北虎豹国家公园中虎豹

〔1〕 习近平:《推动形成优势互补高质量发展的区域经济布局》,《求是》2019 年第 24 期。

定居数量稳定增加。

三、促进中部地区加快崛起

中部地区承东启西、连南接北，交通网络发达、生产要素密集、人力和科教资源丰富、产业门类齐全、基础条件优越、发展潜力巨大，在全国区域发展格局中具有重要战略地位。中共中央、国务院高度重视新时期促进中部地区崛起工作。2014年5月，习近平总书记在河南考察时强调，要坚持稳中求进工作总基调，紧紧围绕中部地区崛起，深化改革、发挥优势、创新思路、统筹兼顾，确保经济持续健康发展、社会和谐稳定。[1]2016年12月，经国务院批复同意，国家发改委印发的《促进中部地区崛起“十三五”规划》提出了新时期中部地区在全国发展大局中“一中心、四区”新的战略地位，即全国重要先进制造业中心、全国新型城镇化重点区、全国现代农业发展核心区、全国生态文明建设示范区、全方位开放重要支撑区。2019年5月，习近平总书记在江西考察并主持召开推动中部地区崛起工作座谈会时强调，要贯彻新发展理念，在供给侧结构性改革上下更大功夫，在实施创新驱动发展战略、发展战略性新兴产业上下更大功夫，积极主动融入国家战略，推动高质量发展，不断增强中部地区综合实力和竞争力，奋力开创中部地区崛起新局面。[2]2021年4月，中共中央、国务院印发《关于新时代推动中部地区高质量发展的意见》，明确了中部地区坚持创新发展、协调发展、绿色发展、开放发展、共享发展五方面的重点任务。

党的十八大以来，中部地区充分发挥自身优势，努力提高经济增长的质量和效益，中部崛起再上新台阶。一是总体经济实力增强。“十三五”时期，中部地区生产总值年均增长达到8.6%，增速居东部、中部、西部、东北四大板块之首。2021年，中部地区生产总值250132

---

〔1〕《深化改革发挥优势创新思路统筹兼顾 确保经济持续健康发展社会和谐稳定》，《人民日报》2014年5月11日。

〔2〕《贯彻新发展理念推动高质量发展 奋力开创中部地区崛起新局面》，《人民日报》2019年5月23日。

亿元，比上年增长 8.7%，在四大区域板块中增速继续位居首位，有力支撑了全国经济的发展。二是中部地区的区位优势进一步凸显。安徽融入长江经济带发展战略和长三角一体化发展；江西、湖北、湖南融入长江经济带发展；河南、山西融入黄河流域生态保护和高质量发展。三是实施创新驱动发展战略取得明显成效。2019 年，安徽战略性新兴产业占规模以上工业产值比重达到 35%，区域创新能力连续八年稳居全国第一方阵；河南战略性新兴产业、高技术制造业增加值增速分别高于规模以上工业增速 5 个和 2 个百分点左右；湖北光芯屏端网产业规模突破 3000 亿元；江西航空、电子信息、中医药、新材料等产业营业收入实现两位数增长；湖南新能源、电子信息、大数据、人工智能等增速超过 30%，战略性新兴产业增长 10% 左右；山西非煤工业、制造业增速快于煤炭工业，工业结构反转呈现良好态势。四是积极打造内陆开放新高地取得新进展。湖南自由贸易试验区在贸易便利化改革、产业高质量发展、中非经贸合作、金融开放创新、政府职能转变、法治服务保障等方面，探索形成首批 47 项制度创新成果，其中 23 项属全国首创；湖北自由贸易试验区累计形成 6 批 253 项制度创新成果，平均每周出炉一项，全国、全省首创率 83%，其中 26 项获批在全国复制推广；河南自由贸易试验区累计形成 479 项改革创新成果，商事制度改革、跨境电商、多式联运、商品期货等领域制度创新走在全国前列；安徽自由贸易试验区内新设立企业 3857 家，签约入驻项目 341 个，协议引资额 2922 亿元，初步形成制度创新举措 31 项。五是对外开放水平提升。2006 年至 2020 年，中部六省进出口额从 535.8 亿美元增长到 3872.7 亿美元，实际吸收外资从每年 34.2 亿美元增长到 79.4 亿美元。六是生态文明建设取得明显成效。六省通过每年的生态修复和生态保护，绿化率和森林覆盖率不断提高；通过探索建立绿水青山变成金山银山的生态价值实现机制，促进产业生态化和生态产业化；通过深入推进生态文明体制改革，生态环境保护和绿色发展的制度体系不断健全；通过加强污染治理，环境质量总体不断改善。

四、鼓励东部地区加快推进现代化

东部地区是中国经济增长极所在，也是中国区域经济最为发达的区域。党的十九大报告提出要创新引领率先实现东部地区优化发展。《中华人民共和国国民经济和社会发展第十四个五年规划和2035年远景目标纲要》提出要鼓励东部地区加快推进现代化。东部地区要发挥改革开放先行、创新要素集聚、现代制造领先等优势，提升科技创新能力，培育壮大高质量发展动力源，更高层次参与国际经济合作和竞争，在全国率先实现高质量发展。

党的十八大以来，东部地区加快推进现代化取得重大进展。一是科技创新取得明显成效，创新活力持续释放。2021年，北京中关村示范区规模以上企业总收入增长20%以上，全市技术合同成交额增长10%，创新主体活跃，创新生态持续改善。〔1〕上海国家知识产权保护工作检查考核结果全国领先，每万人口高价值发明专利拥有量达到34件左右，高新技术企业突破2万家。〔2〕深圳全社会研发投入占地区生产总值比重达5.46%，国家高新技术企业2.1万家，PCT国际专利申请量稳居全国城市首位。〔3〕二是积极参与国际经济合作和竞争，努力打造对外开放新优势。2020年，东部沿海出口大省全年实现货物贸易出口总额20876亿美元，同比增长2.7%。2022年1月，国家外汇管理局在上海自由贸易试验区临港新片区、广东自由贸易试验区南沙新区片区、海南自由贸易港洋浦经济开发区、浙江省宁波市北仑区等区域开展跨境贸易投资高水平开放试点。三是深圳建设中国特色社会主义先行示范区、浦东打造社会主义现代化建设引领区、浙江高质量发展建设共同富裕示范区、山东新旧动能转换综合试验区建设取得新进展。深圳出台22项省级支持措施，综合改革试点首批40项授权事项大部分落地并在全国推广，广深“双

〔1〕 陈吉宁:《政府工作报告》,《北京日报》2022年1月13日。

〔2〕 龚正:《政府工作报告》,《解放日报》2022年1月25日。

〔3〕 覃伟中:《政府工作报告》,《深圳特区报》2022年4月21日。

城”联动首批 27 项重点合作项目和 7 大领域专项合作扎实推进；浦东通关便利化等政策细则率先发布，私募股权和创业投资份额转让等试点政策落地实施，市场准营承诺即入制等重大改革实现突破，生物医药研发用物品进口试点等开放措施有序推进；浙江谋划实施扩中提低等重大改革，启动 28 个首批共同富裕试点，承接财政部、民政部等 15 个国家部委的专项支持政策，40 余家省级部门出台配套落实政策，形成重点突破、合力推进的良好态势；山东首批制定了装备制造、信息技术等重点产业推进方案，加快推进万项技改、万企转型，工业技改投资增长 7.9%。

五、支持革命老区、民族地区、边疆地区、贫困地区发展

革命老区是党和人民军队的根，老区和老区人民为中国革命胜利和社会主义建设作出了重大牺牲和重要贡献。但由于自然、历史等多重因素影响，一些老区发展相对滞后、基础设施薄弱、人民生活水平不高的矛盾仍然比较突出。为进一步加快老区开发建设步伐，2015 年至 2016 年，国家发改委相继印发《大别山革命老区振兴发展规划》《川陕等革命老区振兴发展规划》《关于加大脱贫攻坚力度支持革命老区开发建设的指导意见》等文件。2016 年 2 月，中共中央办公厅、国务院办公厅印发《关于加大脱贫攻坚力度支持革命老区开发建设的指导意见》。2021 年 1 月，国务院印发《关于新时代支持革命老区振兴发展的意见》，指出要坚持统筹谋划、因地制宜、各扬所长，聚焦重点区域、重点领域、重点人群巩固拓展脱贫攻坚成果，促进革命老区振兴发展。11 月，国家发改委等 15 个部门联合印发《“十四五”支持革命老区巩固拓展脱贫攻坚成果衔接推进乡村振兴实施方案》，从健全帮扶长效机制、推动城乡融合、发展特色产业、完善政策体系等方面提出了 16 条创新性政策。党的十八大以来，革命老区振兴发展取得积极进展。2021 年，20 个革命老区重点城市实现地区生产总值超 4 万亿元，其中，临沂市超过 5000 亿元，赣州市、遵义市超过 4000 亿元，龙岩市、信阳市超过 3000 亿元。20 个革命老区重点城市地区生产总值合计增长约 8%，其中，赣州市、遵义市、黄冈市、六安市等增长超过 9%。20 个革命老区重点城市

人均地区生产总值超过 6 万元，其中，龙岩市、三明市人均地区生产总值超过 10 万元，延安市接近 10 万元。革命老区基础设施建设取得重大进展。赣深高铁、安九高铁、张吉怀高铁等一批在建项目加快推进；大广高速、汕昆高速、韶赣高速建成通车；荆州、韶关等机场建成投产，瑞金、湘西、丽水等机场项目加快建设；云霄抽水蓄能电站等加快推进，雅中—江西特高压直流工程竣工投产，瑞金电厂二期首台机组正式投产。革命老区生态文明建设取得积极进展。武陵山区、南岭山区梅州段等革命老区开展山水林田湖草沙一体化保护和修复工程；赣闽粤、陕甘宁、大别山等革命老区加强生态廊道和生态安全屏障体系建设；浙江丽水、江西抚州等开展生态产品价值实现机制试点。

加快少数民族和民族地区发展，是中国共产党的根本宗旨和社会主义的本质要求在民族工作上的体现，也是铸牢中华民族共同体意识的必然要求。由于少数民族和民族地区市场经济起步晚，竞争能力较弱，民族地区经济加快发展势头和发展低水平并存，总体上与东部地区发展绝对差距拉大。2014 年 12 月，中共中央、国务院印发的《关于加强和改进新形势下民族工作的意见》指出，要推动各民族和睦相处、和衷共济、和谐发展，走出一条具有中国特色、民族地区特点的科学发展路子。2016 年 12 月，国务院印发的《“十三五”促进民族地区和人口较少民族发展规划》。2021 年 8 月，习近平总书记在中央民族工作会议上强调，要推动各民族共同走向社会主义现代化。要完善差别化区域支持政策，支持民族地区全面深化改革开放，提升自我发展能力。[1]党的十八大以来，国家通过实施西部大开发、兴边富民行动等战略举措，加大对民族地区的扶持力度，有力地促进了少数民族和民族地区经济社会发展。2012 年至 2020 年，中央财政对民族八省区投入近 3000 亿元，占全国的 45%；民族八省区农村居民人均可支配收入从 5788 元增长到 13634 元。2016 年至 2020 年，民族八省区贫困人口累计减少 1560 万。28 个人口较少民族全

〔1〕《以铸牢中华民族共同体意识为主线　推动新时代党的民族工作高质量发展》，《人民日报》2021 年 8 月 29 日。

部实现整族脱贫，一些新中国成立后“一步跨千年”进入社会主义社会的“直过民族”，实现了从贫穷落后到全面小康的第二次历史性跨越。

边疆地区是中国领土不可分割的重要部分。没有边疆地区的发展，就没有全国的发展；没有边疆地区的稳定，就没有全国的稳定。由于特殊的历史、自然、地理和复杂的周边环境等多方面因素影响，同其他地区相比，边疆地区经济社会发展仍然相对滞后，基本建设欠账多，发展投入总体不足。党的十八大以来，习近平总书记多次到边疆地区考察，提出了“治国先治边”等战略思想。2017 年，国务院办公厅印发《兴边富民行动“十三五”规划》。2019 年，党的十九届四中全会提出要“加强边疆治理，推进兴边富民”。《中华人民共和国国民经济和社会发展第十四个五年规划和 2035 年远景目标纲要》提出要增强边疆地区发展能力，强化人口和经济支撑，促进民族团结和边疆稳定。党的十八大以来，在以习近平同志为核心的党中央坚强领导下，边疆地区经济快速发展、民生显著改善。2000 年至 2020 年，陆地边境县（市、区、旗）的地区生产总值从不足 900 亿元，增加到突破 1 万亿元；人均地区生产总值从不足 4400 元，增加到 4 万多元。边境地区群众生活水平大幅提高。位于边境地区的 69 个贫困县全部摘帽，人口较少民族全部整族脱贫。具备条件的乡镇、建制村实现通硬化路、通客车，全面实现“村村直通邮”，快递服务“村村通”加速推进。广大边民的住房安全、饮水安全得到有力保障，上学难、看病难得到有效解决，农村人居环境整治有序推进，城乡面貌焕然一新。

党的十八大以来，以习近平同志为核心的党中央，将脱贫攻坚纳入“五位一体”总体布局和“四个全面”战略布局。习近平总书记时刻挂念贫困地区和困难群众，把扶贫作为治国理政的重要内容，7 次主持召开中央扶贫工作座谈会，50 多次调研扶贫工作，走遍全国 14 个集中连片特困地区，考察了 20 多个贫困村，提出了一系列重要思想和重要论述。《关于打赢脱贫攻坚战的决定》《关于打赢脱贫攻坚战三年行动的指导意见》《关于支持深度贫困地区脱贫攻坚的实施意见》等文件相继印发，对贫困地区脱贫攻坚工作出全面部署。经过八年持续奋斗，到 2020 年底，中国如期完成新时代脱贫攻坚目标任务，现行标准下 9899 万农村贫困人口全部脱贫，832个贫困县全部摘帽，12.8万个贫困村全部出列，区域性整体贫困得到解决，完成消除绝对贫困的艰巨任务。2013年至2020年，贫困地区农村居民人均可支配收入，从6079元增长到12588元，年均增长11.6%，增速比全国农村平均水平高2.3个百分点。贫困人口工资性收入和经营性收入占比逐年上升，转移性收入占比逐年下降，自主增收脱贫能力稳步提高。贫困地区基础设施显著改善。截至2020年底，全国贫困地区新改建公路110万公里、新增铁路里程3.5万公里，贫困地区具备条件的乡镇和建制村全部通硬化路、通客车、通邮路；2016年以来，新增和改善农田有效灌溉面积8029万亩，新增供水能力181亿立方米；实施无电地区电力建设、农村电网改造升级等专项工程，大幅提升了贫困地区用电条件；加强贫困地区通信设施建设，贫困村通光纤和4G比例均超过98%。

六、建立区域协调发展新机制

实施区域协调发展战略是新时代国家重大战略之一。虽然中国在健全区域合作机制、区域互助机制、区际利益补偿机制等方面进行积极探索并取得一定成效，但区域发展不平衡不充分问题依然比较突出，区域发展机制还不完善。为促进区域协调发展向更高水平和更高质量迈进，党的十九大报告提出要建立更加有效的区域协调发展新机制。2018年11月，中共中央、国务院印发《关于建立更加有效的区域协调发展新机制的意见》，明确提出要坚持新发展理念，紧扣我国社会主要矛盾变化，按照高质量发展要求，紧紧围绕统筹推进“五位一体”总体布局和协调推进“四个全面”战略布局，立足发挥各地区比较优势和缩小区域发展差距，围绕努力实现基本公共服务均等化、基础设施通达程度比较均衡、人民基本生活保障水平大体相当的目标，深化改革开放，坚决破除地区之间利益藩篱和政策壁垒，加快形成统筹有力、竞争有序、绿色协调、共享共赢的区域协调发展新机制，促进区域协调发展。[1]《中华人

〔1〕《十九大以来重要文献选编》（上），中央文献出版社2019年版，第690—691页。

民共和国国民经济和社会发展第十四个五年规划和2035年远景目标纲要》提出，要建立健全区域战略统筹、市场一体化发展、区域合作互助、区际利益补偿等机制，更好促进发达地区和欠发达地区、东中西部和东北地区共同发展。2022年3月，中共中央、国务院印发《关于加快建设全国统一大市场的意见》，提出要破除地方保护和区域壁垒，力戒贪大求洋、低层次重复建设和过度同质竞争，不搞“小而全”的自我小循环，更不能以“内循环”的名义搞地区封锁。

党的十八大以来，推进区域协调发展新机制建设取得明显成效。上海、江苏、浙江、安徽三省一市大力实施“营商环境联建、重点领域联管、监管执法联动，市场信息互通、标准体系互认、市场发展互融，逐步实现统一市场规则、统一信用治理、统一市场监管”的“三联三互三统一”工程，共同推动长三角地区市场体系一体化建设。在新安江流域生态保护补偿的试点基础上，桂粤九洲江、闽粤汀江—韩江、冀津引滦入津、赣粤东江、冀京潮白河以及省份众多、利益关系复杂的长江流域等横向生态保护补偿机制相继建立，为全国横向生态保护补偿实践提供了良好的示范和经验。深入实施东西部扶贫合作，优化区域互助机制取得明显成效。2015年至2020年，东部9个省份共向扶贫协作地区投入财政援助资金和社会帮扶资金1005亿多元，超过2.2万家东部企业向扶贫协作地区投资累计达1.1万亿元。区域合作治理大气污染取得明显进展。通过完善跨区域大气污染协同治理理念，以及构建“统一规划、统一标准、统一环评、统一监测、统一执法”的区域大气污染联防联控工作机制，有力有序推动了京津冀及周边地区、长三角、珠三角等区域日益突出的区域性复合型大气污染问题的解决。

第三节 实施主体功能区战略

2017年，中共中央、国务院印发《关于完善主体功能区战略和制度的若干意见》。《中共中央关于制定国民经济和社会发展第十四个五年计划和二〇三五年远景目标的建议》提出，要立足资源环境承载能力，发挥各地比较优势，逐步形成城市化地区、农产品主产区、生态功能区三大空间格局。实施主体功能区战略，优化不同类型区域的主体功能，构建科学合理的城市化格局、农业发展格局、生态安全格局，对形成主体功能凸显、优势互补、高质量发展的国土空间布局，加快实现经济社会发展现代化具有重要意义。

一、提升优化开发和重点开发的城市化地区的发展动力

优化开发区域是经济比较发达、人口比较密集、开发强度较高、资源环境问题更加突出，从而应该优化进行工业化城镇化开发的城市化地区。党的十八大以来，随着京津冀协同发展、长江经济带发展、长三角一体化发展、粤港澳大湾区建设等重大国家战略的深入推进，京津冀、长江三角洲和珠江三角洲城市群，成为中国经济最具活力、开放程度最高、创新能力最强、吸纳外来人口最多的地区。三大城市群以建设世界级城市群为目标，率先转变经济发展方式，加强具有竞争优势和市场潜力的高技术产业、战略性新兴产业、先进制造业和现代服务业的发展，推动产业结构向高端、高效、高附加值转变，引导劳动密集型产业向中西部和东北地区重点开发区域转移，加快产业升级步伐。三大城市群加大节能减排的监管力度，强化单位国内生产总值能耗和二氧化碳排放降低等指标的约束性作用，减少经济增长的资源消耗和环境损害，提高了经济增长的质量和效益。三大城市群在制度创新、科技进步、产业升级、绿色发展等方面走在全国前列，在更高层次参与国际合作和竞争，形成国际竞争新优势，发挥其对全国经济社会发展的重要支撑和引领作用。

重点开发区域是有一定经济基础、资源环境承载能力较强、发展潜力较大、集聚人口和经济的条件较好，从而应该重点进行工业化城镇化开发的城市化地区。党的十八大以来，国家在中西部城镇体系比较健全、城镇经济比较发达、中心城市辐射带动作用明显的重点开发区域，加快培育了成渝、长江中游、北部湾、关中平原等城市群，在严格保护

生态环境的基础上，引导有市场、有效益的劳动密集型产业优先向中西部城市群转移，吸纳东部返乡和就近转移的农民工，加快产业集群发展和人口集聚，中西部城市群成为推动国土空间均衡开发、引领区域经济发展的重要增长极，在优化全国城镇化战略格局中发挥了重要作用。如“十三五”以来，成渝城市群地区中心城市辐射带动作用持续提升，基础设施更加完备，产业体系日渐完善，科技实力显著增强。到2019年，地区生产总值年均增长8%以上，社会消费品零售总额年均增长10%以上，常住人口城镇化率超过60%。自2015年《长江中游城市群发展规划》出台以来，城市群空间格局逐步优化，综合立体交通网基本形成，产业和创新基础不断夯实，绿色发展持续深化，对外开放格局稳步优化。到2020年，长江中游城市群常住人口已超过1.3亿，实现地区生产总值约9.4万亿元。

二、提高限制开发的农产品主产区农产品供给能力

农产品主产区，即耕地较多、农业发展条件较好，尽管也适宜工业化城镇化开发，但从保障国家农产品安全以及中华民族永续发展的需要出发，必须把增强农业综合生产能力作为发展的首要任务，从而应该限制进行大规模高强度工业化城镇化开发的地区。党的十八大以来，国家逐步加大对农业建设的支持力度，重点向东北平原主产区、黄淮海平原主产区、长江流域主产区等七大优势农产品主产区倾斜。重点支持农产品主产区加快发展现代农业，加强粮食综合生产能力建设，建设田间设施齐备、服务体系健全、集中连片的商品粮基地；支持农产品主产区加强棉花、油料、糖料生产基地建设，大力推进畜牧、水产的标准化规模养殖，推进农业结构和种植制度调整；引导农产品加工、流通、储运等企业向农产品主产区集聚发展，发展农产品深加工，推进农业产业化示范区建设；支持发展具有地域特色的绿色生态产品，培育地理标志品牌；鼓励发展农业循环经济，支持农产品主产区实施资源综合利用重点工程；控制城镇和开发区扩张对耕地的过多占用，控制农产品主产区开发强度。

2021 年 11 月，国务院印发《“十四五”推进农业农村现代化规划》，强调要加强粮食生产功能区建设和重要农产品生产保护区建设。《规划》提出，以东北平原、长江流域、东南沿海地区为重点，建设水稻生产功能区；以黄淮海地区、长江中下游、西北及西南地区为重点，建设小麦生产功能区；以东北地区为重点、黄淮海地区为补充，提升大豆生产保护区综合生产能力；以新疆为重点、长江和黄河流域的沿海沿江环湖地区为补充，建设棉花生产保护区；以长江流域为重点，扩大油菜生产保护区种植面积；积极发展黄淮海地区花生生产，稳定提升长江中下游地区油茶生产；推进西北地区油葵、芝麻、胡麻等油料作物发展；巩固提升广西、云南糖料蔗生产保护区产能；加强海南、云南、广东天然橡胶生产保护区胶园建设。

三、提高限制开发的重点生态功能区生态产品供给能力

重点生态功能区，即生态系统脆弱或生态功能重要，资源环境承载能力较低，不具备大规模高强度工业化城镇化开发的条件，必须把增强生态产品生产能力作为首要任务，从而应该限制进行大规模高强度工业化城镇化开发的地区。党的十八大以来，为提升重点生态功能区生态产品供给能力，主要采取了以下举措：

在不同类型的国家重点生态功能区中，选择一些具有典型代表性的地区进行试点示范。国家从政策、资金和技术上对试点示范地区给予支持和倾斜，并及时总结经验，促进交流和推广，发挥试点示范地区在重点生态功能区建设方面的先行和导向作用，引导限制开发区域探索科学发展的新模式。试点五项主要任务为：保护优先，探索如何更好地增强生态产品供给能力；绿色发展，探索如何更好地发展壮大特色生态经济；成果共享，探索如何更好地在生态保护和发展中改善民生；优化格局，探索如何更好地完善空间结构和布局；完善制度，探索如何更好地建立国土空间开发保护制度。

2016 年，国家发改委印发《重点生态功能区产业准入负面清单编制实施办法》，强调在开展资源环境承载能力评价的基础上，遵循“县市

制定、省级统筹、国家衔接、对外公布”的工作机制，因地制宜制定限制和禁止发展的产业目录，完善相关配套政策，强化生态环境监管，确保严格按照主体功能定位谋划发展。《办法》发布后，国家重点生态功能区（县）均因地制宜编制了产业准入负面清单，有针对性地约束不符合本地区主体功能定位的产业发展。实行产业准入负面清单制度，对约束重点生态功能区更加注重维护生态功能、改善生态环境，有效保持并提升生态产品供给能力发挥了重要作用。

2022 年 4 月，财政部印发《中央对地方重点生态功能区转移支付办法》，提出重点生态功能区转移支付列一般性转移支付，用于提高重点生态县域等地区基本公共服务保障能力，引导地方政府加强生态环境保护。重点生态功能区转移支付包括重点补助、禁止开发区补助、引导性补助以及考核评价奖惩资金。5 月，财政部下达 2022 年重点生态功能区转移支付预算 188.34 亿元，加上此前下达部分，已累计下达预算 982.04 亿元。

生态环境部联合财政部制定了国家重点生态功能区县域环境质量监测评价与考核工作实施方案，建立了由技术指标和监管指标构成的考核评价指标体系；建立了国家重点生态功能区县域生态监测评价与考核的“天—空—地一体化”综合监测技术体系，基本实现了国家重点生态功能区县域生态环境质量的全覆盖、立体化、动态监测。经过多年的监测评价与考核，国家重点生态功能区县域防风固沙、水土保持、水源涵养、生物多样性维护功能等保持稳定，生态环境质量“总体稳定，稳中趋好”，每年生态环境质量良好的县域所占比例基本保持在 50% 以上，生态环境质量变好和保持稳定的县域比例维持在 90% 以上。

建立生态保护红线制度，使国土生态空间得到优化和有效保护，生态功能保持稳定，国家生态安全格局更加完善。生态保护红线是指在生态空间范围内具有特殊重要生态功能、必须强制性严格保护的区域，是保障和维护国家生态安全的底线和生命线。划定并严守生态保护红线，是提高生态功能区生态产品供给能力和生态系统服务功能、构建国家生态安全格局的有效手段。2017 年至 2020 年，《关于划定并严守生态保护红线的若干意见》《生态保护红线划定指南》《关于在国土空间规划中统筹划定落实三条控制线的指导意见》《生态保护红线监管指标体系（试行）》等文件相继发布，促进了生态保护红线制度的有效实施。截至 2020 年底，全国生态保护红线划定工作基本完成，初步划定的全国生态保护红线面积比例不低于陆域国土面积的 25%，覆盖了重点生态功能区、生态环境敏感区和脆弱区，覆盖了全国生物多样性分布的关键区域。

第四节　推进以人为核心的新型城镇化

现代化的本质是人的现代化。要推进以人为核心的城镇化，提高城镇人口素质和居民生活质量。〔1〕党的十八大以来，以习近平同志为核心的党中央高度重视推进新型城镇化工作，中央城市工作会议、中央城镇化工作会议先后召开；《关于深入推进新型城镇化建设的若干意见》《2021 年新型城镇化和城乡融合发展重点任务》《国家新型城镇化规划（2021—2035 年）》等文件陆续颁布实施；多项重大制度改革取得重要突破，在推进农业转移人口市民化、优化城镇化空间布局、促进新型城市建设等方面取得新进展。

一、推进农业转移人口市民化

解决好人的问题是推进新型城镇化的关键。〔2〕城镇化最基本的趋势是农村富余劳动力和农村人口向城镇转移，推进农业转移人口市民化是新型城镇化的首要和核心任务。党的十八大以来，在各地区各部门共同努力下，推进农业转移人口市民化取得新进展。2021 年，中国常住人口城镇化率达到 64.7%。户籍人口城镇化率由 2012 年的 35.3% 提高到

〔1〕《习近平关于社会主义经济建设论述摘编》，中央文献出版社 2017 年版，第 161 页。
〔2〕 习近平：《论“三农”工作》，中央文献出版社 2022 年版，第 56 页。

2021年的46.7%。自《关于进一步推进户籍制度改革的意见》《推动1亿非户籍人口在城市落户方案》等文件相继出台以来，户籍制度改革进一步深化。城市落户门槛继续降低，城区常住人口300万以下城市的落户限制基本取消，城区常住人口300万以上城市的落户条件有序放宽。2015年底，国务院颁布《居住证暂行条例》，居住证制度于2016年1月1日起全面实行。截至2021年底，全国共发放居住证超过1.3亿张。以居住证为载体，与居住年限等条件相挂钩的基本公共服务提供机制进一步健全，常住人口享有更多更好的城镇基本公共服务。农民工参加城镇职工基本医疗和养老保险的比例稳步；住院费用跨省直接结算定点医疗机构进一步增多；提高义务教育阶段公办学校学位持续增加；随迁子女在常住地接受义务教育的要求全面落实，90.9%的义务教育阶段随迁子女在流入地公办学校就读或享受政府购买学位服务。农业转移人口市民化配套政策体系基本建立。“人地钱”挂钩政策深入实施，中央财政农业转移人口市民化奖励资金下达350亿元，依法保障进城落户农民的农村土地承包权、宅基地使用权、集体收益分配权。

二、优化城镇化空间布局

城市群是人口大国城镇化的主要空间载体。[1]党的十八大以来，以城市群为主体、大中小城市和小城镇协调发展的城镇化空间布局持续优化，城市群承载能力和一体化发展水平明显提升；都市圈建设有序推进，中心城市集聚辐射能力进一步提升，中小城市有序培育，以县城为重要载体的城镇化建设加快推进。

城市群承载能力和一体化发展水平明显提升。京津冀协同发展、粤港澳大湾区建设、长三角一体化发展有序推进；成渝地区双城经济圈建设势头强劲；长江中游、北部湾、关中平原等城市群加快发展。城市群的承载能力明显增强。2020年，中国19个城市群以25%的土地集聚了75%的人口，创造了88%的国内生产总值。中国五大城市群（长三角、

〔1〕《习近平经济思想学习纲要》，人民出版社、学习出版社2022年版，第102页。

珠三角、京津冀、长江中游、成渝）以 11% 的土地，聚集了全国 42% 的人口，创造了 54% 的国内生产总值。城市群一体化发展水平也明显提升。长三角推进交通运输一体化；京津冀实施通关一体化改革；珠三角全面实现异地就医直接结算；中原城市群跨省城际公交开通；长江中游、北部湾城市群建立省际多级协商合作机制；关中平原城市群实施联席会议制度等；京津冀、长三角、长江中游、成渝、北部湾等城市群建立大气污染联防联控机制以及跨域水污染协同治理机制等。

都市圈建设有序推进，中心城市集聚辐射能力进一步提升，中小城市有序培育。一是都市圈建设有序推进。都市圈是城市群内部以超大特大城市或辐射带动功能强的大城市为中心、以一小时通勤圈为基本范围的城镇化空间形态。2019 年《国家发展改革委关于培育发展现代化都市圈的指导意见》发布实施后，南京、福州、成都等都市圈发展规划陆续编制完成并印发实施；广州、佛山同城化管理扎实推进；西安市与西咸新区户籍、社保、车牌照等实现同城化管理。二是中心城市集聚程度进一步提高。西安市、郑州市全城常住人口突破千万，合肥市、长沙市等城市经济增长较快。三是中小城市有序培育。浙江省苍南县龙港镇撤镇设立县级市，并实行“大部制、扁平化、低成本、高效率”的新型设市模式；全国有 10 个县撤县设市，并新设立县级胡杨河市。

以县城为重要载体的城镇化建设加快推进。县城是中国城镇体系的重要组成部分，是城乡融合发展的关键支撑，对促进新型城镇化建设、构建新型工农城乡关系具有重要意义。党的十九届五中全会提出要推进以县城为重要载体的城镇化建设。《中华人民共和国国民经济和社会发展第十四个五年规划和 2035 年远景目标纲要》提出了加强县城建设的若干任务举措。2022 年，中共中央办公厅、国务院办公厅印发《关于推进以县城为重要载体的城镇化建设的意见》，强调要坚持以人为核心推进新型城镇化，尊重县城发展规律，统筹县城生产、生活、生态、安全需要，因地制宜补齐县城短板弱项，提升县城发展质量。2021 年底，中国城镇常住人口为 9.1 亿。其中，1472 个县的县城常住人口为 1.6 亿左右，394 个县级市的城区常住人口为 0.9 亿左右，县城及县级市城区人口占全国城镇常住人口的近 30%，县及县级市数量占县级行政区划数量的约 65%，县城建设对引导农业转移人口就近城镇化发挥了重要作用。县城补短板强弱项扎实推进。推动县城补短板强弱项“1+N+X”政策性文件体系落实落地，稳步开展了 20 个县城建设示范工作，在市政公用设施提档升级、公共服务设施提标扩面、产业配套设施提质增效、环境基础设施提级扩能等方面取得新进展。

三、推进新型城市建设

城市建设是现代化建设的重要引擎。[1]党的十八大以来，中国加快转变城市发展方式，城市创新能力不断增强；城市综合承载能力持续提升，治理能力不断增强；城市品质提升取得明显成效。

加快推进城市经济转型升级，城市创新能力不断增强。中国经济正从高速增长转向高质量发展，科技创新成为转型的重要推动力。长三角、珠三角、京津冀等地区初步形成人工智能发展核心区，为城市转型升级提供了有力支撑。从专利授权量来看，2020 年全国创新城市排行榜中，深圳、北京、广州和上海占据前四名，专利授权量分别为 16.66 万件、13.20 万件、10.48 万件、10.06 万件，分别占全国专利授权总量的 6.43%、5.09%、4.04%、3.88%。其中北京发明专利授权量为 5.30 万件，占北京专利授权量的 40.15%。

城市综合承载能力持续提升，治理能力不断增强。一是市政公用设施不断完善。2021 年，城市公共供水普及率和污水处理率均超过 97%，生活垃圾无害化处理率超过 99%；城市轨道交通运营里程超过 7000 公里。二是居民居住条件持续改善。2021 年，40 个城市新筹集保障性租赁住房近 100 万套，新开工改造城镇老旧小区 5.6 万个。三是国家基本公共服务标准出台实施，国家区域医疗中心启动建设，城市公共服务供给更加充分。四是各城市逐步建立起源头减排、管网排放、蓄排并举、超标应急的排水防涝工程体系；省、市、县三级疾控中心建设稳步推

〔1〕《习近平经济思想学习纲要》，人民出版社、学习出版社 2022 年版，第 101 页。

进，城市安全韧性水平逐渐提高。五是街道（乡镇）社会工作站超过 1.5 万个，社会治安防控逐步完善，社会治理能力增强。

城市品质提升取得明显成效。一是新型智慧城市建设取得新进展。通过启动 7 个智慧城市时空大数据平台建设试点以及在 80 个城市开展"互联网 + 政务服务"信息惠民试点，交通、城管、水利、自然资源、环保等领域的数据融通和示范应用不断加强。二是绿色城市建设扎实推进。京津冀及其周边地区、汾渭平原地区散煤治理有序开展；"2+26"个城市全部纳入中央财政支持北方地区冬季清洁取暖试点范围；推广 58 个"生态修复、城市修补"（即"双修"）试点城市经验。三是人文城市建设逐步深入。为促进北京历史文脉传承和可持续发展，北京积极推进中轴线申遗保护，努力保护好北京历史文化遗产"金名片"。扬州按照"护其貌、美其颜、扬其韵、铸其魂"的思路推进古城保护与复兴；淮安系统化推进大运河文化保护、传承、利用，精心打造现实版"清明上河图"，全力打造大运河文化带标志性城市。

第七章　推动乡村振兴

以习近平同志为核心的党中央，坚持把解决好“三农”问题作为全党工作的重中之重，坚持农业农村优先发展，启动实施乡村振兴战略，推动农业农村取得历史性成就、发生历史性变革。新型工农城乡关系加速形成，全面推进乡村振兴迈出坚实步伐，农业农村现代化加快推进，农业综合生产能力上了大台阶，农民收入持续增长，农村民生显著改善，乡村面貌焕然一新，为开启全面建设社会主义现代化国家新征程奠定了坚实基础。

第一节　优先发展农业农村

在工业化、城镇化快速推进后，尽管国家实施了强农惠农富农政策，社会主义新农村建设扎实推进，但破解长期存在的城乡二元结构及其所积累的“三农”问题，任务仍很艰巨。面对这一难题，以及2008年国际金融危机后全球经济增长缓慢的问题，党中央坚持农业农村优先发展，切实抓好粮食安全这个“国之大者”，促进工业化、信息化、城镇化、农业现代化同步发展，制定和实施《中国共产党农村工作条例》，形成以重中之重的工作布局主动施策的制度化机制，为破解“三农”难题提供了保障。

一、坚持农业农村优先发展

中国共产党坚持群众路线和调查研究，了解农民的需求和向农民问计，并进行重大战略部署，及时解决“三农”发展中遇到的问题。

进入新时代，在决胜全面建成小康社会进程中，中国共产党进一步强化“三农”工作布局。习近平总书记指出，从“三农”工作本身看，解决好发展不平衡不充分问题，要求我们更加重视“三农”工作。〔1〕党中央坚持农业农村优先发展，明确指出“中国要强，农业必须强；中国要美，农村必须美；中国要富，农民必须富。农业基础稳固，农村和谐稳定，农民安居乐业，整个大局就有保障，各项工作都会比较主动。”〔2〕党的十九大报告指出：“农业农村农民问题是关系国计民生的根本性问题，必须始终把解决好‘三农’问题作为全党工作重中之重。”〔3〕

2018 年 9 月 21 日，习近平总书记在主持十九届中央政治局第八次集体学习时指出，要始终把解决好“三农”问题作为全党工作重中之重。我们一直强调，对“三农”要多予少取放活，但实际工作中“三农”工作“说起来重要、干起来次要、忙起来不要”的问题还比较突出。我们要扭转这种倾向，在资金投入、要素配置、公共服务、干部配备等方面采取有力举措，加快补齐农业农村发展短板，不断缩小城乡差距，让农业成为有奔头的产业，让农民成为有吸引力的职业，让农村成为安居乐业的家园。〔4〕2020 年 12 月，习近平总书记在中央农村工作会议上强调，各级党委要扛起政治责任，落实农业农村优先发展的方针，以更大力度

---

〔1〕 习近平：《论“三农”工作》，中央文献出版社 2022 年版，第 235 页。

〔2〕《十八大以来重要文献选编》（上），中央文献出版社 2014 年版，第 658 页。

〔3〕《十九大以来重要文献选编》（上），中央文献出版社 2019 年版，第 22 页。

〔4〕 习近平：《论“三农”工作》，中央文献出版社 2022 年版，第 277 页。

推动乡村振兴。[1]

坚持农业农村优先发展的方针，把解决好“三农”问题作为全党工作重中之重，为解决好工业化、城镇化进程中“三农”发展受弱质性困扰问题，提供了强有力的组织和工作保障。这种科学把握发展趋势和规律基础上主动施策，抓住了发展机遇，是受弱质性困扰的“三农”能够实现历史性跨越发展的重要原因。

二、中国人要把饭碗端在自己手里

中国始终面临能否解决好中国人的吃饭问题。在新中国成立前，西方人士断言中国政府解决不了中国人吃饭的问题。直到20世纪90年代，美国学者莱斯特·布朗还发表文章，预测中国将面临巨大粮食缺口，中国不能养活自己，乃至全世界也养活不了中国，提出了“谁来养活中国”之问。现今中国解决粮食安全问题，与之前相比，仍面临挑战，工业化、城镇化和生态文明建设下耕地面积减少的压力没有解除，而人口增加和生活水平提高不仅对农产品数量的增加提出要求，还提出了提升农产品质量的要求。

以习近平同志为核心的党中央高度重视粮食安全问题，把解决好中国人的吃饭问题作为治国理政的头等大事来抓。2013年12月，习近平总书记在中央农村工作会议上强调，中国人的饭碗任何时候都要牢牢端在自己手上，我们的饭碗应该主要装中国粮，耕地红线要严防死守。[2] 2016年10月，国务院印发《全国农业现代化规划（2016—2020年）》，提出坚持以我为主、立足国内、确保产能、适度进口、科技支撑的国家粮食安全战略，强调确保谷物基本自给、口粮绝对安全。2018年中央一号文件《中共中央 国务院关于实施乡村振兴战略的意见》提出推进粮食安全保障立法。2020年12月，习近平总书记在中央农村工作会议上强调，要牢牢把住粮食安全主动权，粮食生产年年要抓紧。要严

〔1〕 习近平：《论“三农”工作》，中央文献出版社2022年版，第17页。

〔2〕《十八大以来重要文献选编》（上），中央文献出版社2014年版，第660—662页。

防死守18亿亩耕地红线，采取长牙齿的硬措施，落实最严格的耕地保护制度。要建设高标准农田，真正实现旱涝保收、高产稳产。要把黑土地保护作为一件大事来抓，把黑土地用好养好。要坚持农业科技自立自强，加快推进农业关键核心技术攻关。要调动农民种粮积极性，稳定和加强种粮农民补贴，提升收储调控能力，坚持完善最低收购价政策，扩大完全成本和收入保险范围。地方各级党委和政府要扛起粮食安全的政治责任，实行党政同责，“米袋子”省长要负责，书记也要负责。要坚持不懈制止餐饮浪费。[1] 2021年中央一号文件《中共中央 国务院关于全面推进乡村振兴加快农业农村现代化的意见》提出，深入实施重要农产品保障战略，完善粮食安全省长责任制和“菜篮子”市长负责制，确保粮、棉、油、糖、肉等供给安全。建设国家粮食安全产业带。稳定种粮农民补贴，让种粮有合理收益。坚持并完善稻谷、小麦最低收购价政策，完善玉米、大豆生产者补贴政策。扩大稻谷、小麦、玉米三大粮食作物完全成本保险和收入保险试点范围，支持有条件的省份降低产粮大县三大粮食作物农业保险保费县级补贴比例。深入推进优质粮食工程。开展粮食节约行动，减少生产、流通、加工、存储、消费环节粮食损耗浪费。文件还提出打好种业翻身仗。

明确牢牢守住保障国家粮食安全底线。在2021年底召开的中央农村工作会议前，习近平总书记主持召开十九届中央政治局常委会会议专题研究“三农”工作时强调，“保障好初级产品供给是一个重大战略性问题”，“保证粮食安全，大家都有责任，党政同责要真正见效。要有合理布局，主产区、主销区、产销平衡区都要保面积、保产量。耕地保护要求要非常明确，十八亿亩耕地必须实至名归，农田就是农田，而且必须是良田。要实打实地调整结构，扩种大豆和油料，见到可考核的成效。要真正落实‘菜篮子’市长负责制，确保猪肉、蔬菜等农副产品供

〔1〕《坚持把解决好“三农”问题作为全党工作重中之重 促进农业高质高效乡村宜居宜业农民富裕富足》，《人民日报》2020年12月30日。

给安全。”[1]2022年中央一号文件《中共中央 国务院关于做好二〇二二年全面推进乡村振兴重点工作的意见》，提出牢牢守住保障国家粮食安全底线，明确稳定全年粮食播种面积和产量、大力实施大豆和油料产能提升工程、保障“菜篮子”产品供给、合理保障农民种粮收益、统筹做好重要农产品调控等措施。

2022年3月6日，习近平总书记在看望参加政协会议的农业界、社会福利和社会保障界委员时指出，粮食安全是“国之大者”。在粮食安全这个问题上不能有丝毫麻痹大意，不能认为进入工业化，吃饭问题就可有可无，也不要指望依靠国际市场来解决。要未雨绸缪，始终绷紧粮食安全这根弦，始终坚持以我为主、立足国内、确保产能、适度进口、科技支撑。习近平总书记还指出，要树立大食物观，从更好满足人民美好生活需要出发，掌握人民群众食物结构变化趋势，在确保粮食供给的同时，保障肉类、蔬菜、水果、水产品等各类食物有效供给，缺了哪样也不行。要在保护好生态环境的前提下，从耕地资源向整个国土资源拓展，宜粮则粮、宜经则经、宜牧则牧、宜渔则渔、宜林则林，形成同市场需求相适应、同资源环境承载力相匹配的现代农业生产结构和区域布局。要向森林要食物，向草原要食物，向江河湖海要食物，向设施农业要食物，同时要从传统农作物和畜禽资源向更丰富的生物资源拓展，发展生物科技、生物产业，向植物动物微生物要热量、要蛋白。要积极推进农业供给侧结构性改革，全方位、多途径开发食物资源，开发丰富多样的食物品种，实现各类食物供求平衡，更好满足人民群众日益多元化的食物消费需求。[2]

党的十八大以来，中国坚持藏粮于地、藏粮于技，实行最严格的耕地保护制度，推动种业科技自立自强、种源自主可控，确保把中国人的饭碗牢牢端在自己手中。中国克服新冠肺炎疫情冲击和严重自然灾害影响，2021年全国粮食总产量达到1.37万亿斤，连续7年稳定在1.3万

---

〔1〕 习近平：《论“三农”工作》，中央文献出版社2022年版，第327页。

〔2〕 习近平：《论“三农”工作》，中央文献出版社2022年版，第330、331、333页。

亿斤以上，为应变局、开新局发挥了“压舱石”作用。中国人不仅把饭碗牢牢端在了自己的手中，还较好地满足了人民对食物消费多样性的需求。

三、促进工业化、信息化、城镇化、农业现代化同步发展

伴随工业化、城镇化深入推进，中国农业农村发展进入新的阶段，呈现出农业综合生产成本上升、农产品供求结构性矛盾突出、农村社会结构加速转型、城乡发展加快融合的态势。人多地少水缺的矛盾加剧，农产品需求总量刚性增长、消费结构快速升级，农业对外依存度明显提高，保障国家粮食安全和重要农产品有效供给任务艰巨；农村劳动力大量流动，农户兼业化、村庄空心化、人口老龄化趋势明显，农民利益诉求多元，加强和创新乡村社会管理势在必行；国民经济与农村发展的关联度显著增强，农业资源要素流失加快，建立城乡要素平等交换机制的要求更为迫切，缩小城乡区域发展差距和居民收入分配差距任重道远。

在上述背景下，党的十八大提出“四化”同步发展目标，即“坚持走中国特色新型工业化、信息化、城镇化、农业现代化道路，推动信息化和工业化深度融合、工业化和城镇化良性互动、城镇化和农业现代化相互协调，促进工业化、信息化、城镇化、农业现代化同步发展。”〔1〕

2018 年中央一号文件进一步明确了“四化”同步发展路径，将“坚持城乡融合发展”作为实施乡村振兴战略的基本原则之一，要求坚决破除体制机制弊端，使市场在资源配置中起决定性作用，更好发挥政府作用，推动城乡要素自由流动、平等交换，推动新型工业化、信息化、城镇化、农业现代化同步发展。

2018 年 9 月 21 日，习近平总书记主持十九届中央政治局第八次集体学习时指出，在现代化进程中，如何处理好工农关系、城乡关系，在一定程度上决定着现代化的成败。从世界各国现代化历史看，有的国家没有处理好工农关系、城乡关系，农业发展跟不上，农村发展跟不上，

---

〔1〕《十八大以来重要文献选编》(上)，中央文献出版社 2014 年版，第 16 页。

农产品供应不足，不能有效吸纳农村劳动力，大量失业农民涌向城市贫民窟，乡村和乡村经济走向凋敝，工业化和城镇化走入困境，甚至造成社会动荡，最终陷入“中等收入陷阱”。这里面更深层次的问题是领导体制和国家治理体制问题。我国作为中国共产党领导的社会主义国家，应该有能力、有条件处理好工农关系、城乡关系，顺利推进我国社会主义现代化进程。我们也要看到，同快速推进的工业化、城镇化相比，我国农业农村发展步伐还跟不上，“一条腿长、一条腿短”问题比较突出。我国发展最大的不平衡是城乡发展不平衡，最大的不充分是农村发展不充分。党的十八大以来，我们下决心调整工农关系、城乡关系，采取了一系列举措推动“工业反哺农业、城市支持农村”。党的十九大提出实施乡村振兴战略，就是为了从全局和战略高度来把握和处理工农关系、城乡关系。新时代“三农”工作必须围绕农业农村现代化这个总目标来推进。农村现代化既包括“物”的现代化，也包括“人”的现代化，还包括乡村治理体系和治理能力的现代化。我们要坚持农业现代化和农村现代化一体设计、一并推进，实现农业大国向农业强国跨越。〔1〕

2021 年 11 月，国务院印发的《“十四五”推进农业农村现代化规划》指出，推进中国特色农业农村现代化必须坚持十个战略导向，要立足国内基本解决我国人民吃饭问题，巩固和完善农村基本经营制度，引导小农户进入现代农业发展轨道，强化农业科技和装备支撑，推进农业全产业链开发，有序推进乡村建设，加强和创新乡村治理，推动城乡融合发展，促进农业农村可持续发展，促进农民农村共同富裕。《规划》明确，到 2025 年，农业基础更加稳固，乡村振兴战略全面推进，农业农村现代化取得重要进展。梯次推进有条件的地区率先基本实现农业农村现代化，脱贫地区实现巩固拓展脱贫攻坚成果同乡村振兴有效衔接。展望 2035 年，乡村全面振兴取得决定性进展，农业农村现代化基本实现。《规划》安排了七方面发展任务：一是夯实农业生产基础，落实藏粮于地、藏粮于技，健全辅之以利、辅之以义的保障机制，提升粮食等

〔1〕 习近平：《把乡村振兴战略作为新时代“三农”工作总抓手》，《求是》2019 年第 11 期。

重要农产品供给保障水平。二是推进创新驱动发展，深入推进农业科技创新，健全完善经营机制，推动品种培优、品质提升、品牌打造和标准化生产，提升农业质量效益和竞争力。三是构建现代乡村产业体系，加快农村一二三产业融合发展，把产业链主体留在县域，把就业机会和产业链增值收益留给农民，提升产业链供应链现代化水平。四是实施乡村建设行动，聚焦交通便捷、生活便利、服务提质、环境美好，建设宜居宜业乡村。五是加强农村生态文明建设，推进农村生产生活方式绿色低碳转型，建设绿色美丽乡村。六是加强和改进乡村治理，加快构建党组织领导的自治法治德治相结合的乡村治理体系，建设文明和谐乡村。七是实现巩固拓展脱贫攻坚成果同乡村振兴有效衔接，增强脱贫地区内生发展能力，让脱贫群众过上更加美好的生活，逐步走上共同富裕道路。

四、《中国共产党农村工作条例》的制定和实施

党的十八大以来，党加强了对“三农”工作的全面领导。在2013年底召开的中央农村工作会议上，习近平总书记指出，党管农村工作是我们的传统。这个传统不能丢。各级党委要加强对“三农”工作的领导，各级领导干部都要重视“三农”工作，多到农村去走一走、多到农民家里去看一看，真正了解农民诉求和期盼，真心实意帮助农民解决生产生活中的实际问题，推动农村经济社会持续健康发展。[1]在2017年底召开的中央农村工作会议上，习近平总书记进一步指出，办好农村的事情，实现乡村振兴，关键在党。必须提高党把方向、谋大局、定政策、促改革的能力和定力，确保党始终总揽全局、协调各方，提高新时代党全面领导农村工作能力和水平。[2]

2018年中央一号文件第十二部分“坚持和完善党对‘三农’工作的领导”指出，实施乡村振兴战略是党和国家的重大决策部署，各级党委和政府要提高对实施乡村振兴战略重大意义的认识，真正把实施乡村

---

〔1〕习近平：《论“三农”工作》，中央文献出版社2022年版，第104页。

〔2〕习近平：《论“三农”工作》，中央文献出版社2022年版，第261页。

振兴战略摆在优先位置，把党管农村工作的要求落到实处。文件要求完善党的农村工作领导体制机制。各级党委和政府要坚持工业农业一起抓、城市农村一起抓，把农业农村优先发展原则体现到各个方面。健全党委统一领导、政府负责、党委农村工作部门统筹协调的农村工作领导体制。建立实施乡村振兴战略领导责任制，实行中央统筹省负总责市县抓落实的工作机制。党政一把手是第一责任人，五级书记抓乡村振兴。县委书记要下大气力抓好“三农”工作，当好乡村振兴“一线总指挥”。文件还对研究制定中国共产党农村工作条例作出部署。文件提出，根据坚持党对一切工作的领导的要求和新时代“三农”工作新形势新任务新要求，研究制定中国共产党农村工作条例，把党领导农村工作的传统、要求、政策等以党内法规形式确定下来，明确加强对农村工作领导的指导思想、原则要求、工作范围和对象、主要任务、机构职责、队伍建设等，完善领导体制和工作机制，确保乡村振兴战略有效实施。

2019 年 6 月 24 日，中央政治局会议审议通过《中国共产党农村工作条例》。这一条例是为了坚持和加强党对农村工作的全面领导，贯彻党的基本理论、基本路线、基本方略，深入实施乡村振兴战略，提高新时代党全面领导农村工作的能力和水平，根据《中国共产党章程》而制定的，自 2019 年 8 月 19 日起施行。《条例》明确规定了党的农村工作必须遵循的原则是：坚持党对农村工作的全面领导，确保党在农村工作中总揽全局、协调各方，保证农村改革发展沿着正确的方向前进；坚持以人民为中心，尊重农民主体地位和首创精神，切实保障农民物质利益和民主权利，把农民拥护不拥护、支持不支持作为制定党的农村政策的依据；坚持巩固和完善农村基本经营制度，夯实党的农村政策基石；坚持走中国特色社会主义乡村振兴道路，推进乡村产业振兴、人才振兴、文化振兴、生态振兴、组织振兴；坚持教育引导农民听党话、感党恩、跟党走，把农民群众紧紧团结在党的周围，筑牢党在农村的执政基础；坚持一切从实际出发，分类指导、循序渐进，不搞强迫命令、不刮风、不“一刀切”。

制定和实施《中国共产党农村工作条例》，形成以重中之重的工作布局主动施策的制度化机制，是继承和发扬党管农村工作优良传统、加快推进农业农村现代化的重要举措，对于加强党对农村工作的全面领导，巩固党在农村的执政基础，确保新时代农村工作始终保持正确政治方向具有十分重要的意义。

2020 年中央一号文件《中共中央 国务院关于抓好“三农”领域重点工作确保如期实现全面小康的意见》指出：认真落实《中国共产党农村工作条例》，加强党对“三农”工作的全面领导，坚持农业农村优先发展，强化五级书记抓乡村振兴责任，落实县委书记主要精力抓“三农”工作要求，加强党委农村工作机构建设，大力培养懂农业、爱农村、爱农民的“三农”工作队伍，提高农村干部待遇。坚持从农村实际出发，因地制宜，尊重农民意愿，尽力而为、量力而行，把当务之急的事一件一件解决好，力戒形式主义、官僚主义，防止政策执行简单化和“一刀切”。把党的十九大以来“三农”政策贯彻落实情况作为中央巡视重要内容。[1]

2021 年中央一号文件指出，强化五级书记抓乡村振兴的工作机制。全面推进乡村振兴的深度、广度、难度都不亚于脱贫攻坚，必须采取更有力的举措，汇聚更强大的力量。要深入贯彻落实《中国共产党农村工作条例》，健全中央统筹、省负总责、市县乡抓落实的农村工作领导体制，将脱贫攻坚工作中形成的组织推动、要素保障、政策支持、协作帮扶、考核督导等工作机制，根据实际需要运用到推进乡村振兴，建立健全上下贯通、精准施策、一抓到底的乡村振兴工作体系。省、市、县级党委要定期研究乡村振兴工作。县委书记应当把主要精力放在“三农”工作上。建立乡村振兴联系点制度，省、市、县级党委和政府负责同志都要确定联系点。[2]

2022 年中央一号文件第八部分“坚持和加强党对‘三农’工作的

---

〔1〕《中共中央 国务院关于抓好“三农”领域重点工作确保如期实现全面小康的意见》，《人民日报》2020 年 2 月 6 日。

〔2〕《中共中央 国务院关于全面推进乡村振兴加快农业现代化的意见》，《人民日报》2021 年 2 月 22 日。

全面领导”，明确要压实全面推进乡村振兴责任、建强党的农村工作机构和抓点带面推进乡村振兴全面展开。在压实全面推进乡村振兴责任方面，进一步明确要制定乡村振兴责任制实施办法，明确中央和国家机关各部门推进乡村振兴责任，强化五级书记抓乡村振兴责任。在建强党的农村工作机构方面，明确要加强各级党委农村工作领导小组办公室建设，充实工作力量，完善运行机制，强化决策参谋、统筹协调、政策指导、推动落实、督导检查等职责。在抓点带面推进乡村振兴全面展开方面，提出开展“百县千乡万村”乡村振兴示范创建，推进农业现代化示范区创建，深入推进“万企兴万村”行动，按规定建立乡村振兴表彰激励制度。

第二节 全面推进乡村振兴

面对城乡发展的不平衡和乡村发展不充分的问题，党中央提出了实施乡村振兴战略，明确到2050年乡村全面振兴和农业强、农村美、农民富全面实现的目标。党的十九大以来，党中央把实施乡村振兴战略作为解决好新时代“三农”问题的总抓手，提出走中国特色社会主义乡村振兴道路，制定和实施《乡村振兴战略规划（2018—2022年）》，促进《中华人民共和国乡村振兴促进法》制定实施，实施乡村建设行动，为全面推进乡村振兴奠定了坚实基础。

一、乡村振兴战略的提出

党的十九大作出实施乡村振兴战略决策。十九大报告提出，实施乡村振兴战略，要坚持农业农村优先发展，按照产业兴旺、生态宜居、乡风文明、治理有效、生活富裕的总要求，建立健全城乡融合发展体制机制和政策体系，加快推进农业农村现代化。

实施乡村振兴战略有三个方面的原因：一是已有发展基础。党的十八大以来，中国坚持把解决好“三农”问题作为全党工作重中之重，持续加大强农惠农富农政策力度，扎实推进农业现代化和新农村建设，全面深化农村改革，农业农村发展取得了历史性成就，为党和国家事业全面开创新局面提供了重要支撑。五年间，粮食生产能力跨上新台阶，农业供给侧结构性改革迈出新步伐，农民收入持续增长，农村民生全面改善，脱贫攻坚战取得决定性进展，农村生态文明建设显著加强，农民获得感显著提升，农村社会稳定和谐。农业农村发展取得的重大成就和“三农”工作积累的丰富经验，为实施乡村振兴战略奠定了良好基础。二是面临需要破解的新问题。尽管21世纪初起统筹城乡发展和建设社会主义新农村取得显著成效，但“三农”发展受弱质性困扰的问题及由此导致的城乡发展不平衡、“三农”发展不充分的问题仍然突出。2018年中央一号文件指出，中国发展不平衡不充分问题在乡村最为突出，主要表现在：农产品阶段性供过于求和供给不足并存，农业供给质量亟待提高；农民适应生产力发展和市场竞争的能力不足，新型职业农民队伍建设亟需加强；农村基础设施和民生领域欠账较多，农村环境和生态问题比较突出，乡村发展整体水平亟待提升；国家支农体系相对薄弱，农村金融改革任务繁重，城乡之间要素合理流动机制亟待健全；农村基层党建存在薄弱环节，乡村治理体系和治理能力亟待强化。实施乡村振兴战略，是解决人民日益增长的美好生活需要和不平衡不充分的发展之间矛盾的必然要求，是实现“两个一百年”奋斗目标的必然要求，是实现全体人民共同富裕的必然要求。三是迎来新的发展机遇。在中国特色社会主义新时代，乡村是一个可以大有作为的广阔天地，迎来了难得的发展机遇。有中国共产党领导的政治优势，有社会主义的制度优势，有亿万农民的创造精神，有强大的经济实力支撑，有历史悠久的农耕文明，有旺盛的市场需求，完全有条件有能力实施乡村振兴战略。[1]

2018年中央一号文件围绕实施乡村振兴战略进行部署，明确了实施乡村振兴战略三个时间节点的目标任务。一是，到2020年，乡村振兴取得重要进展，制度框架和政策体系基本形成。二是，到2035年，乡

---

〔1〕《十九大以来重要文献选编》(上)，中央文献出版社2019年版，第157—158页。

村振兴取得决定性进展，农业农村现代化基本实现。三是，到2050年，乡村全面振兴，农业强、农村美、农民富全面实现。[1]

明确推动乡村产业振兴、人才振兴、文化振兴、生态振兴、组织振兴。2018年3月，习近平总书记参加十三届全国人大一次会议山东代表团审议时指出，实施乡村振兴战略要统筹谋划，科学推进。要推动乡村产业振兴，实现产业兴旺，推动乡村生活富裕；推动乡村人才振兴，强化乡村振兴人才支撑，打造一支强大的乡村振兴人才队伍；推动乡村文化振兴，提高乡村社会文明程度，焕发乡村文明新气象；推动乡村生态振兴，坚持绿色发展，让良好生态成为乡村振兴支撑点；推动乡村组织振兴，建立健全现代乡村社会治理体制，确保乡村社会充满活力、安定有序。[2]同年9月21日，习近平总书记主持十九届中央政治局第八次集体学习时指出，乡村振兴是包括产业振兴、人才振兴、文化振兴、生态振兴、组织振兴的全面振兴，是“五位一体”总体布局、“四个全面”战略布局在“三农”工作的体现。我们要统筹推进农村经济建设、政治建设、文化建设、社会建设、生态文明建设和党的建设，促进农业全面升级、农村全面进步、农民全面发展。[3]

中国实施乡村振兴战略，有特定的历史定位。[4]习近平总书记主持十九届中央政治局第八次集体学习时指出，实施乡村振兴战略是关系全面建设社会主义现代化国家的全局性、历史性任务。[5]2018年，中共中央、国务院印发的《乡村振兴战略规划（2018—2022年）》指出：“实施乡村振兴战略，是解决新时代我国社会主要矛盾、实现‘两个一百年’奋斗目标和中华民族伟大复兴中国梦的必然要求，具有重大现实意义和深远历

〔1〕《十九大以来重要文献选编》(上)，中央文献出版社2019年版，第159—160页。

〔2〕习近平:《论“三农”工作》，中央文献出版社2022年版，第268—269页。

〔3〕习近平:《论“三农”工作》，中央文献出版社2022年版，第278页。

〔4〕郑有贵:《历史逻辑视域下乡村振兴战略的目标定位》,《中共党史研究》2019年第7期。

〔5〕习近平:《把乡村振兴战略作为新时代“三农”工作总抓手》,《求是》2019年第11期。

史意义。”[1]把中国促进“三农”发展纳入中华民族伟大复兴进程，并基于中国乡村人口数量庞大下人均耕地少的资源禀赋、1949 年以来中国对“三农”发展路径的探索、全面建成社会主义现代化强国的要求进行考察，党中央对实施乡村振兴战略的这一历史定位，不是因为新中国的“三农”发展缓慢，更不是停滞，而是在实现历史性转型发展的更高起点上，致力于探索形成中国特色社会主义乡村振兴道路，破解工业化、城镇化进程中世界普遍存在的“三农”发展受弱质性困扰而陷于城乡二元结构的问题，朝着农业高质高效、农村宜居宜业、农民富裕富足的方向发展，促进“三农”发展实现质的飞跃，谱写新时代乡村全面振兴新篇章。

二、走中国特色社会主义乡村振兴道路

实施乡村振兴战略，促进乡村全面振兴而实现农业全面升级、农村全面进步、农民全面发展，促进农业高质高效、农村宜居宜业、农民富裕富足，显然是对工业和城市强而农业和农村弱的二元发展态势的改变。如此发展态势能否形成，关键在于能否成功形成新的动力机制，这又取决于能否成功走出中国特色社会主义乡村振兴道路。

2017 年 12 月，习近平总书记在中央农村工作会议上提出走中国特色社会主义乡村振兴道路，并对“重塑城乡关系，走城乡融合发展之路”“巩固和完善农村基本经营制度，走共同富裕之路”“深化农业供给侧结构性改革，走质量兴农之路”“坚持人与自然和谐共生，走乡村绿色发展之路”“传承发展提升农耕文明，走乡村文化兴盛之路”“创新乡村治理体系，走乡村善治之路”“打好精准脱贫攻坚战，走中国特色减贫之路”进行了深刻论述和部署。[2]这次会议强调，走中国特色社会主义乡村振兴道路，一是必须重塑城乡关系，走城乡融合发展之路。要坚持以工补农、以城带乡，把公共基础设施建设的重点放在农村，推动农

〔1〕《中共中央 国务院印发〈乡村振兴战略规划（2018—2022 年）〉》，《人民日报》2018 年 9 月 27 日。

〔2〕《十九大以来重要文献选编》（上），中央文献出版社 2019 年版，第 141—156 页。

村基础设施建设提档升级，优先发展农村教育事业，促进农村劳动力转移就业和农民增收，加强农村社会保障体系建设，推进健康乡村建设，持续改善农村人居环境，逐步建立健全全民覆盖、普惠共享、城乡一体的基本公共服务体系，让符合条件的农业转移人口在城市落户定居，推动新型工业化、信息化、城镇化、农业现代化同步发展，加快形成工农互促、城乡互补、全面融合、共同繁荣的新型工农城乡关系。二是必须巩固和完善农村基本经营制度，走共同富裕之路。要坚持农村土地集体所有，坚持家庭经营基础性地位，坚持稳定土地承包关系，壮大集体经济，建立符合市场经济要求的集体经济运行机制，确保集体资产保值增值，确保农民受益。三是必须深化农业供给侧结构性改革，走质量兴农之路。坚持质量兴农、绿色兴农，实施质量兴农战略，加快推进农业由增产导向转向提质导向，夯实农业生产能力基础，确保国家粮食安全，构建农村一二三产业融合发展体系，积极培育新型农业经营主体，促进小农户和现代农业发展有机衔接，推进“互联网＋现代农业”加快构建现代农业产业体系、生产体系、经营体系，不断提高农业创新力、竞争力和全要素生产率，加快实现由农业大国向农业强国转变。四是必须坚持人与自然和谐共生，走乡村绿色发展之路。以绿色发展引领生态振兴，统筹山水林田湖草系统治理，加强农村突出环境问题综合治理，建立市场化多元化生态补偿机制，增加农业生态产品和服务供给，实现百姓富、生态美的统一。五是必须传承发展提升农耕文明，走乡村文化兴盛之路。坚持物质文明和精神文明一齐抓，弘扬和践行社会主义核心价值观，加强农村思想道德建设，传承发展提升农村优秀传统文化，加强农村公共文化建设，开展移风易俗行动，提升农民精神风貌，培育文明乡风、良好家风、淳朴民风，不断提高乡村社会文明程度。六是必须创新乡村治理体系，走乡村善治之路。建立健全党委领导、政府负责、社会协同、公众参与、法治保障的现代乡村社会治理体制，健全自治、法治、德治相结合的乡村治理体系，加强农村基层基础工作，加强农村基层党组织建设，深化村民自治实践，严肃查处侵犯农民利益的“微腐败”，建设平安乡村，确保乡村社会充满活力、和谐有序。七是必须打好精准脱贫攻坚战，走中国特色减贫之路。坚持精准扶贫、精准脱贫，把提高脱贫质量放在首位，注重扶贫同扶志、扶智相结合，瞄准贫困人口精准帮扶，聚焦深度贫困地区集中发力，激发贫困人口内生动力，强化脱贫攻坚责任和监督，开展扶贫领域腐败和作风问题专项治理，采取更加有力的举措、更加集中的支持、更加精细的工作，坚决打好精准脱贫这场对全面建成小康社会具有决定意义的攻坚战。〔1〕

2018 年中央一号文件和《乡村振兴战略规划（2018—2022 年）》，明确了走中国特色社会主义乡村振兴道路的具体措施。

三、《乡村振兴战略规划（2018—2022 年）》的制定和实施

2018 年中央一号文件提出要强化乡村振兴规划引领，制定国家乡村振兴战略规划（2018—2022 年）。

2018 年 5 月 31 日，习近平总书记主持中央政治局会议，审议通过《乡村振兴战略规划（2018—2022 年）》。会议要求，各地区各部门要树立城乡融合、一体设计、多规合一理念，抓紧编制乡村振兴地方规划和专项规划或方案，做到乡村振兴事事有规可循、层层有人负责。要针对不同类型地区采取不同办法，做到顺应村情民意，既要政府、社会、市场协同发力，又要充分发挥农民主体作用，目标任务要符合实际，保障措施要可行有力。要科学规划、注重质量、稳步推进，一件事情接着一件事情办，一年接着一年干，让广大农民在乡村振兴中有更多获得感、幸福感、安全感。之后，中共中央、国务院印发了这一规划。这是中国出台的第一个全面推进乡村振兴战略的五年规划，是统筹谋划和科学推进乡村振兴战略的行动纲领。《规划》共 11 篇 37 章，以习近平总书记关于“三农”工作的重要论述为指导，按照产业兴旺、生态宜居、乡风文明、治理有效、生活富裕的总要求，对实施乡村振兴战略作出阶段性谋划，分别明确至 2020 年全面建成小康社会和 2022 年召开党的二十大时的目标任务，细化实化工作重点和政策措施，部署重大工程、重大

〔1〕《中央农村工作会议在北京举行》,《人民日报》2017 年 12 月 30 日。

计划、重大行动，确保乡村振兴战略落实落地，是指导各地区各部门分类有序推进乡村振兴的重要依据。《规划》强调，实施乡村振兴战略的基本原则是：坚持党管农村工作，坚持农业农村优先发展，坚持农民主体地位，坚持乡村全面振兴，坚持城乡融合发展，坚持人与自然和谐共生，坚持改革创新、激发活力，坚持因地制宜、循序渐进。《规划》提出，到2022年，乡村振兴的制度框架和政策体系初步健全。探索形成一批各具特色的乡村振兴模式和经验，乡村振兴取得阶段性成果。[1]

2018年7月5日，全国实施乡村振兴战略工作推进会议召开，会议部署落实了中共中央、国务院印发的《乡村振兴战略规划（2018—2022年）》所提出的各项重点任务。

2022年中央一号文件提出，抓点带面推进乡村振兴全面展开。开展“百县千乡万村”乡村振兴示范创建，采取先创建后认定方式，分级创建一批乡村振兴示范县、示范乡镇、示范村。推进农业现代化示范区创建。广泛动员社会力量参与乡村振兴，深入推进“万企兴万村”行动。按规定建立乡村振兴表彰激励制度。

四、乡村振兴促进法的制定和实施

2018年中央一号文件提出，强化乡村振兴法治保障。抓紧研究制定乡村振兴法的有关工作，把行之有效的乡村振兴政策法定化，充分发挥立法在乡村振兴中的保障和推动作用。及时修改和废止不适应的法律法规。根据这一要求，全国人大农业与农村委员会牵头起草了《中华人民共和国乡村振兴促进法（草案）》。2020年6月，十三届全国人大常委会第十九次会议对草案进行了审议。会后，全国人大常委会法制工作委员会将草案印发各省（区、市）人大、中央有关部门和部分全国人大代表、基层立法联系点、高等院校、研究机构征求意见；中国人大网公布草案全文，向社会公众征求意见。十三届全国人大常委会第二十四次会议对

---

〔1〕《中共中央 国务院印发〈乡村振兴战略规划（2018—2022年）〉》,《人民日报》2018年9月27日。

草案二审后，又征求了多方面意见。2021 年 4 月 29 日，十三届全国人大常委会第二十八次会议通过《中华人民共和国乡村振兴促进法》。该法自 2021 年 6 月 1 日起施行。

乡村振兴促进法对调整对象进行了明确界定，即“本法所称乡村，是指城市建成区以外具有自然、社会、经济特征和生产、生活、生态、文化等多重功能的地域综合体，包括乡镇和村庄等”。该法共 10 章 74 条，明确了立法的指导思想和原则，就产业发展、人才支撑、文化繁荣、生态保护、组织建设、城乡融合、扶持措施、监督检查、法律责任等作出规定。

乡村振兴促进法重点在“促进”，通过建立健全法律制度和政策措施，促进乡村全面振兴发展，不是取代农业法等其他涉农法律，而是与现有涉农法律衔接并作出了一些创新性规定，与其他涉农法律共同构成农业农村法律制度体系。

乡村振兴促进法与 2018 年中央一号文件、《乡村振兴战略规划》、《中国共产党农村工作条例》，共同构成实施乡村振兴战略的“四梁八柱”。

乡村振兴促进法立足新发展阶段，全面总结了中国“三农”工作的法治实践，是一部“三农”领域的基础性、综合性法律。其一，乡村振兴促进法是以增加农民收入、提高农民生活水平、提升农村文明程度为核心的振兴法，不只是促进经济发展，而是推动农业全面升级、农村全面进步、农民全面发展。其二，乡村振兴促进法旨在解决好农业农村承担的保障好农产品供给安全、保护好农村生态屏障安全、传承好中国农村优秀传统文化等历史任务，明确农业农村发展在国家发展中的战略定位。其三，乡村振兴促进法旨在全面加强农村社会主义精神文明建设，坚持农民主体地位，全面提升新时代农民素质，培养一代又一代高素质的新型农民。

2021 年 5 月 27 日，全国人大常委会举行乡村振兴促进法实施座谈会。会议强调，贯彻实施乡村振兴促进法，既要注重全面系统，也要突出重点和关键。一要因地制宜促进乡村产业发展，促进农村一二三产业融合发展，确保粮食安全，进一步增加农民收入、提高农民生活水平。二要培养造就新型职业农民队伍，广泛依靠农民、教育引导农民、组织带动农民，投身乡村振兴、建设美好家园。三要传承好农村优秀传统文化，倡导科学健康的生产生活方式，引导特色鲜明、优势突出的乡村文化产业发展。四要加强农村生态环境保护，推行绿色发展方式和生活方式，加强农业面源污染防治，持续改善农村人居环境。五要加强农村基层政权建设，巩固和确保党长期执政的基层基础。六要保障好维护好农民的合法权益，解决好农民群众关心关切的利益问题，让农民吃上长效“定心丸”。

五、乡村建设行动的实施

党的十九届五中全会审议通过的《中共中央关于制定国民经济和社会发展第十四个五年规划和二〇三五年远景目标的建议》提出，实施乡村建设行动，把乡村建设摆在社会主义现代化建设的重要位置。

2020 年 12 月，习近平总书记在中央农村工作会议上强调，要实施乡村建设行动，继续把公共基础设施建设的重点放在农村，在推进城乡基本公共服务均等化上持续发力，注重加强普惠性、兜底性、基础性民生建设。要接续推进农村人居环境整治提升行动，重点抓好改厕和污水、垃圾处理。要合理确定村庄布局分类，注重保护传统村落和乡村特色风貌，加强分类指导。〔1〕

2021 年中央一号文件在第四部分明确了“大力实施乡村建设行动”的措施，包括加强乡村公共基础设施建设、实施农村人居环境整治提升五年行动、提升农村基本公共服务水平、全面促进农村消费等方面的政策措施，以及加快推进村庄规划工作、加快县域内城乡融合发展、强化农业农村优先发展投入保障、深入推进农村改革等。

2022 年中央一号文件第五部分“扎实稳妥推进乡村建设”，明确了健全乡村建设实施机制、接续实施农村人居环境整治提升五年行动、扎实开展重点领域农村基础设施建设、大力推进数字乡村建设、加强基本公共服务县域统筹等五个方面的政策措施。

---

〔1〕 习近平：《论“三农”工作》，中央文献出版社 2022 年版，第 14—15 页。

为扎实推进乡村建设行动，进一步提升乡村宜居宜业水平，中共中央办公厅、国务院办公厅于2022年5月印发《乡村建设行动实施方案》，明确了加强乡村规划建设管理、实施农村道路畅通工程、强化农村防汛抗旱和供水保障、实施乡村清洁能源建设工程、实施农产品仓储保鲜冷链物流设施建设工程、实施数字乡村建设发展工程、实施村级综合服务设施提升工程、实施农房质量安全提升工程、实施农村人居环境整治提升五年行动、实施农村基本公共服务提升行动、加强农村基层组织建设、深入推进农村精神文明建设12个方面的重点任务。

第三节　农村经营主体创新发展

党的十八大报告提出，坚持和完善农村基本经营制度，依法维护农民土地承包经营权、宅基地使用权、集体收益分配权，壮大集体经济实力，发展农民专业合作和股份合作，培育新型经营主体，发展多种形式规模经营，构建集约化、专业化、组织化、社会化相结合的新型农业经营体系。进入新时代，在共享发展理念引领下，从实际出发，对坚持和完善农村基本经营制度、促进农村集体经济改革发展、构建新型农业经营体系作出了重大政策和制度安排，对农村承包地进行确权登记颁证，完成农村集体土地“三权分置”改革，统筹推进赋予农民集体资产股份权能的产权制度改革与社区集体经济实行股份合作制改革，促进农民专业合作社规范化提升，培育家庭农场，推进小农户和现代农业发展有机衔接。这些改革促进农村经营主体创新发展，集约化、专业化、组织化、社会化结合的新型农业经营体系构建稳步推进，进一步解放和发展了农村社会生产力，农村生产要素潜能进一步激发。

一、农村集体土地“三权分置”改革

进入新时代，中国在农村承包地确权登记颁证和开展第二轮土地承包到期后再延长30年试点的同时，对农村土地集体所有制的有效实现

形式进行了创新探索。党的十八届三中全会提出，赋予农民对承包地占有、使用、收益、流转及承包经营权抵押、担保权能，允许农民以承包经营权入股发展农业产业化经营。2016年中央一号文件《中共中央 国务院关于落实发展新理念加快农业现代化实现全面小康目标的若干意见》进一步提出，稳定农村土地承包关系，落实集体所有权，稳定农户承包权，放活土地经营权，完善“三权分置”办法，明确农村土地承包关系长久不变的具体规定。

2016年10月，中共中央办公厅、国务院办公厅印发的《关于完善农村土地所有权承包权经营权分置办法的意见》提出，围绕正确处理农民和土地关系这一改革主线，科学界定“三权”内涵、权利边界及相互关系，逐步建立规范高效的“三权”运行机制，不断健全归属清晰、权能完整、流转顺畅、保护严格的农村土地产权制度，优化土地资源配置，培育新型经营主体，促进适度规模经营发展，进一步巩固和完善农村基本经营制度，为发展现代农业、增加农民收入、建设社会主义新农村提供坚实保障。《意见》要求完善“三权分置”办法，不断探索农村土地集体所有制的有效实现形式，落实集体所有权，稳定农户承包权，放活土地经营权，充分发挥“三权”的各自功能和整体效用，形成层次分明、结构合理、平等保护的格局。党的十九大报告进一步强调完善承包地“三权分置”制度。

此后的中央一号文件进一步推进“三权分置”改革，完善落实集体所有权、稳定农户承包权、放活土地经营权的法律法规和政策体系。2018年中央一号文件提出，农村承包土地经营权可以依法向金融机构融资担保、入股从事农业产业化经营。2018年，建立健全进城落户农民土地承包权、宅基地使用权、集体收益分配权维护和自愿有偿退出机制，在3个省、50个地市、150个县启动第三批农村集体产权制度改革试点。[1]2019年中央一号文件《中共中央 国务院关于坚持农业农村优先

---

〔1〕 国家发展和改革委员会:《关于2018年国民经济和社会发展计划执行情况与2019年国民经济和社会发展计划草案的报告》,《人民日报》2019年3月18日。

发展做好“三农”工作的若干意见》提出，完善落实集体所有权、稳定农户承包权、放活土地经营权的法律法规和政策体系。2020年中央一号文件提出，以探索宅基地所有权、资格权、使用权“三权分置”为重点，进一步深化农村宅基地制度改革试点。

“三权分置”在维护农民集体、承包农户权益的同时，也维护了经营主体的权益，为促进多种形式适度规模经营的发展，进而推动现代农业发展提供了制度保障。“三权分置”是继实行家庭承包经营制度后农村改革又一重大制度创新，是农村基本经营制度的自我完善。

二、推进农村集体产权制度改革

进入新时代，农村集体产权制度改革以发展股份合作等多种形式的合作与联合为导向。党的十八大后的第一个中央一号文件——2013年中央一号文件提出，因地制宜探索集体经济多种有效实现形式，不断壮大集体经济实力；鼓励具备条件的地方推进农村集体产权股份合作制改革。2015年中央一号文件《中共中央 国务院关于加大改革创新力度加快农业现代化建设的若干意见》提出，对经营性资产，重点是明晰产权归属，将资产折股量化到本集体经济组织成员，发展多种形式的股份合作。2016年12月26日，在总结农村集体经济改革发展实践经验基础上，中共中央、国务院印发《关于稳步推进农村集体产权制度改革的意见》，对稳步推进农村集体产权制度改革作出系统部署。《意见》指出，农村集体产权制度改革是巩固社会主义公有制、完善农村基本经营制度的必然要求。农村集体经济是集体成员利用集体所有的资源要素，通过合作与联合实现共同发展的一种经济形态，是社会主义公有制经济的重要形式。《意见》提出，农村集体产权制度改革以明晰农村集体产权归属、维护农村集体经济组织成员权利为目的，以推进集体经营性资产改革为重点任务，以发展股份合作等多种形式的合作与联合为导向，坚持农村土地集体所有，坚持家庭承包经营基础性地位，探索集体经济新的实现形式和运行机制，不断解放和发展农村社会生产力，促进农业发展、农民富裕、农村繁荣，为推进城乡协调发展、巩固党在农村的执政基础提供重要支撑和保障。2020 年中央一号文件提出，全面推开农村集体产权制度改革试点，有序开展集体成员身份确认、集体资产折股量化、股份合作制改革、集体经济组织登记赋码等工作。2021 年中央一号文件提出，2021 年基本完成农村集体产权制度改革阶段性任务，发展壮大新型农村集体经济。

在农村集体产权改革中，既保障农民权益，又保障集体资产保值增值。一方面，通过农村集体产权制度改革，有效保障农民在集体经济组织中的权利。在集体资产量化到成员之前，农民在集体经济组织中的权益不明晰，表现在集体经营性资产归属不明、经营收益不清、分配不公开、成员的集体收益分配权缺乏保障等问题。2015 年中央一号文件提出，开展赋予农民对集体资产股份权能改革试点，试点过程中要防止侵蚀农民利益，试点各项工作应严格限制在本集体经济组织内部。2016 年中央一号文件提出，探索将财政资金投入农业农村形成的经营性资产，通过股权量化到户，让集体组织成员长期分享资产收益。中共中央、国务院印发的《关于稳步推进农村集体产权制度的意见》把农村集体产权制度改革作为维护农民合法权益、增加农民财产性收入的重大举措，把“坚持农民权利不受损，不能把农民的财产权利改虚了、改少了、改没了，防止内部少数人控制和外部资本侵占”作为要坚守的法律政策底线。另一方面，加强集体资产管理，在农村集体产权制度改革中有效保障集体资产保值增值。《意见》还明确把“坚持农民集体所有不动摇，不能把集体经济改弱了、改小了、改垮了，防止集体资产流失”作为要坚守的法律政策底线。2018 年中央一号文件进一步提出，坚持农村集体产权制度改革正确方向，发挥村党组织对集体经济组织的领导核心作用，防止内部少数人控制和外部资本侵占集体资产。在实践中，加强农村集体“三资”管理，农村集体“三资”管理的制度化、规范化、信息化加快推进，农村集体财务预决算、收入管理、开支审批、资产台账和资源登记等制度进一步健全，农村集体资产承包、租赁、处置和资源开发利用按民主程序决策。

以共享发展理念为指引，农村集体产权制度改革稳步推进，农村集体资产清产核资在全国开展，归属清晰、权能完整、流转顺畅、保护严格的中国特色集体产权制度逐步形成，农村集体经济不断发展壮大。

在赋予农民集体资产股份权能和社区集体经济实行股份合作制改革的同时，党中央还采取一系列措施，促进集体经济发展。2016 年中央一号文件提出，制定促进农村集体产权制度改革的税收优惠政策，开展扶持村级集体经济发展试点。2017 年中央一号文件《中共中央 国务院关于深入推进农业供给侧结构性改革加快培育农业农村发展新动能的若干意见》提出，抓紧研究制定农村集体经济组织相关法律，赋予农村集体经济组织法人资格。2019 年中央一号文件提出，研究完善适合农村集体经济组织特点的税收优惠政策。2020 年中央一号文件提出，探索拓宽农村集体经济发展路径，强化集体资产管理。

三、促进农民专业合作社规范运行和发展能力建设

进入新时代，中国按照积极发展、逐步规范、强化扶持、提升素质的要求促进农民专业合作社发展，切实提高引领带动能力和市场竞争能力。

推进示范社建设。2013 年中央一号文件提出，实行部门联合评定示范社机制，分级建立示范社名录，把示范社作为政策扶持重点。2015 年中央一号文件提出，引导农民专业合作社拓宽服务领域，促进规范发展，实行年度报告公示制度，深入推进示范社创建行动。

加强合作社能力建设。2013 年中央一号文件明确，安排部分财政投资项目直接投向符合条件的合作社，引导国家补助项目形成的资产移交合作社管护，指导合作社建立健全项目资产管护机制。增加农民合作社发展资金，支持合作社改善生产经营条件、增强发展能力。逐步扩大农村土地整理、农业综合开发、农田水利建设、农技推广等涉农项目由合作社承担的规模。对示范社建设鲜活农产品仓储物流设施、兴办农产品加工业给予补助。在信用评定基础上对示范社开展联合授信，有条件的地方予以贷款贴息，规范合作社开展信用合作。完善合作社税收优惠政策，把合作社纳入国民经济统计并作为单独纳税主体列入税务登记，做

好合作社发票领用等工作。创新适合合作社生产经营特点的保险产品和服务。建立合作社带头人人才库和培训基地，广泛开展合作社带头人、经营管理人员和辅导员培训，引导高校毕业生到合作社工作。落实设施农用地政策，合作社生产设施用地和附属设施用地按农用地管理。2014年中央一号文件《中共中央 国务院关于全面深化农村改革加快推进农业现代化的若干意见》提出，允许财政项目资金直接投向符合条件的合作社，允许财政补助形成的资产转交合作社持有和管护，有关部门要建立规范透明的管理制度。落实和完善相关税收优惠政策，支持农民合作社发展农产品加工流通。2020年中央一号文件提出，国家支持农民合作社、供销合作社建设产地分拣包装、冷藏保鲜、仓储运输、初加工等设施，对其在农村建设的保鲜仓储设施用电实行农业生产用电价格。

引导合作社联合。2013年中央一号文件提出，引导农民合作社以产品和产业为纽带开展合作与联合，积极探索合作社联社登记管理办法。2014年中央一号文件提出，推进财政支持农民合作社创新试点，引导发展农民专业合作社联合社。

修订农民专业合作社法。2017年12月27日，十二届全国人大常委会第三十一次会议审议通过《中华人民共和国农民专业合作社法（修订）》。该法于2018年7月1日起施行。2019年中央一号文件提出，继续深化供销合作社综合改革，制定供销合作社条例。

四、促进小农户和现代农业发展有机衔接

“大国小农”是中国的基本国情农情。中国户均耕地规模仅相当于欧盟的2.5%、美国的0.25%。这样的资源禀赋决定了中国不可能各地都像欧美那样搞大规模农业、大机械作业。解决小规模农户生产经营面临的困难，把小规模农户引入现代农业发展大格局是必须破解的命题。

进入新时代，中共中央、国务院在促进小农户开展合作与联合提高组织化程度的同时，注重惠农政策的公平性和普惠性，防止排挤小规模农户和人为垒大户，支持小规模农户经营能力和自我发展能力的提升，推动有长期稳定务农意愿的普通农户适度扩大经营规模发展成为家庭农

场等经营主体。

党的十九大报告提出实现小农户和现代农业发展有机衔接的要求。2018 年 9 月，中央全面深化改革委员会第四次会议审议通过《关于促进小农户和现代农业发展有机衔接的意见》。之后，中共中央办公厅、国务院办公厅印发此《意见》。《意见》提出，坚持小农户家庭经营为基础与多种形式适度规模经营为引领相协调，坚持农业生产经营规模宜大则大、宜小则小，充分发挥小农户在乡村振兴中的作用，按照服务小农户、提高小农户、富裕小农户的要求，加快构建扶持小农户发展的政策体系。

实施家庭农场培育计划。2013 年中央一号文件提出，鼓励和支持承包土地向专业大户、家庭农场、农民合作社流转，发展多种形式的适度规模经营。结合农田基本建设，鼓励农民采取互利互换方式，解决承包地块细碎化问题。2014 年中央一号文件明确，按照自愿原则开展家庭农场登记。2019 年中央一号文件提出，启动家庭农场培育计划。中共中央办公厅、国务院办公厅印发的《关于促进小农户和现代农业发展有机衔接的意见》，除明确提高小农户组织化程度、健全面向小农户的社会化服务体系等措施外，还明确了启动家庭农场培育计划、实施小农户能力提升工程、加强小农户科技装备应用、改善小农户生产基础设施等提升小农户发展能力的措施，明确了支持小农户发展特色优质农产品、带动小农户发展新产业新业态、鼓励小农户创业就业等拓展小农户增收空间的措施。2020 年中央一号文件进一步提出，培育家庭农场，通过订单农业、入股分红、托管服务等方式，将小农户融入农业产业链；明确国家支持家庭农场建设产地分拣包装、冷藏保鲜、仓储运输、初加工等设施，对其在农村建设的保鲜仓储设施用电实行农业生产用电价格。到 2021 年，全国家庭农场达到 390 万家。

第四节　促进融合发展

党的十八大以来，在新发展理念引领下，促进农村一二三产业融合发展，促进城乡融合发展，促进农业多种功能拓展，促进“三农”发展空间逐步拓展。

一、促进农村一二三产业融合发展

提出农村一二三产业融合发展。2015 年中央一号文件提出，推进农村一二三产业融合发展。增加农民收入，必须延长农业产业链、提高农业附加值。2017 年中央一号文件提出深入实施农村产业融合发展试点示范工程，支持建设一批农村产业融合发展示范园。2018 年中央一号文件进一步提出，构建农村一二三产业融合发展体系。大力开发农业多种功能，延长产业链、提升价值链、完善利益链，通过保底分红、股份合作、利润返还等多种形式，让农民合理分享全产业链增值收益。实施农产品加工业提升行动，鼓励企业兼并重组，淘汰落后产能，支持主产区农产品就地加工转化增值。2019 年中央一号文件提出，发展壮大乡村产业，拓宽农民增收渠道。2020 年中央一号文件提出，发展富民乡村产业。支持各地立足资源优势打造各具特色的农业全产业链，建立健全农民分享产业链增值收益机制，形成有竞争力的产业集群，推动农村一二三产业融合发展。加快建设国家、省、市、县现代农业产业园，支持农村产业融合发展示范园建设，办好农村“双创”基地。2021 年中央一号文件提出推进农村一二三产业融合发展示范园和科技示范园区建设。2022 年中央一号文件提出，鼓励各地拓展农业多种功能、挖掘乡村多元价值，重点发展农产品加工、乡村休闲旅游、农村电商等产业。支持农业大县聚焦农产品加工业，引导企业到产地发展粮油加工、食品制造。推进现代农业产业园和农业产业强镇建设，培育优势特色产业集群，继续支持创建一批国家农村产业融合发展示范园。实施乡村休闲旅游提升计划。支持农民直接经营或参与经营的乡村民宿、农家乐特色村（点）发展。将符合要求的乡村休闲旅游项目纳入科普基地和中小学学农劳动实践基地范围。实施“数商兴农”工程，推进电子商务进乡村。促进农副产品直播带货规范健康发展。开展农业品种培优、品质提升、品牌打造和标准化生产提升行动，推进食用农产品承诺达标合格证制度，完善全产业链质量安全追溯体系。加快落实保障和规范农村一二三产业融合发展用地政策。

党的十八大以来，农村产业融合发展深入推进。农产品产加销一体化进程明显加快，跨界配置农业和现代产业要素，促进产业深度交叉融合，形成“农业 +”多业态发展态势。融合主体大量涌现，融合业态多元呈现，发展综合种养等循环型农业；发展中央厨房、直供直销等延伸型农业；“农业 +”文化、教育、旅游、康养、信息等产业快速发展，农村电商、休闲观光农业、乡村旅游等新业态蓬勃发展，农业农村多种功能得到释放。融合载体丰富多样，建设国家现代农业产业园、国家农业科技园、农产品加工园，创建农村产业融合示范园、农业产业强镇。已认定 3 批共 316 个国家农村产业融合发展示范园，探索创新融合发展的有效路径。探索股份合作型模式，形成分工明确、优势互补、风险共担、利益共享的农业产业化联合体。

在共享发展理念引领下，由产业链联结的农业产业化经营，向一二三产业融合发展，这一发展方式演进，拓展了农业发展空间，有利于破解农业的弱质性问题，有利于提升农业发展能力、增加农民收入，促进农业朝着高质高效方向发展。

二、促进城乡融合发展

进入新时代，中国致力于重塑城乡关系，促进城乡融合发展，以破解工业化、城镇化进程中“三农”发展受弱质性困扰而发生农村边缘化的现象。党的十九大报告提出“建立健全城乡融合发展体制机制和政策体系”，这就在城乡一体化实践基础上，在党的代表大会文件中使用城乡融合发展概念，明确了推进农业农村现代化的新路径。解决“三农”问题，实现乡村振兴，根本是要打破资金、劳动力、人才等资源单一流向工业和城市的问题，增强乡村发展聚集力，形成城乡资源双向流动，从根本上破解城乡二元结构。针对“三农”的弱质性而农村资源向外流的问题，2018 年中央一号文件提出，让农业成为有奔头的产业，让农民成为有吸引力的职业，让农村成为安居乐业的美丽家园。2019 年中央一号文件提出，优先满足“三农”发展要素配置，坚决破除妨碍城乡要素自由流动、平等交换的体制机制壁垒，改变农村要素单向流出格局，推动资源要素向农村流动。显然，实施乡村振兴战略下的资源配置是不同于城乡二元结构下农村资源单向外流的态势。

走城乡融合发展之路。2017 年 12 月，习近平总书记在中央农村工作会议上指出，我们一定要认识到，城镇和乡村是互促互进、共生共存的。能否处理好城乡关系，关乎社会主义现代化建设全局。城镇化是城乡协调发展的过程，不能以农业萎缩、乡村凋敝为代价。近年来，我们在统筹城乡发展方面作出了很大努力，取得了重大进展。但是，城乡要素合理流动机制还存在缺陷，无论进城还是下乡，渠道都还没有完全打通，要素还存在不平等交换。走中国特色社会主义乡村振兴道路，必须重塑城乡关系，走城乡融合发展之路。〔1〕2018 年 9 月，习近平总书记主持十九届中央政治局第八次集体学习时指出，“在现代化进程中，城的比重上升，乡的比重下降，是客观规律，但在我国拥有近 14 亿人口的国情下，不管工业化、城镇化进展到哪一步，农业都要发展，乡村都不会消亡，城乡将长期共生并存，这也是客观规律。即便我国城镇化率达到 70%，农村仍将有 4 亿多人口。如果在现代化进程中把农村 4 亿多人落下，到头来‘一边是繁荣的城市、一边是凋敝的农村’，这不符合我们党的执政宗旨，也不符合社会主义的本质要求。这样的现代化是不可能取得成功的！40 年前，我们通过农村改革拉开了改革开放大幕。40 年后的今天，我们应该通过振兴乡村，开启城乡融合发展和现代化建设新局面。”“要把乡村振兴战略这篇大文章做好，必须走城乡融合发展之路。我们一开始就没有提城市化，而是提城镇化，目的就是促进城乡融合。要向改革要动力，加快建立健全城乡融合发展体制机制和政策体系。”〔2〕《中共中央关于制定国民经济和社会发展第十四个五年规划和二〇三五年远景目标的建议》提出，健全城乡融合发展机制，推动城乡

〔1〕《十九大以来重要文献选编》(上)，中央文献出版社 2019 年版，第 142 页。

〔2〕 习近平：《把乡村振兴战略作为新时代“三农”工作总抓手》，《求是》2019 年第 11 期。

要素平等交换、双向流动，增强农业农村发展活力。

推进县域内城乡融合发展。2020 年 12 月，习近平总书记在中央农村工作会议上强调，要推动城乡融合发展见实效，健全城乡融合发展体制机制，促进农业转移人口市民化。要把县域作为城乡融合发展的重要切入点，赋予县级更多资源整合使用的自主权，强化县城综合服务能力。[1]2021 年中央一号文件提出，把县域作为城乡融合发展的重要切入点，强化统筹谋划和顶层设计，破除城乡分割的体制弊端，加快打通城乡要素平等交换、双向流动的制度性通道。统筹县域产业、基础设施、公共服务、基本农田、生态保护、城镇开发、村落分布等空间布局，强化县城综合服务能力，把乡镇建设成为服务农民的区域中心，实现县乡村功能衔接互补。壮大县域经济，承接适宜产业转移，培育支柱产业。加快小城镇发展，完善基础设施和公共服务，发挥小城镇连接城市、服务乡村作用。有条件的地区按照小城市标准建设县城。积极推进扩权强镇，规划建设一批重点镇。开展乡村全域土地综合整治试点。推动在县域就业的农民工就地市民化，增加适应进城农民刚性需求的住房供给。

推进以县城为重要载体的城镇化建设。2022 年中央一号文件提出，加快推进以县城为重要载体的城镇化建设。2022 年中共中央办公厅、国务院办公厅印发《关于推进以县城为重要载体的城镇化建设的意见》。《意见》提出，坚持以人为核心推进新型城镇化，尊重县城发展规律，统筹县城生产、生活、生态、安全需要，因地制宜补齐县城短板弱项，促进县城产业配套设施提质增效、市政公用设施提档升级、公共服务设施提标扩面、环境基础设施提级扩能，增强县城综合承载能力，提升县城发展质量，更好满足农民到县城就业安家需求和县城居民生产生活需要，为实施扩大内需战略、协同推进新型城镇化和乡村振兴提供有力支撑。

---

〔1〕 习近平：《坚持把解决好“三农”问题作为全党工作重中之重 举全党全社会之力推动乡村振兴》，《求是》2022 年第 7 期。

三、促进返乡下乡创新创业

中国自改革开放起，随着工业化和城镇化的发展，农村劳动力大量流向城市，农村人才缺乏问题突出。

党的十八大以来，党中央对就业政策进行完善，在继续促进农村劳动力转移就业的同时，基于农村人才缺乏的状况，大力培养农村实用人才和支持乡村创业创新。2016 年中央一号文件提出，推进农村劳动力转移就业、创业和农民工市民化。引导有志投身现代农业建设的农村青年、返乡农民工、农技推广人员、农村大中专毕业生和退役军人等加入职业农民队伍。总结各地经验，建立健全职业农民扶持制度，相关政策向符合条件的职业农民倾斜。2017 年中央一号文件提出，支持进城农民工返乡创业，带动现代农业和农村新产业新业态发展；鼓励高校毕业生、企业主、农业科技人员、留学归国人员等各类人才回乡下乡创业创新，将现代科技、生产方式和经营模式引入农村；整合落实支持农村创业创新的市场准入、财政税收、金融服务、用地用电、创业培训、社会保障等方面优惠政策；鼓励各地建立返乡创业园、创业孵化基地、创客服务平台，开设开放式服务窗口，提供一站式服务；鼓励农户和返乡下乡人员通过订单农业、股份合作、入园创业就业等多种方式，参与建设，分享收益。2018 年中央一号文件对农民就业提出了远景规划：到 2020 年，农村对人才吸引力逐步增强；到 2035 年，农民就业质量显著提高。2019 年中央一号文件第一次对促进农村劳动力转移就业和支持乡村创新创业分成各用了一段的篇幅进行专门规定。关于支持乡村创新创业，文件提出，鼓励外出农民工、高校毕业生、退伍军人、城市各类人才返乡下乡创新创业，支持建立多种形式的创业支撑服务平台，完善乡村创新创业支持服务体系；落实好减税降费政策，鼓励地方设立乡村就业创业引导基金，加快解决用地、信贷等困难；加强创新创业孵化平台建设，支持创建一批返乡创业园，支持发展小微企业。2021 年中央一号文件提出，鼓励地方建设返乡入乡创业园和孵化实训基地。

党的十八大以来，随着对农业劳动力转移就业和农村创新创业体制的健全，形成了转移就业和乡村创新创业并行态势，改变了农村劳动力单一流向非农的格局。国家统计局 2021 年国民经济和社会发展统计公报显示，2021 年全国农民工总量 29251 万人，其中外出农民工 17172 万人，本地农民工 12079 万人。与 20 世纪 80 年代初农民纷纷“洗脚上田”创业不同，吸引农民工、大中专毕业生、退役军人、科技人员等到乡村创新创业，农村创新创业日渐活跃。同时，还有大批“田秀才”“土专家”“乡创客”等本乡创新创业人员活跃在乡村。这一历史性转变，缘于农业农村现代化建设和美丽乡村建设顺利推进，农村发展环境改善，一二三产业、城乡朝融合方向发展，使农业农村发展空间日益拓展、发展能力日益提升，进而增强了农业农村聚集力。

第八章　新时代经济建设成就和经验

进入新时代以来，中国经济走过了不平凡的发展历程。以习近平同志为核心的党中央牢牢扭住经济建设这个中心，直面发展中的矛盾问题，应对前所未有的风险挑战，紧紧抓住主要矛盾和矛盾的主要方面，对症下药、切中要害确定经济工作主题主线，精准聚焦关系全局、事关长远的问题，精心布局、主动谋划实施一系列重大发展战略，解决了许多长期想解决而没有解决的难题，办成了许多过去想办而没有办成的大事，成功开辟社会主义现代化建设新局面新气象新境界。党的十八大以来，中国经济发展平衡性、协调性、可持续性明显增强，国内生产总值突破百万亿元大关，人均国内生产总值超过一万美元，国家经济实力、科技实力、综合国力跃上新台阶，中国经济迈上更高质量、更有效率、更加公平、更可持续、更为安全的发展之路。纵观中华民族伟大复兴战略全局和世界百年未有之大变局，新时代中国在经济建设上的成就与经验意义非凡。

第一节　中国经济迈上高质量发展之路

党的十八大以来，以习近平同志为核心的党中央针对一些地方和部门存在片面追求速度规模、发展方式粗放等问题，提出不能简单以生产总值增长率论英雄，强调坚持正确政绩观，将发展的立足点聚焦到提高质量和效益上来，推动中国经济实现多年想实现而没有实现的重大结构性变革，开启促进高质量发展进程。沿着更高质量、更有效率、更加公平、更可持续、更为安全的发展之路，中国经济在由大到强的征程上迈出坚实步伐。

一、发展质量更高

新时代，中国经济在保持量的合理增长的同时，实现质的稳步提升。经济发展的主引擎逐渐由要素驱动转变为创新驱动，经济结构发生重大变革，产业体系持续优化升级，经济发展的质量更高、成色更足。

经济保持中高速增长，经济总量实现倍增，经济实力大幅跃升。新常态下，中国经济增速“换挡”而不“失速”，2013 年至 2021 年实现了年均 6.5% 的中高速增长〔1〕，经济增速连续多年在世界主要经济体中位居前列。经济总量接连迈上 10 万亿元级台阶，2012 年国内生产总值为 53.9 万亿元，2014 年突破 60 万亿元，2016 年突破 70 万亿元，2017 年突破 80 万亿元，2018 年突破 90 万亿元，2020 年突破 100 万亿元，2021 年达到 114.4 万亿元，占世界经济的比重从 2012 年的 11.3% 提升到 2021 年的 18% 以上。自 2006 年起，中国经济增长对世界经济增长的贡献率居世界首位，2012 年以来对世界经济增长的贡献率保持在 30% 左右。〔2〕中国稳居世界第二大经济体、制造业第一大国、货物贸易第一

〔1〕 如无特殊说明，本章数据均来自国家统计局发布的国民经济和社会发展统计公报，以及由国家统计局历年编著的中国经济统计年鉴。一些数据根据其中数据计算而得。

〔2〕《经济发展大提高 生态环境大改善》，《人民日报》2022 年 5 月 13 日。

大国、外汇储备第一大国，服务贸易、对外投资、消费市场规模也已位居世界第二。

人均国内生产总值超过1万美元。2012年中国人均国内生产总值为6300美元，2019年达到70328元，按当年平均汇率折算达10276美元，首次跨上1万美元台阶。作为拥有14亿多人口的大国，中国实现人均国内生产总值过万美元是人类发展史上的奇迹。2018年，世界上人均国内生产总值过万美元经济体人口约15亿。中国人均国内生产总值的突破，让这一数字一跃达到近30亿。2020年、2021年，中国人均国内生产总值继续增长，2021年达到80976元，按当年平均汇率折算达12551美元，已超过世界人均国内生产总值水平，逐渐接近高收入国家门槛。这是中国经济发展新的里程碑。

创新作为引领发展第一动力的作用日益凸显，科技创新能力显著增强。科技进步对经济增长的贡献率稳步提升，2021年已超过60%，比2012年提高了8个百分点。研发投入持续扩大，规模稳居世界第二位。中国全球创新指数排名从2012年到2021年上升了22位，进入创新型国家行列。[1]科技自立自强迈出坚实步伐。全部采用国产高性能众核处理器、全球第一台性能超过10亿亿次的超级计算机“神威·太湖之光”研制成功。具有自主知识产权、世界最大单口径、最灵敏的500米口径球面射电望远镜（FAST）建造完成，被誉为“中国天眼”。北斗卫星导航系统完成全球组网，成为中国首个面向全球提供公共服务的空间基础设施。世界首颗量子科学实验卫星“墨子号”在国际上首次成功实现千公里级卫星和地面之间的量子纠缠分发、量子密钥分发和量子隐形传态。“嫦娥四号”、“嫦娥五号”探月，“羲和号”探日，“天问一号”探测火星均获成功。2021年到2022年，三名中国航天员乘坐“神舟十三号”载人飞船进入太空，并顺利入驻天宫空间站，完成了为期六个月的太空生活，标志着中国空间站开启“有人长期驻留”新阶段。

中国经济增长已从主要依靠工业带动转变为工业和服务业共同带

---

〔1〕《我国成功进入创新型国家行列》,《人民日报》2022年6月7日。

动，从主要依靠投资拉动转变为消费和投资一起拉动，从出口大国转变为出口和进口并重的大国，从“两头在外”逐步转向内需主导，实现了重大结构性变革。服务业发展进入新阶段，对经济增长的贡献率大幅上升。2012 年第三产业增加值占国内生产总值比重达到 45.5%，首次超过第二产业，成为增加值最大的产业。2015 年第三产业增加值占比达到 50.5%，首次突破 50%，2021 年达到 53.3%，撑起国民经济半壁江山。2021 年，第三产业对经济增长的贡献率达到 53.9%，超过第二产业 14.1 个百分点，第二产业和第三产业对经济增长的贡献率之和达到 93.7%。消费渐成经济增长的第一拉动力。不断迈向共同富裕的 14 亿多人口中，中等收入群体规模在 2017 年已经超过 4 亿人〔1〕，并仍在不断扩大，中国已成为全球最具成长性的超大规模消费市场。2021 年国内生产总值比上年增长 8.1%，其中最终消费支出拉动国内生产总值增长 5.3 个百分点，比资本形成总额高出 4.2 个百分点，比货物和服务净出口高出 3.6 个百分点，对经济增长的贡献率达到 65.4%。社会消费品零售总额由 2012 年的 210307 亿元增长到 2021 年的 440823 亿元，平均每年增长 9.0%。国际收支保持基本平衡，贸易规模上升至世界第一位。2012 年货物和服务贸易总额 4.4 万亿美元，位居全球第二；2021 年增至 6.9 万亿美元，并连续两年位居全球第一。〔2〕随着产业结构转型升级，一般贸易比重逐步扩大，2021 年达到 61.6%，比 2012 年提高了 9.6 个百分点。商品出口占国际市场的份额由 2012 年的 11% 上升到 2021 年的 15%。〔3〕国内经济循环的作用显著上升，对外贸易依存度由 2012 年的 47% 下降为 2021 年的 34.2%，内需对经济增长的贡献率始终保持在较高水平，2021 年为 79.1%。党的十八大以来中国经济发生的结构性变革，为新发展阶段加快构建以国内大循环为主体、国内国际双循环相互促进的新发展格局奠

〔1〕 国家统计局：《国家统计局局长就 2018 年国民经济运行情况答记者问》，2019 年 1 月 21 日。

〔2〕《中共中央宣传部举行经济与生态文明领域建设与改革情况发布会图文实录》，国新网，2022 年 5 月 12 日。

〔3〕《经济发展大提高 生态环境大改善》，《人民日报》2022 年 5 月 13 日。

定了坚实的基础。

产业体系持续优化升级。高技术产业、战略性新兴产业对经济增长的支撑作用显著提高。高技术制造业持续快速发展，2013 年到 2021 年平均每年增长 11.6%。2021 年，规模以上高技术制造业增加值比上年增长 18.2%，比规模以上工业增加值增长率高出 8.6 个百分点，占规模以上工业增加值的比重达到 15.1%。新能源汽车、集成电路、工业机器人、智能手表、光电子器件产量分别增长 152.5%、37.5%、44.9%、37.0%、24.1%。规模以上服务业中，战略性新兴服务业加速发展。2017 年到 2021 年，战略性新兴服务业营业收入年均增长 13.7%。关键核心技术不断取得突破。复兴号中国标准动车组的成功研制和运营，标志着中国已全面掌握高铁关键核心技术，建立起基于自主知识产权的高速动车组技术平台和技术标准体系，实现了中国高铁从追赶到领跑的根本转变。采用国际最高安全标准的百万千瓦级自主三代核电装备“华龙一号”，标志着中国成为继美国、法国、俄罗斯等国之后真正掌握自主三代核电技术的国家，核电技术水平和综合实力已跻身世界第一方阵，拉开了中国自主核电技术出口发达国家的序幕。国产最大直径盾构机，打破欧美在超大直径盾构机方面的垄断地位，远赴海外执行任务。首艘国产航母山东舰、全球最大海上钻井平台“蓝鲸 1 号”、“天鲲号”重型自航绞吸挖泥船、“雪龙 2 号”极地考察船研制成功并投入使用，标志着中国大型海上装备达到世界先进水平。运 -20 大型运输机、大飞机 C-919、AG-600 水陆两栖飞机试飞成功，标志着中国的航空工业正在加快追赶。

重大工程屡创世界奇迹，彰显“中国建造”非凡实力。世界上最长的跨海大桥——港珠澳大桥开通运营。大桥集桥、岛、隧道于一体，全长 55 公里，海底沉管隧道 6.7 公里，桥梁工程 22.9 公里。世界建设规模最大机场——北京大兴国际机场投入运营。大兴机场创造多项世界之最，包括世界规模最大的单体机场航站楼、世界最大的减隔震航站楼、世界最大的无结构缝一体化航站楼等。拥有世界单机容量最大水电机组的白鹤滩水电站正式投产。白鹤滩水电站装有 16 台百万千瓦机组，堪称世界水电站的巅峰之作，成为中国水电引领全球的又一张国家名片。

二、发展更有效率

新时代，中国经济的生产效率、流通效率、企业效益显著提高，资源配置效率和宏观经济治理效能全面提升，经济运行更加畅通高效。

技术进步与结构优化推动生产效率显著提高。全员劳动生产率大幅提升，增长速度逐渐超过国内生产总值增长速度。2013 年到 2021 年，全员劳动生产率年均增长 7.2%，比同时期国内生产总值年均增长率高出 0.7 个百分点。2021 年全员劳动生产率达到 146380 元 / 人，比上年提高 8.7%，高于当年国内生产总值增长率 0.6 个百分点。供给侧结构性改革扎实推进，工业产能利用率持续提升。2021 年，全国工业产能利用率达到 77.5%，比 2020 年提高 3.0 个百分点。

流通方式加速创新推动流通效率大幅提高。网上零售快速发展，成为推动消费增长的重要因素。网上零售额由 2014 年的 27898 亿元增长到 2021 年的 130884 亿元，按可比口径计算，平均每年增长 22.2%，其中实物商品网上零售额平均每年增长 22.2%，占社会消费品零售总额的比重由 2014 年的 8.8% 提高到 2021 年的 24.5%，提高了 15.7 个百分点。网上零售的发展推动快递业迅速崛起。2014 年中国快递业务量首次超过美国，之后稳居世界第一位。2014 年快递业务量为 139.6 亿件，到 2021 年已增至 1083.0 亿件，比 2014 年增加了 6.76 倍。在快递业务量成倍增长的同时，运输装备和信息技术加快应用，快递服务质效大幅提升。快递行业运输装备数量大幅增长，大数据、云计算、物联网、智能分拣加快应用，快递骨干企业均实现自动化分拣，切实提高了快递服务的时效性和稳定性。网络强国建设迈出坚实步伐，建成全球最大固定网络和移动网络，互联网技术、移动互联网技术跨越式发展，为网上零售的发展奠定坚实基础。固定互联网宽带接入用户由 2014 年的 20048 万户增长到 2021 年的 53579 万户，增长了近 1.7 倍，其中固定互联网光纤宽带接入用户由 2016 年的 22766 万户增长到 2021 年的 50551 万户，增长超过 1.2 倍。互联网上网人数由 2012 年的 5.64 亿增长到 2021 年的 10.32

亿，增长了 0.8 倍。互联网普及率由 2012 年的 42.1% 增长到 2021 年的 73.0%，其中农村地区互联网普及率由 2016 年的 33.1% 增长到 2021 年的 57.6%。从 2013 年 4G 开始商用，到 2019 年 5G 开始商用，移动通信实现了从 4G 赶超到 5G 引领的跨越式发展。2021 年末，移动电话基站数已达 996 万个，其中 4G 基站 590 万个，5G 基站 143 万个。移动电话普及率由 2014 年的 94.5 部 / 百人增长到 2021 年的 116.3 部 / 百人，手机上网人数由 2013 年的 5.0 亿增长到 2021 年的 10.29 亿，移动互联网用户接入流量由 2015 年的 41.9 亿 GB 迅速增长到 2021 年的 2216 亿 GB，平均每年增长 93.7%。另外，城市商业综合体等新商业模式不断涌现，推动线下零售效率提高。融合商业零售、餐饮、休闲娱乐、文化、教育等多项城市主要功能活动的大型商业综合体数量快速增加，已成为城市经济发展水平的标志和消费领域新动能的重要载体。

综合交通运输建设成绩斐然，为流通效率的提高提供了重要保障。党的十八大以来，中国由“交通大国”向“交通强国”迈进，现代综合交通运输体系建设取得新成就，铁路、公路、水路、民航基础设施建设网络化布局、统筹推进，“五纵五横”综合运输大通道基本贯通。铁路路网规模进一步扩大，“四纵四横”高铁网建成运营，中国成为全球唯一高铁成网运营的国家；公路路网通达度进一步提高，高速公路总里程稳居世界第一位；内河航道通航条件显著改善，航道网络通江达海；民航机场规模持续扩大，航线网络覆盖率显著提高。据交通运输部统计，中国高铁运营总里程由 2012 年的 0.94 万公里增长到 2021 年的超过 4 万公里，高速公路运行里程由 2012 年的 9.62 万公里增长到 2021 年的超过 16.8 万公里，高等级航道的里程由 2012 年的不到 1 万公里增长到 2021 年的 1.62 万公里，定期航班航线里程由 2012 年的 328.01 万公里增长到 2020 年的 942.63 万公里。

各类市场主体活力迸发，数量急剧增长，同时企业效益不断改善，财政收入规模稳步提升。2020 年法人单位数量达到 2938.9 万个，比 2012 年的 1061.7 万个增长了 1.77 倍，年均增长 13.6%。市场主体总数由 2012 年的 5500 万户[1]增长到 2021 年的 1.5 亿户，2021 年全年日均新登记企业达到 2.5 万户，小微企业活力不断激发，成为经济发展特别是消费增长的重要支撑力量。规模以上工业企业利润快速增长，2013 年至 2021 年平均每年增长 10.6%，2021 年达到 87092 亿元。规模以上工业企业营业收入利润率由 2018 年的 6.49% 增长到 2021 年的 6.81%，每百元营业收入中的成本由 2016 年的 85.52 元降至 2021 年的 83.74 元。规模以上服务业企业利润增长加速，2017 年到 2021 年的年均增长率达到 11.1%。财政收入较快增长，2012 年到 2021 年平均每年增长 6.9%，2021 年全国一般公共预算收入 202539 亿元，其中税收收入 172731 亿元。

三、发展更加公平

新时代，中国经济发展的协调性显著增强，地区差距、城乡差距、收入差距趋于缩小，人民生活越来越美好。

区域发展差距趋于缩小，区域发展协调性显著增强。中西部地区发展明显快于东部地区。2013 年到 2021 年，固定资产投资年均增速，中部地区为 11.4%，西部地区为 9.6%，均高于东部地区的 9.1%。2021 年四大区域生产总值增长速度，中部地区最快，为 8.7%，西部地区为 7.4%，东部地区为 8.1%，东北地区为 6.1%。区域收入差距缩小。2020 年，东部、中部、西部、东北地区居民人均可支配收入分别为 41239.7 元、27152.4 元、25416.0 元和 28266.2 元。以西部地区居民收入为 1，东部地区与西部地区居民人均收入之比为 1.62，中部地区与西部地区居民人均收入之比为 1.07，东北地区与西部地区居民人均收入之比为 1.11，分别比 2014 年缩小了 0.07、0.03、0.16。区域发展的优势互补性持续增强。东部地区创新驱动发展成效显著，在全国继续发挥重要增长引擎和辐射带动作用；中部地区成为四大区域中经济增速最快的区域，先进制造业迅速发展，地区制造业总产值占全国比重显著提高；西部地

[1]《市场主体蓬勃发展 全面小康成色更足》，《人民日报》2021 年 9 月 7 日。

区发展较快，地区生产总值占全国比重由2012年的19.8%增至2021年的21.0%；东北地区装备水平持续提升，处于东北亚核心地带的区位优势得到有效发挥，对外经贸快速发展。新增长极增长带形成，2019年到2021年，京津冀地区生产总值年均增长5.2%，长江经济带地区年均增长6.1%，长江三角洲地区年均增长6.0%。

城乡差距逐渐缩小，新型城镇化取得明显成效。城乡居民人均可支配收入比值持续下降，2021年达到2.50，比2012年下降了0.38。2013年到2021年，城镇居民人均可支配收入年均实际增长率为5.7%，农村居民人均可支配收入年均实际增长率为7.3%。到2021年，全国居民人均可支配收入达到35128元，城镇居民人均可支配收入达到47412元，农村居民人均可支配收入达到18931元。农村居民消费水平加快提高。消费品零售额增长速度快于城镇，2013年到2021年，乡村消费品零售额年均增长9.9%，高出城镇1个百分点。农村居民恩格尔系数持续下降，2021年达到32.7%，比2012年下降了6.6个百分点。主要耐用消费品拥有量持续提高，2020年末农村居民平均每百户拥有家用汽车26.4辆、摩托车53.6辆、电动助力车73.1辆、计算机28.3台、移动电话260.9部、空调73.8台、热水器76.2台、洗衣机92.6台、电冰箱100.1台。农民工数量持续增加，2021年达到29251万，比2012年增长11.4%，其中外出农民工2021年达到17172万，比2012年增长5.1%；本地农民工2021年达到12079万，比2012年增长21.7%。农民工人均月收入不断提高，2015年到2021年平均每年增长6.4%，2021年达到4432元。农村基础设施建设不断加强，农村用电量持续增加，饮水安全状况大幅改善，公路和网络建设成效显著。脱贫攻坚战取得全面胜利，绝对贫困历史性消除，现行标准下9899万农村贫困人口全部脱贫，832个贫困县全部摘帽，12.8万个贫困区全部出列，区域性整体贫困得到解决。2021年832个脱贫县农村居民人均可支配收入14051元，比上年增长11.6%，扣除价格因素，实际增长10.8%。城镇化水平显著提高。根据第七次全国人口普查结果，2020年常住人口城镇化率达到63.89%，户籍人口城镇化率达到45.4%。2021年末常住人口城镇化率达到 64.72%，比 2012 年提高了 11.62 个百分点。党的十八大以来，城镇棚户区改造惠及 9000 多万居民，老旧小区改造惠及 2000 多万户，有 1.8 亿左右的农村人口进城成为城镇的常住人口。[1]

收入分配更加注重公平，居民收入基尼系数由 2012 年的 0.474 降到 2021 年的 0.466。[2]实现居民收入增长和经济发展同步，居民收入在国民收入分配中的比重和劳动报酬在初次分配中的比重均有所提高。2013 年到 2021 年，城乡居民人均可支配收入年均实际增长 6.6%，略高于同期国内生产总值年均 6.5% 的增速。2019 年，住户部门可支配收入占全部可支配收入的比重达到 66.2%，比 2012 年提高了 1.8 个百分点；初次分配总额中劳动者报酬的比重达到了 52.3%，比 2012 年提高了 2.8 个百分点。

人民生活水平全方位提升。全国居民人均消费支出由 2014 年的 14491 元增长到 2021 年的 24100 元。消费结构优化升级。2021 年全国居民恩格尔系数为 29.8%，比 2015 年下降了 0.8 个百分点。按照联合国的标准，中国人民已进入生活相对殷实富足的阶段。食品消费质量更高，蔬菜及食用菌、禽类、水产品、蛋类、干鲜瓜果类食品消费量显著提高。社会力量积极参与公共服务领域建设，旅游、文化、体育、健康、养老等幸福产业蓬勃发展，推动居民服务性消费大幅增加。2021 年，医疗保健支出占人均消费支出的比重达到 8.8%，教育文化娱乐支出的比重达到 10.8%，交通通信支出的比重为 13.1%，三者总计达到 32.7%。耐用消费品升级换代，汽车、电动助力车、空调、热水器、排油烟机、移动电话拥有数量增长较快。2013 年到 2020 年，全国居民平均每百户拥有家用汽车由 16.9 辆增长到 37.1 辆，电动助力车由 39.5 台增长到 66.7 台，空调由 70.4 台增长到 117.7 台，热水器由 64.2 台增长到 90.4 台，排油烟机由 42.5 台增长到 60.9 台，移动电话由 203.2 部增长到 253.8 部。满足个性化需求、追求互动体验的新消费方式蓬勃兴起。

---

〔1〕《经济发展大提高 生态环境大改善》，《人民日报》2022 年 5 月 13 日。

〔2〕《经济发展大提高 生态环境大改善》，《人民日报》2022 年 5 月 13 日。

电子支付、网络约车、共享单车、线上线下电子商务等新型消费快速增加，广大消费者充分感受到新消费时代的便捷。

四、发展更可持续

新时代，中国经济发展的可持续性显著增强，绿色发展理念深入人心，生产生活方式绿色化转型迈出新步伐，生态环境状况实现历史性转折。

生产方式绿色化转型成效显著。农业绿色发展不断推进，化肥农药使用量显著减少，化肥农药利用率明显提升。据农业农村部统计，2020年，水稻、小麦、玉米三大粮食作物化肥利用率为40.2%，比2015年提高5个百分点；农药利用率为40.6%，比2015年提高4个百分点。能源生产结构持续向清洁化转变，原煤占比由2012年的76.2%下降到2020年的67.6%，原油占比由8.5%下降到6.8%，天然气占比则由4.1%上升到6.0%，一次电力及其他能源占比由11.2%上升为19.6%。能源消费结构不断优化，煤炭占比显著下降，由2012年的68.5%下降到2020年的56.8%；石油占比略有上升，由17.0%上升到18.9%；天然气占比显著上升，由4.8%上升到8.4%；一次电力及其他能源则由9.7%大幅提高至15.9%。到2021年，全年能源消费总量比上年增长5.2%，煤炭和原油消费量分别增长4.6%、4.1%，增速低于能源消费总量增速，而天然气和电力消费量分别增长12.5%、10.3%，远高于能源消费总量增速。煤炭消费量占比进一步下降到56.0%，天然气、水电、核电、风电、太阳能发电等清洁能源消费量占比达到25.5%。能效水平显著提升。2012年到2021年，全国万元国内生产总值能耗累计下降27.4%，年均下降3.5%；单位国内生产总值二氧化碳排放量累计下降约34%。2021年，重点耗能工业企业单位电石综合能耗下降5.3%，单位合成氨综合能耗与上年持平，吨钢综合能耗下降0.4%，单位电解铝综合能耗下降2.1%，每千瓦时火力发电标准煤耗下降0.5%。

生活方式绿色化转型稳步推进，城乡生活环境不断改善。城市环境基础设施投资不断提高，2020年达到6842.2亿元，比2012年增长

35.1%。其中，市容环境卫生投资大幅提高到1130.0亿元，增长了1.8倍。城市环境基础设施水平不断提高。2020年，城市污水处理率达到95.05%，生活垃圾无害化处理率达到98.26%。农村人居环境加速改善。2016年第三次农业普查结果显示，生活垃圾集中处理或部分集中处理的乡镇达到90.8%，生活垃圾集中处理或部分集中处理的村达到73.9%，生活污水集中处理或部分集中处理的村达到17.4%，使用水冲式卫生厕所的农户达到36.2%，使用卫生旱厕的农户达到12.4%。

生态环境有了大改善，蓝天、碧水、净土保卫战取得重大成果。重污染天气明显减少，2021年全国地级及以上城市平均空气质量优良天数比例为87.5%；水环境质量显著改善，全国地表水优良水质断面比例达到84.9%；土壤环境风险得到有效管控，全国城市和县城生活垃圾基本实现无害化处理。生态系统质量和稳定性不断提升。山水林田湖草沙一体化保护和系统治理统筹推进，河长制湖长制和湿地保护制度逐步落实，党的十八大以来中国植树造林占全球人工造林的25%左右〔1〕，全国森林覆盖率超过23%，比第八次全国森林资源清查（2009—2013年）提高超过1.37个百分点。生物多样性保护步伐加快，各级各类自然保护地占到陆域国土面积的18%，生态廊道和生物多样性保护网络积极构建。〔2〕碳达峰碳中和工作稳妥有序推进，全国碳排放权交易市场启动上线交易。

五、发展更为安全

新时代，中国经济展现出极强的韧性，国家经济安全得到有效保障，在实现高水平自立自强的道路上迈出坚实步伐。

粮食安全得到有力保障，农业基础地位得到巩固。粮食生产能力迈上新台阶，2012年粮食产量首次突破12000亿斤，2015年突破13000亿

〔1〕《经济发展大提高 生态环境大改善》，《人民日报》2022年5月13日。

〔2〕何立峰：《党的十八大以来发展改革领域取得的历史性成就发生的历史性变革》，《学习时报》2022年4月13日。

斤，之后牢牢站稳这一台阶，产量仍持续提高，2021 年粮食产量达到 136570 亿斤，实现谷物基本自给、口粮绝对安全。农业生产区域布局持续优化，粮食主产区稳产增产能力稳步增强，为确保粮食安全作出重要贡献。种源核心技术攻关力度加大，到 2020 年，中国农作物自主选育品种面积占比超过 95%，水稻、小麦两大口粮作物品种实现 100% 自给，良种对粮食增产贡献率超过 45%。[1]粮食等重要农产品稳产保供基础不断夯实，谷物、肉类、水果、花生、茶叶产量稳居世界第一位，中国人的餐桌越来越丰富。农林牧渔业全面协调发展，农、林、牧、渔业占农林牧渔业总产值比重基本保持稳定。2020 年，农、林、牧、渔业产值占比分别为 52.1%、4.3%、29.2%、9.3%。

能源供给保障能力持续提升，有力确保能源安全。2021 年，中国能源综合生产能力超过 41 亿吨标准煤，多个能源品种产能位居世界第一，风电、太阳能、水电、在建核电装机规模均保持世界第一，紧缺矿产资源自主保障能力进一步增强，基本形成煤、油、气、电、核、新能源和可再生能源多轮驱动的能源生产体系。

防范化解重大风险攻坚战取得重要阶段性成果，守住不发生系统性金融风险的底线。金融体系的风险点得到有效处置，实现金融风险整体收敛、总体可控。外汇储备规模基本稳定，成功避免高强度外汇市场冲击。金融体系保持总体稳健，金融机构经营韧性和抗风险能力显著提升。根据中国人民银行的评级结果，2021 年第四季度全国大部分银行业金融机构处于安全边界内，资产占比达到 98.9%。A 股市场经受住多次外部冲击考验，债券市场有序打破刚性兑付。重点机构和重点领域的金融风险得到稳妥化解。影子银行乱象得到有效整治，P2P 网贷机构停业，互联网平台企业金融业务全部纳入监管。房地产市场金融化、泡沫化势头得到有效遏制。地方政府隐性债务风险得到有效化解。风险防控长效

〔1〕《农作物自主选育品种面积占比超过 95%》，《人民日报海外版》2021 年 1 月 16 日。

体制机制建设得到有力推进。[1]

产业链供应链自主可控能力和水平不断提高。产业链供应链运行更稳，2013 年到 2021 年全国规模以上工业增加值年均增长 6.8%。重点产业和关键领域始终保持平稳运行。产业链供应链不受大宗商品、原材料价格过度波动冲击得到确保。

党的十八大以来，单位国内生产总值生产安全事故死亡人数下降了 83.8%，人民群众的生命安全得到了更好的保护。[2]

六、国际影响力显著提升

新时代，中国经济作为世界经济“稳定器”和“动力源”的作用愈加显著，为世界经济发展作出重大贡献。

中国已成为是世界经济增长的第一引擎，自 2006 年以来，对世界经济增长的贡献率稳居世界第一位。有关测算结果表明，2013 年到 2016 年，如果没有中国因素，世界经济年均增长率将减少 0.6 个百分点，波动强度将提高 5.2 个百分点。2000 年到 2017 年，世界对中国经济的综合依存度指数从 0.4 上升到 1.2，中国制造业总产出占全球的比重达到 35%。[3]

中国坚持对外开放，为其他国家分享“中国红利”创造了更多机会。中国拥有超大规模并且仍有发展潜力的消费市场。中国有超过 14 亿人口、4 亿中等收入群体，市场规模全球最大。中国经济持续健康发展，消费升级态势明显，消费梯度效应凸显，消费对经济增长的贡献越来越大。在汽车、酒类、手机等许多商品领域，中国都是全球第一大市场，消费额约占全球消费总额的 30%。巨大的消费需求为世界各国发展提供了重要引擎。中国营商环境法治化、国际化、便利化水平不断提高，成为全球投资沃土，2017 年到 2020 年吸引外资连续四年位居

〔1〕《中共中央宣传部举行经济与生态文明领域建设与改革情况发布会图文实录》，国新网，2022 年 5 月 12 日。

〔2〕《中共中央宣传部举行经济与生态文明领域建设与改革情况发布会图文实录》，国新网，2022 年 5 月 12 日。

〔3〕 国务院新闻办公室：《新时代的中国与世界》，人民出版社 2019 年版，第 20 页。

世界第二。[1]2021年全年外商直接投资新设立企业47643家，比上年增长23.5%。实际使用外商直接投资金额11494亿元，比上年增长14.9%，折合1735亿美元，增长20.2%，其中高技术产业、服务业实际使用外资分别增长17.1%、16.7%。更大规模“走出去”惠及更多国家。2015年，中国对外直接投资超过当年吸引外资规模，首次实现直接投资项下资本净输出，步入资本输出国行列。2021年，中国全年对外非金融类直接投资额达到7332亿元，比上年下降3.5%，折合1136亿美元，增长3.2%。

中国坚持胸怀天下，为世界提供更多公共产品。共建“一带一路”走深走实。截至2022年1月，中国已与147个国家、32个国际组织签署200多份共建“一带一路”合作文件。2021年，中国对“一带一路”沿线国家进出口额比上年增长23.6%，对“一带一路”沿线国家直接投资额203亿美元，增长14.1%；中欧班列开行量超过1.5万列，增长22.0%。[2]“一带一路”沿线国家对华直接投资新设立企业5336家，同比增长24.3%；对华直接投资金额743亿元，增长29.4%，折合112亿美元，增长36.0%。中国深入参与全球治理进程，在全球经济制度建设中不断贡献中国智慧、中国方案：成功主办第一、第二届“一带一路”国际合作高峰论坛；成功主办2014年亚太经合组织领导人非正式会议，推动达成《亚太经合组织推动实现亚太自贸区北京路线图》，为亚太地区建设高水平自贸区描绘了蓝图；成功主办2016年二十国集团（G20）领导人峰会，推动达成《G20全球投资指导原则》，为2017年世贸组织发起投资便利化倡议奠定了基础。

特别是新冠肺炎疫情在全球范围暴发以来，中国率先控制疫情、率先复工复产、率先实现经济增长由负转正，成为世界经济“压舱石”。新冠肺炎疫情暴发伊始，抗疫物资全球紧缺。汽车企业生产口罩、材料企业生产消毒液，中国制造企业迅速“跨界”转产，既满足国内需求，

---

〔1〕《经济发展大提高 生态环境大改善》，《人民日报》2022年5月13日。

〔2〕 宁吉喆：《国民经济量增质升 “十四五”实现良好开局》，《求是》2022年第3期。

又出口支持全球抗疫。中国制造业对全球产业链供应链稳定的贡献再次得到印证。中国充分发挥制造业大国优势，向世界各国源源不断供给大量防疫物资和生活物资，截至2021年末已向国际社会提供新冠疫苗超过18亿剂，有力支持相关国家抗疫、助力全球产业链供应链稳定。[1]

党的十八大以来，以习近平同志为核心的党中央团结带领全党全国人民，立足新发展阶段，完整、准确、全面贯彻新发展理念，加快构建新发展格局，推动中国经济沿着高质量发展新轨道阔步前行。新时代中国经济的发展成就，彰显了习近平经济思想的真理力量，彰显了中国式现代化道路的强大生机活力，彰显了中国特色社会主义制度在解放和发展社会生产力上的显著优势，彰显了中国人民为实现美好生活梦想顽强拼搏的奋斗精神。14亿多中国人民已经同步迈入全面小康社会，正在以前所未有的历史主动精神、历史创造精神，朝着实现第二个百年奋斗目标奋勇前进，实现中华民族伟大复兴已进入不可逆转的历史进程！

第二节　新时代经济建设的经验

以史为鉴，可以知兴替。看清楚过去为什么成功，才能弄明白未来怎样才能继续成功。回顾新时代中国经济建设的历程，深入总结其中蕴含的宝贵经验，对于在全面建设社会主义现代化国家，向第二个百年奋斗目标进军新征程上不断取得新的、更大的胜利具有重要意义。

一、坚持党对经济工作的集中统一领导

中国共产党是中国特色社会主义事业的领导核心，中国共产党领导是中国特色社会主义最本质的特征，是中国特色社会主义制度的最大优势，是坚持和发展中国特色社会主义的必由之路。坚持党的全面领导，是做好党和国家各项工作的根本保证。经济工作是党治国理政的中心工

〔1〕宁吉喆:《二〇二一年我国经济发展十大亮点》,《人民日报》2021年12月7日。

作，党的领导必须在经济工作中得到充分体现。中国之所以能够如期全面建成小康社会，开启全面建设社会主义现代化国家新征程，中华民族迎来从站起来、富起来到强起来的伟大飞跃，最根本的是有党的坚强领导。

进入新时代，党对经济工作的战略谋划和统一领导得到加强，党领导经济工作的体制机制不断完善。党的十八届五中全会、十九大、十九届五中全会和历次中央经济工作会议集中对经济发展作出部署。党中央形成定期分析研究经济形势和重大问题的制度。深化中央机构改革，成立中央全面深化改革委员会、中央财经委员会等，不断强化党中央决策议事协调机构职能作用。全党上下贯通、执行有力的组织体系愈加严密，领导经济工作的能力和水平逐步提高，使党中央“如身使臂、如臂使指”，确保各项大政方针和决策部署得到不折不扣贯彻落实。正是因为党在经济工作中的领导核心作用发挥得好，中国经济才能在百年变局叠加世纪疫情的复杂局面下，经受住重重考验，始终保持健康发展。实践充分证明，党的集中统一领导是新时代中国经济发展的“定盘星”。

推动实现经济现代化，必须坚持和加强党对经济工作的集中统一领导。新征程上，必须坚决维护习近平总书记党中央的核心、全党的核心地位，坚决维护党中央权威和集中统一领导，党员干部要始终同以习近平同志为核心的党中央保持高度一致，增强“四个意识”、坚定“四个自信”，确保党总揽全局、协调各方的领导核心作用得到充分发挥。要不断提高党领导经济工作的能力和水平，各级领导干部要从讲政治的高度做经济工作，善于用政治眼光观察和分析经济社会问题，善于洞察经济活动的政治后果，善于从讲政治的高度思考和推进经济社会发展工作，深刻领会什么是党和国家最重要的利益、什么是最需要坚定维护的立场，对“国之大者”了然于胸，不断提高党领导经济工作的科学化水平、法治化水平和专业化能力。只要坚持党对经济工作的集中统一领导不动摇，充分发挥党的领导政治优势，切实把党领导经济工作的制度优势转化为治理效能，就一定能够确保中国经济沿着正确方向发展，确保中国经济航船行稳致远。

二、坚持以人民为中心的发展思想

为人民谋幸福，为民族谋复兴，是党领导经济建设的出发点和落脚点。以人民为中心的发展思想，体现了中国共产党全心全意为人民服务的根本宗旨，体现了人民是推动发展的根本力量的唯物史观。党的十八大以来，中国人民的获得感、幸福感、安全感之所以能够显著增强，中国经济之所以能够始终保持强劲的发展动力，都源于坚持以人民为中心的发展思想。

进入新时代，中国长期所处的短缺经济和供给不足的状况已经发生根本改变，人民对美好生活的向往总体上已经从“有没有”转向“好不好”。以习近平同志为核心的党中央坚持把人民对美好生活的向往作为奋斗目标，紧扣中国社会主要矛盾变化，坚持在推动高质量发展中不断满足人民美好生活需要，把以人民为中心的发展思想贯穿于新时代经济建设的各个领域和各个环节。在发展目标上坚持一切为了人民，努力为人民群众装满“米袋子”、充实“菜篮子”，始终为人民群众能有更好的教育、更稳定的工作、更满意的收入、更可靠的社会保障、更高水平的医疗卫生服务、更舒适的居住条件、更优美的环境，为孩子们能成长得更好、工作得更好、生活得更好不懈奋斗。在发展动力上坚持一切依靠人民，始终注重全面调动人的积极性、主动性、创造性，注重从满足人民群众现实的和潜在的需求出发创造新的经济增长点、提高经济长期增长潜力，努力为各行各业各方面劳动者、企业家、创新人才、各级干部创造发挥作用的舞台和环境。在发展成果上坚持一切成果由人民共享，兑现全面建成小康社会一个都不能少的承诺，优化收入分配结构，持续扩大中等收入群体，维护社会公平正义，努力缩小收入差距。历史和实践证明，中国共产党始终代表最广大人民的根本利益，与人民休戚与共、生死相依，没有任何自己特殊的利益，从来不代表任何利益集团、任何权势团体、任何特权阶层的利益。

进入新时代，以习近平同志为核心的党中央把逐步实现全体人民共同富裕摆在更加重要的位置，对共同富裕道路作了新的探索，对共同富裕理论作了新的阐释，对共同富裕目标作了新的部署。习近平总书记强调："实现共同富裕不仅是经济问题，而且是关系党的执政基础的重大政治问题。我们决不能允许贫富差距越来越大、穷者愈穷富者愈富，决不能在富的人和穷的人之间出现一道不可逾越的鸿沟。"[1]实现全体人民共同富裕等不得也急不得。坚持立足社会主义初级阶段的基本国情，着力推动共享发展，坚持全民共享、全面共享、共建共享、渐进共享，既量力而行，又积极作为、尽力而为，积小胜为大胜，不断朝着共同富裕这个马克思主义的基本目标和中华民族自古以来的基本理想前进。

新征程上，必须坚持以人民为中心的发展思想，牢牢坚持以人民为中心的根本立场部署经济工作、制定经济政策、推动经济发展，着力解决发展不平衡不充分问题和人民群众急难愁盼问题，增进人民福祉、促进人的全面发展，主动施策解决地区差距、城乡差距、收入差距等问题，实现好、维护好、发展好最广大人民根本利益，让发展成果更多更公平惠及全体人民，让共同富裕成为看得见、摸得着、真实可感的事实。

三、坚持贯彻新发展理念

创新、协调、绿色、开放、共享的新发展理念是新时代中国经济发展的指导原则。党的十八大以来，中国经济发展的平衡性、协调性、可持续性之所以能够明显增强，中国经济之所以能够迈上更高质量、更有效率、更加公平、更可持续、更为安全的发展之路，关键在于贯彻落实新发展理念。

进入新时代，中国经济发展的内外部环境和条件发生深刻变化，传统发展模式难以为继，实践提出了新时代实现什么样的发展、怎样实现发展的问题。以习近平同志为核心的党中央科学判断经济形势，及时调整发展理念和思路，提出中国经济发展进入新常态，已经由高速增长阶段转向高质量发展阶段，必须贯彻新发展理念，实现创新成为第一动

---

〔1〕 习近平：《论把握新发展阶段、贯彻新发展理念、构建新发展格局》，中央文献出版社2021年版，第480页。

力、协调成为内生特点、绿色成为普遍形态、开放成为必由之路、共享成为根本目的的高质量发展。新发展理念是在深刻总结国内外发展经验教训、深刻分析国内外发展大势的基础上形成的，也是针对新时代中国发展中的突出矛盾和问题提出的，集中反映了党对经济社会发展规律认识的深化，是对时代之问、人民之问、实践之问的科学回答，是马克思主义政治经济学基本原理与中国发展实际相结合的伟大创造，开辟了中国共产党发展理论的新境界。贯彻新发展理念掀起了关系中国发展全局的深刻变革。新发展理念不断深入人心，引领了发展思想的解放和发展观念的更新，深刻改变经济建设的目标任务、政策举措，推动经济结构、发展方式实现深刻变革。新发展理念的贯彻落实，推动经济高质量发展的体制机制加快形成，发展的制度环境发生深刻变革。实践证明，新发展理念是经得起实践检验、历史检验，充分彰显实践伟力的科学理念。

贯彻新发展理念是新时代中国发展壮大的必由之路。新发展理念是一个系统的理论体系，回答了关于发展的目的、动力、方式、路径等一系列理论和实践问题，阐明了党关于发展的政治立场、价值导向、发展模式、发展道路等重大政治问题，必须完整、准确、全面地贯彻。要从根本宗旨把握新发展理念，站稳人民立场，更加注重共同富裕问题；要从问题导向把握新发展理念，以更加精准务实的举措，切实解决好发展不平衡不充分的问题；要从忧患意识把握新发展理念，增强忧患意识、坚持底线思维，随时准备应对更加复杂困难的局面；要从系统观念把握新发展理念，统筹国内国际两个大局，统筹“五位一体”总体布局和“四个全面”战略布局，加强前瞻性考虑、全局性谋划、战略性布局、整体性推进；要从政治上把握新发展理念，将完整、准确、全面贯彻新发展理念作为政治要求，把党中央关于贯彻新发展理念的要求扎扎实实落到实处。只要坚持完整、准确、全面贯彻新发展理念，使其贯穿发展全过程和各领域，中国就一定能够在日趋激烈的国际竞争中牢牢掌握主动，在全面建设社会主义现代化国家新征程上创造更大奇迹。

四、坚持走中国式现代化道路

走自己的路，是中国共产党百年奋斗得出的历史结论。党的十八大以来，党中央对经济形势作出的重大判断、对经济发展理念和思路作出的重大调整、对经济工作作出的重大决策部署之所以能够经受住实践的检验，中国经济发展取得的成就之所以能够经得起历史的检验、人民的检验，关键就在于坚定不移地走中国式现代化道路。

在新中国成立以来特别是改革开放以来的长期探索和实践基础上，经过党的十八大以来在理论和实践上的创新突破，党领导人民成功推进和拓展了中国式现代化。世界上不存在定于一尊的现代化模式，也不存在放之四海而皆准的现代化标准。中国式现代化具有基于国情的中国特色，与西方式现代化形成鲜明对比。中国推进的现代化，是在中国共产党领导下的社会主义现代化，而不是资产阶级政党领导下的资本主义现代化；是14亿多人民同步迈进、全体人民实现共同富裕的现代化，而不是两极分化越来越严重的现代化；是物质文明和精神文明相协调的现代化，而不是物质丰裕但虚无主义盛行的现代化；是人与自然和谐共生的现代化，而不是以透支本国或别国资源环境为代价的现代化；是走和平发展道路的现代化，而不是搞殖民扩张、国强必霸的现代化。历史和实践证明，中国式现代化道路是符合中国国情，立足中国特色社会主义，传承中华文明的现代化之路。中国成功走出中国式现代化道路，创造了人类文明新形态，拓展了发展中国家走向现代化的途径，为世界上那些既希望加快发展又希望保持自身独立的国家和民族提供了全新选择。

坚持中国式现代化道路，必须坚持和完善中国特色社会主义制度，不断发挥和增强坚持全国一盘棋，调动各方面积极性，集中力量办大事的显著优势，聚焦重大难关和发展难题，集举国之力协同攻关，形成攻坚克难的共同意志和共同行动，凝聚起战胜艰难险阻的磅礴力量；不断发挥和增强坚持公有制为主体、多种所有制经济共同发展和按劳分配为主体、多种分配方式并存，把社会主义制度和市场经济有机结合起来，不断解放和发展社会生产力的显著优势，推动实现高质量发展。要把坚持党的全面领导的政治优势、坚持中国特色社会主义制度的制度优势同坚持新发展理念的理论优势统一起来，更好促进理论创新和实践创新、制度自信和文化自信紧密结合。

新征程上，只要坚持以中国式现代化推进中华民族伟大复兴，既不走封闭僵化的老路，也不走改旗易帜的邪路，坚持把国家和民族发展放在自己力量的基点上，把中国发展进步的命运牢牢掌握在自己手中，就一定能够把中国建设成富强民主文明和谐美丽的社会主义现代化强国。

五、坚持统筹发展和安全

安全是发展的前提，发展是安全的保障。增强忧患意识，做到居安思危，始终是党治国理政必须坚持的重大原则。党的十八大以来，中国之所以能够防范化解各类经济风险，在风险挑战中能够屡屡化险为夷、化危为机，实现高质量发展和高水平安全良性互动，关键就在于坚持底线思维，始终注重统筹好发展和安全两件大事。

进入新时代，中国面临各类矛盾和风险的易发期。从国内看，随着经济增速下调，各类隐性风险逐步显性化；从国际看，世界形势日趋动荡复杂，地缘政治挑战风高浪急，中国遭遇前所未有的外部压力。为了防止“黑天鹅”、“灰犀牛”事件发生，防止国家安全面临重大威胁，以习近平同志为核心的党中央高度重视防范化解重大风险，科学分析列举需要高度重视和防范化解的风险挑战，作出重大决策部署，加强制度建设，确保国家经济安全。来自外部的挑战让党中央更加深刻地认识到，科技自立自强是一个关系国家安全的问题，关键核心技术是要不来、买不来、讨不来的，实现科技自立自强就是维护国家安全。中国坚定实施创新驱动发展战略、科教兴国战略、人才强国战略，健全新型举国体制，强化国家战略科技力量，推进关键核心技术攻关和自主创新，持续推动种业科技、海洋科技等实现高水平自立自强，为有效维护国家安全提供有力支撑。历史和实践证明，一个大国的崛起绝不可能是轻轻松松、一帆风顺的，要确保中华民族伟大复兴进程不被迟滞甚至中断，就必须坚持统筹发展和安全。

新征程上，各种可以预见和难以预见的风险因素明显增多，必须随时准备应对更加复杂困难的局面。要聚焦重点、抓纲带目，针对不同类别的风险做到分类施策。要保持战略定力，始终集中精力办好自己的事。要健全防范化解重大风险体制机制，坚持以总体国家安全观为统领，健全国家安全制度体系，加强经济安全风险预警、防控机制和能力建设。要把实现高水平的自立自强作为构建新发展格局最根本的特征，更加强调自主创新，着力突破产业瓶颈。新时代增强忧患意识、防范风险挑战要一以贯之。要把困难估计得更充分一些，把风险思考得更深入一些，注重堵漏洞、强弱项，下好先手棋、打好主动仗，有效防范化解各类风险挑战。只要增强机遇意识、风险意识，准确识变、科学应变、主动求变，勇于开顶风船，善于化危为机，办好发展和安全这两件大事，就一定能够在危机中育先机、于变局中开新局，确保社会主义现代化事业顺利推进。

六、坚持正确工作策略和方法

推动经济持续健康发展，不仅要有正确的思想、理念、战略和政策，而且要有正确的工作策略和方法。新时代中国经济各项成就的取得，离不开正确工作策略和方法的成功运用。

一是坚持稳中求进的工作总基调。这是治国理政的重要原则，也是做好经济工作的重要方法。稳中求进的根本点在于稳定大局、不断进取。“稳”和“进”要相互促进，在稳的前提下要实现关键领域有所进取，在把握好度的前提下奋发有为。“稳”的重点要放在稳住经济运行上，“进”的重点要放在调整经济结构和深化改革开放上。这是一种稳慎进取的方针，强调保持战略定力和耐心，坚定不移做好自己的事情，保持宏观大局稳定。新时代中国经济平稳健康发展、经济发展质量和效益不断提升的成就证明，稳中求进是一条成功经验，推动高质量发展需要继续坚持稳中求进工作总基调。

二是坚持系统观念。这是具有基础性的思想和工作方法。进入新时代，以习近平同志为核心的党中央把经济社会发展置于实现中华民族伟大复兴战略全局和世界百年未有之大变局中进行系统谋划，强调统筹推进“五位一体”总体布局、协调推进“四个全面”战略布局，系统设计、整体推进改革，开创了中国改革发展的新局面。坚持系统观念，必须善于进行战略思维，善于从战略上看问题、想问题。既要从战略全局的高度把握具体策略和局部工作，又要科学制定工作策略落实战略决策，把握好战略和策略的辩证统一关系，将战略的坚定性和策略的灵活性结合起来。新征程上，面对错综复杂的局面，必须坚持系统观念，统筹国内国际两个大局，办好发展安全两件大事，坚持全国一盘棋，更好发挥中央、地方和各方面积极性，着力固根基、扬优势、补短板、强弱项，注重防范化解各类风险挑战，实现发展质量、结构、规模、速度、效益、安全相统一。

三是坚持抓住社会主要矛盾和中心任务带动全局工作。这是唯物辩证法的必然要求，也是党百年来一贯坚持的方法。习近平总书记强调：“面对复杂形势、复杂矛盾、繁重任务，没有主次，不加区别，眉毛胡子一把抓，是做不好工作的。”〔1〕必须既讲两点论，又讲重点论；既坚持系统观念，把握全局，对各种矛盾做到了然于胸，又紧紧围绕主要矛盾和中心任务，优先解决主要矛盾和矛盾的主要方面，以此带动其他矛盾的解决，在整体推进中实现重点突破，以重点突破带动经济社会发展水平整体跃升。党的百年奋斗历程充分证明，党和人民事业能不能沿着正确方向前进，取决于能不能准确把握社会主要矛盾、确定中心任务。什么时候社会主要矛盾和中心任务判断准确，党和人民事业就顺利发展，否则党和人民事业就会遭受挫折。新征程上，必须聚焦社会主要矛盾，坚持以经济建设为中心，以解决发展不平衡不充分问题带动发展全局，用发展的办法解决发展中的问题，在高质量发展中推动解决社会主要矛盾。

四是坚持科学决策和创造性应对。这是化危为机的根本方法，也是

---

〔1〕《习近平谈治国理政》第4卷，外文出版社2022年版，第31页。

在抗击新冠肺炎疫情中总结出的重要经验。面对严峻挑战，党中央坚持战略设计和战术运用有效结合，经济社会政策并用，供给需求同时发力，发挥产业体系完整优势，加强物资供应保障，实行跨周期设计和逆周期调节，以合理代价取得最大成效，实现转危为安、化危为机。中国不仅没有被疫情击倒，反而成为全球抗疫成功的典范，“中国之治”与“西方之乱”对比更加鲜明，中国的综合国力和国际影响力反而实现更快提升。进入新发展阶段，中国发展仍处于重要战略机遇期，但机遇和挑战都有新的发展变化。以习近平同志为核心的党中央判断，未来将是危和机并存、危中有机、危可转机，机遇更具有战略性、可塑性，挑战更具有复杂性、全局性，挑战前所未有，应对好了，机遇也就前所未有。只要坚持开拓创新，永不僵化、永不停滞，善于决策时运筹帷幄、落实时如臂使指，就一定能够在抗击大风险中创造出大机遇，始终立于不败之地。

总之，党的十八大以来，以习近平同志为核心的党中央团结带领全国人民砥砺前行、不懈奋斗，在经济建设上取得历史性成就，积累了宝贵经验，为实现中国经济现代化提供了更为成熟的制度保证、更为坚实的物质基础、更为主动的精神力量。全面小康已在中华大地上成为现实，中国人民正意气风发向着全面建成社会主义现代化强国的第二个百年奋斗目标阔步前行，中华民族伟大复兴迎来光明前景。展望2035年，中国的经济实力、科技实力、综合国力将大幅跃升，经济总量和城乡居民人均收入将再迈上新的大台阶，关键核心技术实现重大突破，进入创新型国家前列；基本实现新型工业化、信息化、城镇化、农业现代化，建成现代化经济体系；基本实现国家治理体系和治理能力现代化，人民平等参与、平等发展权利得到充分保障，基本建成法治国家、法治政府、法治社会；建成文化强国、教育强国、人才强国、体育强国、健康中国，国民素质和社会文明程度达到新高度，国家文化软实力显著增强；广泛形成绿色生产生活方式，碳排放达峰后稳中有降，生态环境根本好转，美丽中国建设目标基本实现；形成对外开放新格局，参与国际经济合作和竞争新优势明显增强；人均国内生产总值达到中等发达国家水平，中等收入群体显著扩大，基本公共服务实现均等化，城乡区域发展差距和居民生活水平差距显著缩小；平安中国建设达到更高水平，基本实现国防和军队现代化；人民生活更加美好，人的全面发展、全体人民共同富裕取得更为明显的实质性进展。展望本世纪中叶，中国物质文明、政治文明、精神文明、社会文明、生态文明将全面提升，实现国家治理体系和治理能力现代化，成为综合国力和国际影响力领先的国家，全体人民共同富裕基本实现，人民将享有更加幸福安康的生活，中华民族将以更加昂扬的姿态屹立于世界民族之林！

后　记

党的十八大以来这十年，是非凡的十年，是中国经济又一次重大发展转型并取得历史性成就的十年。其间，中国经济发展的平衡性、协调性、可持续性明显增强，迈上更高质量、更有效率、更加公平、更可持续、更为安全的发展之路。《新时代的经济建设》是《新时代这十年》丛书之一，以唯物史观和正确党史观为指导，以党的十九届六中全会通过的《中共中央关于党的百年奋斗重大成就和历史经验的决议》为遵循。根据丛书各卷的分工，避免与其他卷重复，本卷由八章内容构成，较全面系统地呈现了新时代这十年中国经济取得的历史性成就和发生的历史性变革。

中国社会科学院当代中国研究所经济史研究室主任郑有贵研究员担任本卷主编。本卷是集体智慧的成果，由写作组讨论形成写作思路，分工执笔：第一章，龚浩；第二章，常旭；第三章，钟瑛；第四章，王璐；第五章，王丹莉；第六章，段娟；第七章，郑有贵；第八章，贾子尧；龚浩为写作组做了大量沟通工作；郑有贵统改全部书稿。本卷是在丛书编委会和有关专家指导下完成的。

书中不妥之处，请读者指正，以便修订完善。

本卷编写组

2022 年 8 月